KB105696

아파트밖에 모르던 황 과장,
빌라 한 채 값으로 건물주 되다

아파트밖에 모르던 황 과장, 빌라 한 채 값으로 건물주 되다

1판 1쇄 인쇄일 2020년 12월 10일
1판 1쇄 발행일 2020년 12월 17일
지은이 황성태, 효연, 하선
펴낸곳 (주)도서출판 예문 • 펴낸이 이주현
등록번호 제307-2009-48호 • 등록일 1995년 3월 22일 • 전화 02-765-2306
팩스 02-765-9306 • 홈페이지 www.yemun.co.kr
주소 서울시 강북구 솔샘로 67길 62(코리아나빌딩) 9F

ISBN 978-89-5659-388-3 (13320)

아파트밖에 모르던 황과장, 빌라 한 채 값으로 건물주 되다

황성태, 효연, 하선 지음

마흔 살 직장인의 인생을 완전히 바꾼 **부동산 부자 되기 액션 플랜**

예문

머리말

내가 알게 된 기회를 당신도 알게 된다면

맨 처음 집필을 제안받았을 때, 주저 없이 승낙했던 이유는 나의 최대 강점인 '한번 해보자 정신'이 다시금 발동했기 때문이었다. 그러나 이내 모자란 내 관련 지식 때문에 책을 낸다는 것이 호기를 넘어 객기처럼 느껴질 때가 있었다.

그럴 때마다 나의 용기에 재차 불을 지피고 연료를 공급한 것은 하선, 효연이 아낌없이 나눠준 실전 현장 경험, 대장의 충만한 물심양면 지원, 도서출판 예문 대표님과 편집장님, 직원분들의 든든한 백업, 그리고 지인들의 관심과 응원, 따뜻한 격려였다.

이렇게 조화롭게 깔린 판에서, 이왕 지기 한판 놀기로 했다면 제대로 놀아 보기로 마음먹고, 웃옷을 벗어 던지고, 다음과 같은 생각으로 이 책을 썼다.

첫째, 잘 읽혀야 한다. 제아무리 심오한 내용을 담고 있다 한들 우주어로 쓰여서 읽을 수 없다면 무슨 의미가 있겠나. 전문가들의 자기 지식 자랑 책이 아닌, 읽기 쉽고 누구나 잘 이해할 수 있는 책을 쓰고 싶었다. 부동산 책을 소설 타입으로 구성한 이유이다.

둘째, '누구나 무엇이든 할 수 있다'라는 진리를 전하고 싶었다. 동시대를 살면서 좌충우돌 하루하루 열심히 살아가는 내 이웃들에게, 무에서 시작하여 유가 되는 과정을 보여줌으로써 '나도 할 수 있고 너도 할 수 있다'는 메시지를 전하고 싶었다. 우리 마음속의 이야기를 '황 과장'의 마음을 통해 날것으로 끄집어낸 이유이다. 모든 변화는 나를 직시하는 것에서 시작하기 때문이다.

셋째, '각자도생'의 시대를 이겨낼 방법은 또다시 '사랑과 협력'이라는 생각을 전하고 싶었다. 이미 가진 자와 가지지 못한 자의 양극화는 시작되었고, 첫차를 탔든 막차를 탔든 혹은 새 차를 기다리든, 모두가 고민이 많은 시기이다. 내가 알게 된 신세계를 다시 나누어 그 고민을 조금이나마 덜어낼 수 있기를 소망한다. 그것이 내가 늘 생각하는 '같이의 가치'가 실현되는 길이라 믿기 때문이다.

끝으로, 늘 격려와 지지를 아끼지 않는 사랑하는 나의 부모님과 형제들, 장인 장모님, 처가 식구들께 깊이 감사하며, 모자람 투성이인 나를 만나 이 시간까지 묵묵히 함께 지켜봐 주고 응원해 주는, 여전히 아름다운 아내와 각자 보석처럼 빛나는 세 아이들에게 무한한 감사와 사랑을 전한다.

독자 여러분들 각 가정에 충만한 사랑과 따뜻한 긍정의 에너지가 전달되기를 소망하면서….

2020년 12월 어느 새벽, 황성태

차례

PART 3

지역과 입지에는 불변의 법칙이 있다

PART 4

기획, 부를 창출하는 인문학

PART 5
자본과 금융, 빌라 한 채 값으로 건물주 되는 비결

부록

주요 등장인물

● 실존 인물들의 성격 및 상황을 다소 각색, 변경한 것임을 밝혀둡니다 ●

황 과장(황)

올해 나이 마흔. 미국 명문대 MBA 과정에 진학을 앞두었던 인재로, 거시 경제와 경영이론에는 정통하지만 실물 경제, 아니, 돈 버는 실전에는 약하다. 경영학과를 졸업하고 대기업과 중견기업을 거쳐 사업에 도전했으나 좋은 성과를 거두지 못하고 현재는 평범한 직장 생활 중. 결혼 12년 차에 아이 셋을 둔 가장으로 앞날에 대한 고민이 깊다. 본문에서는 '황 과장' 또는 '황'으로 표기한다.

정환

황 과장의 고교 동창. 원래는 황과 가정 형편이 비슷했으나, 7년 전 정환이 서울의 아파트를 매수한 이래 두 사람의 경제적 격차는 크게 벌어지고 말았다. 황을 진심으로 걱정하는 한편, 내심 자신은 진작에 아파트를 산 것이 다행이라고 생각한다.

하선

빨간 벽돌집을 미니(쁘띠) 빌딩 등 수익형 부동산으로 바꾸는 디벨로퍼이자, 비(非)주거 부동산 시장 전문가. 아는 사람만 아는 30~40대 젊은 부동산 부자들의 멘토이기도 하다. 출판사의 권유로 벌써 두 권의 책을 썼지만 일반 대중을 대상으로 하는 활동을 하지 않고 그 흔한 SNS 채널 하나 없다. 40대 중반의 남성으로, 매우 꼼꼼한 성격의 소유자다.

대장

자수성가한 40대 사업가로서 황이 의지하는 멘토이다. 자본주의 사회에서 합법적으로 수익을 낼 수 있는 모든 방법에 관심을 가지고, 각종 강연과 세미나, 설명회에 다니기를 즐긴다. 황 과장이 하선을 만나 부동산 사업에 눈 뜨도록 하는 데 결정적인 역할을 한다.

선희

하선의 책 ≪마흔 전에 부동산 부자가 될 수 있는 5가지 방법≫에 소개되었던 밀레니얼 부동산 부자. 40대 초반 여성으로 평범한 직장인.

마흔 살 황 과장, 새로운 부동산에 눈 뜨다

PART 1

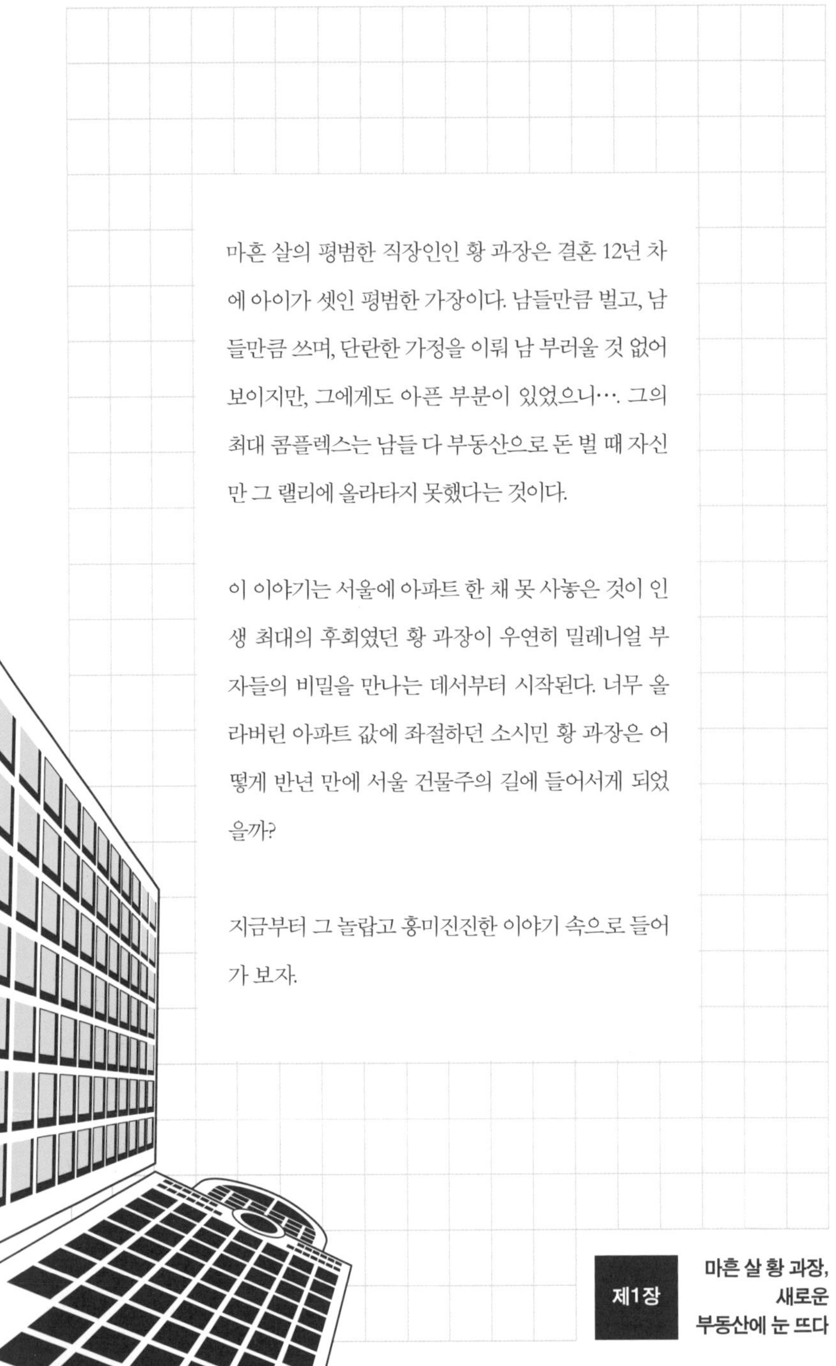

마흔 살의 평범한 직장인인 황 과장은 결혼 12년 차에 아이가 셋인 평범한 가장이다. 남들만큼 벌고, 남들만큼 쓰며, 단란한 가정을 이뤄 남 부러울 것 없어 보이지만, 그에게도 아픈 부분이 있었으니…. 그의 최대 콤플렉스는 남들 다 부동산으로 돈 벌 때 자신만 그 랠리에 올라타지 못했다는 것이다.

이 이야기는 서울에 아파트 한 채 못 사놓은 것이 인생 최대의 후회였던 황 과장이 우연히 밀레니얼 부자들의 비밀을 만나는 데서부터 시작된다. 너무 올라버린 아파트 값에 좌절하던 소시민 황 과장은 어떻게 반년 만에 서울 건물주의 길에 들어서게 되었을까?

지금부터 그 놀랍고 흥미진진한 이야기 속으로 들어가 보자.

제1장 마흔 살 황 과장, 새로운 부동산에 눈 뜨다

나는 왜 이렇게밖에 못 사는 걸까

01

지금으로부터 5년 전. 뜨거운 여름날이었다. 황 과장은 점심으로 냉면을 먹고 사무실로 돌아와 믹스커피 봉지를 뜯으려던 참이었다. 그때 탕비실 구석에 놓여있던 신문에 그의 눈길이 꽂혔다.

"워터파크 안 부럽다! 건설사 여름철 水마케팅" 2015년 7월 27일, 서울신문

지역의 랜드마크로 불릴 만한 몇몇 고급 아파트에서 입주민들을 위한 야외 수영장들을 개장한다는 내용이었다. 기사를 읽자 "수영장엔 언제 갈 거야? 주말에 가는 거야?"라며 졸라대던 첫째가 떠올랐다. 막 미

운 일곱 살에 접어든 첫째는 그즈음 눈만 뜨면 수영장 타령이었다.

"아빠 차 막히고 사람 많은 게 싫어. 그리고 수영장 가면 눈병 나~."

그날 아침에도 칭얼대는 아이에게 이런 핑계 아닌 핑계를 대고 나온 참이었다. 우리도 단지 안에 멋진 수영장이 있는 아파트에서 살면 얼마나 좋을까, 황 과장은 생각했다. 그러면 멀리 야외로 가기 위해 따로 시간 낼 필요도, 애한테 이런저런 핑계 대느라 진땀 뺄 일도 없을 것이다.

'부럽다, 부러워! 별천지에 사는구만!'

자리에 돌아와 커피를 홀짝였지만 도무지 커피 맛이 느껴지지 않았다. 어쩐지 마음 한 구석에 무거운 무언가가 턱 하고 얹힌 듯한 기분이었다.

그날 오후, 조금 이른 퇴근을 한 황은 아내를 보자마자 불쑥 말했다.

"우리 반포에 수영장 있는 아파트로 이사 가자."

"돈은 있고?"

"아니. 돈은 이제부터 준비해야지!"

당당한 말투에 아내가 피식 웃자, 황이 자못 진지한 어조로 되물었다.

"왜 사람들이 반포에 못 사는 줄 알아?"

"돈이 없으니까."

"아니, 반포에 들어갈 '생각'조차 안 하니까! 할 수 있다는 생각소자 안 하니 어떻게 방법을 찾겠어?"

자신감이 가득한 황의 말투에 아내가 싱겁다는 듯 웃으며 대꾸했다.

"남편, 더운 날 대낮부터 술 마시지 마라."

그리고 2020년, 여름의 초입에서 황 과장은 그날을 떠올렸다. 밑도 끝도 없었던 그날의 다짐은 그 사이 황에게 삶의 지표로 자리 잡았다. '할 수 있다고 생각조차 하지 않는데 무엇을 해낼 수 있겠는가'라는 생각으로 지난 5년, 매 순간을 긍정의 정신으로 무장하고 열심히 살아온 그였다.

그러나 현실을 생각하면 아직은 한숨뿐이요, 내 집 마련의 꿈은 거진 반포기 상태였다. 수입은 물가상승률조차 따라가기 벅찬데 집값은 나날이 치솟고 있었다. 눈 뜨면 새로이 발표되는 주택 정책 그리고 집값 폭등에 관한 뉴스들은 황을 심적으로 옥죄이기 충분했다. 심지어 최근에는 그의 전매특허 무기라 할 '긍정력'마저 시들해져 인생의 패배자가 된 듯한 기분에 자주 젖어들었으니, 어제저녁 고교 동창 정환과의 만남은 그런 심정에 부채질한 격이 되었다.

7년 전, 많은 전문가와 수요자들이 부동산 가격이 더 오르지 않을 것이라고 전망하던 시기. 있는 돈 없는 돈에 빚까지 잔뜩 끌어다가 강남에 아파트를 샀다던 정환을 황 과장은 대차게 비웃었더랬다.

"요즘 그렇게까지 집 사는 사람이 어딨어? 매달 이자랑 원금은 얼마씩 갚는 거냐? 고점에 잡은 거면 어떻게 하려고 그러냐? 배짱도 좋다!"

(물론 그 이후 황 과장 또한 반포 아파트 입성이라는 원대한 꿈을 가지게 되었지만, 당시만 해도 친구의 앞날을 진지하게 걱정(?)했던 것이 사실이다. 그 시절 부동산 시장 분위기를 기억하는 사람이라면 이해가 가리라.)

그리고 시간이 흘러 어제저녁, 오랜만에 만난 정환과 황의 입장은 완전히 역전되어 있었다. 꿉꿉한 날씨에 맥주에 소주를 한잔 할까, 소주에 맥주를 한잔 할까 하면서 들어간 가게에서 정환이 이렇게 충고했던 것이다.

"야, 지금이라도 경기도에 구축이라도 하나 매수해라. 안 그러면 너, 내 집 마련 평생 못해. 서울이 다 웬 말이고, 강남이 다 웬 말이야. 욕심 버리고 지금이라도 사는 게 나아."

"요즘 집 때문에 걱정 많지?"라는 말로 시작한 정환의 위로가 황 과장에게는 마치 '이제 강남은 고사하고 서울에 등기 치기도 어려울 거다'처럼 들려왔다. 친구의 진심을 알지만, 쓰린 속은 어쩔 수 없었다.

자리를 파하고 집으로 돌아가는 길, 어느새 비가 추적추적 내리는 거리를 우산 없이 걸으며 황 과장은 오히려 다행이라고 생각했다. 뺨을 타고 흐르는 것이 눈물인지 빗물인지 사람들이 모를 테니까. 다둥이 자녀를 둔 마흔 살 무주택 가장의 청승맞은 모습, 그것이 현주소의 황이었다. 갑자기 부아가 치밀어 올랐다.

'아, 좀 잘 살고 싶다! 내 집도 갖고 싶고, 나도 부자가 되고 싶다고!'

깜깜한 하늘에 대고 쌍욕이라도 하고 싶은 기분으로, 그렇게 그는 집으로 돌아왔다.

마흔 전에 부동산 부자가 될 수 있다니 가당키나 한 소리?

그날의 기억이 점차 옅어져 갈 때쯤, 황 과장은 '대장'으로부터 문자를 받았다. 대장은 수년 전 황이 전직轉職을 알아보던 시기에 인연을 맺은 40대 사업가로서 황과는 멘토와 멘티, 형과 아우 같은 관계를 맺고 있었다.

보내온 문자인즉슨 어느 저자의 출간 기념 북콘서트 안내문이었다. 일시와 장소, 교통편 등 출판사에서 받은 내용을 그대로 전달한 것이 다였다. ≪마흔 전에 부동산 부자가 될 수 있는 5가지 방법효연 & 하선 지음, 도서출판 예문 펴냄≫이라니 책 제목 한번 특이하다 생각하며 황은 "저도 같이 갈 수 있는 건가요?"라고 물었다. 곧 다음과 같은 답신이 돌아왔다.

"재미있는 질문이군. (이런 문자를 전해줬을 땐) 같이 갈래, 라고 물어본 것이 아닐까?"

몇 주 뒤의 토요일, 그날의 만남이 황 과장의 삶을 송두리째 바꿔놓을 것임을 당시 그는 알지 못했다. 하늘의 선물이라는 뜻의 필명을 사용하는 저자 하선과의 만남. 운명 같은 그 시간이 다가오는 동안에도 황 과장은 늘 그렇듯 일상에서 고군분투 중이었다.

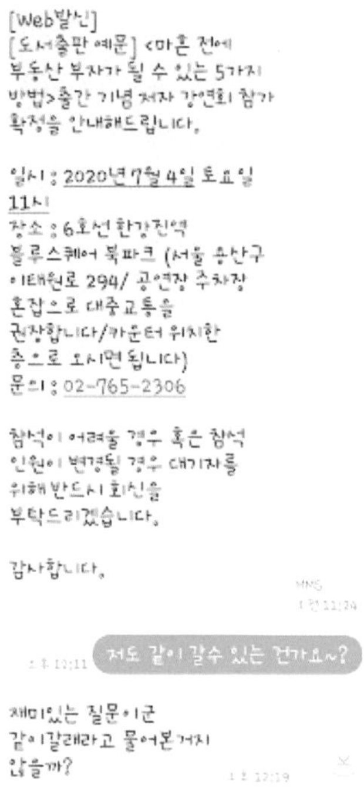

[Web발신]
[도서출판 예문] <마흔 전에 부동산 부자가 될 수 있는 5가지 방법>출간 기념 저자 강연회 참가 확정을 안내해드립니다.

일시 : 2020년 7월 4일 토요일 11시
장소 : 6호선 한강진역 블루스퀘어 북파크 (서울 용산구 이태원로 294/ 공연장 주차장 혼잡으로 대중교통을 권장합니다/카운터 위치한 층으로 오시면 됩니다)
문의 : 02-765-2306

참석이 어려울 경우 혹은 참석 인원이 변경될 경우 대기자를 위해 반드시 회신을 부탁드리겠습니다.

감사합니다.

저도 같이 갈수 있는 건가요~?

재미있는 질문이군
같이갈래라고 물어본거지 않을까?

●— 당시 주고받았던 실제 문자 내용

황 과장의 이야기

지금도 저 문자를 보고 있노라면 기분이 묘해집니다. 사람과 사람 간의 만남과 인연, 그 모든 것이 우연에서 시작된다는 사실은 우리 인생의 여러 장면에서 어느 순간 '반전'이 가능함을 뜻하는 것이 아닐까 싶어서요.

주인공 황 과장은 바로 저 자신지은이 황성태으로, 이 책은 저의 개인적인 경험 그리고 하선 작가와의 만남을 통해 배운 내용들을 각색한 것입니다. 부동산이라고는 아파트만 알던 저입니다. 빨간 벽돌집과 부동산 개발에 관해서는 문외한에 가까운 부린이이자 아주 평범한 대한민국 40대 가장인 제가 하선을 만난 이후 맞이한 놀라운 변화와 지식을 공유하고자 합니다. 제게 일어난 이 기적 같은 일들이, 누군가 단 한 명에게라도 찾아가 또 다른 기적을 만들기를 소망하면서.

참, 여담이지만 친구 정환을 만났던 날 밤하늘에 대고 욕을 하지 않은 것은 정말 다행이라고 생각합니다. 덕분에 하늘로부터 뜻밖의 선물을 받았으니 말입니다.

밀레니얼 부동산 부자들의 비밀을 만나다

02

황 과장은 북콘서트가 열리는 한강진역으로 향하고 있었다. 그러나 그 발걸음이 마냥 가볍기만 한 것은 아니었다. 다소 자극적인 책의 제목이 궁금증을 불러일으키는 한편, 의구심 또한 들었던 까닭이다.

'마흔 전에 부동산 부자라니, 가당키나 한 이야기인가? 분명 부자가 되는 방법이라 해놓고, 기승전 로또처럼 뻔한 얘기겠지, 뭐.'

아파트 갭 투자에 관한 이야기, 개발 예정지 알박기 전법 등에 관해서는 그 또한 유튜브 등을 통해 익히 들었던 터다. 이도 저도 아닌 이야기일 것이라면, 차라리 '밀레니얼 부동산 부자가 될 방법은 부자 부모를 만나 증여와 상속받는 수 말고 다른 방법은 없다'고 시원하게 말해줬으면 싶었다. 그러면 아직 부자는커녕, 하늘 아래 내 집 하나 없는 마흔 살 가장의 현실을 납득은 할 수 있을 테니 말이다.

'서점에 가득한 부동산 부자 되기 방법들, 내가 몰라서 안 하는 줄 알아? 그런 투자 방식들은 뭔가 꺼림칙하다고, 그리고 리스크가 너무 커 보이고.'

머릿속으로 이런저런 생각이 오갔지만, 사실 그도 알고 있었다. 그나마 잘 알려진 부동산 투자법들을 실행할 만한 여웃돈이 없는 것이 자신의 상황임을. 집만 없는 게 아니라 이렇다 할 돈도 없다는 것, 그게 진실로 마주해야 할 현실이었던 것이다.

'나는 열심히 살았다. 나의 인생을 나라와 회사에 기대지 않고 스스로 헤쳐나가기 위해 악착같이 살아왔어. 아직 나의 운 때가 오지 않았을 뿐…'

애써 스스로를 위안하는 동안, 지하철은 한강진역에 도착했다. 책을 먼저 읽고 올 걸 그랬나, 싶었지만 어쩌겠는가. 강연장에 들어선 지 얼마 지나지 않아 '아는 사람만 아는 밀레니얼 부동산 부자들의 개인 교사. 재야의 고수를 삼고초려하여 책을 만들었다'는 출판사 담당자의 화려한 소개에 이어 마침내 저자 하선이 등장했다.

그런데 그의 첫마디가 황에게는 예상 밖이었다.

"부동산 투자를 하지 마세요, 사업을 하세요. 오늘 이 자리에서 부동산 투자를 지우고, 부동산 사업에 눈을 뜨시기 바랍니다."

순간, 황의 머릿속에 떠오른 것이 있었다. 황의 멘토라 할 대장이 늘 입에 달고 사는 말이었다.

"일반인이 부자가 되는 방법은 크게 세 가지가 있어. 주식 투자, 부동산 투자, 사업!"

저자 강연회 내내 하선은 부동산과 사업을 융합시키라는 이야기를 이어갔다. 흥미로운 이야기에 황은 자세를 바로 고쳐 앉았다. 그러면서도 마음속으로는 '무슨 말 하는지 제대로 들어주마, 속임수가 있다면 쉽게 속지 않을 거야. 현혹되지 않겠다!'라고 다짐했다. 그렇게 하선과의 첫 만남이 시작되었다.

빌라 한 채 값으로 서울 건물주가 된다는 믿기 어려운 말

"진짜 돈 버는 사업이 무엇인지 아십니까? 돌멩이, 즉 원석을 찾아서 누가 봐도 반짝이는 보석으로 만드는 겁니다. 대한민국의 대도시들은 모두 노후 단계에 접어들었습니다. 이런 도시에서 보석의 가능성을 품고 있는 돌멩이들은 무엇일까요? 바로 빨간 벽돌집입니다. 여러분이 흔히 보는 작은 골목의 낡은 벽돌집들, 그중에 반짝이는 보석으로 재탄생시킬 만한 원석이 있습니다. 이걸 분별할 수 있는 눈을 기르는 게 첫 번째입니다. 여기에 가치를 덧입힐 수 있으면, 다시 말해 원석을 세공할 수 있는 능력을 갖추면 믿을 수 없는 수준의 수익을 얻을 수 있습니다. 숨어 있는 가치를 눈에 보이게끔 재탄생시킴으로써 단순한 시세 차익과는 비교할 수 없는 결과를 얻을 수 있는 겁니다. 이런 게 사업입니다. 진짜 부자 되는 길이고요."

돈 버는 부동산 시장의
패러다임이 바뀌고 있습니다.
부동산 투자하지 마시고,
부동산 사업을 하셔야 합니다.

약 90여 분의 열정적인 강연이 끝난 후 참석자들의 질문이 쏟아지는 동안, 황은 멍하니 앉아 다섯 글자를 곱씹고 있었다.

'빨간 벽돌집!'

동네에서 수없이 보며, 너무나 익숙해서 그 존재가 인식조차 되지 않는 그 빨간 벽돌집이 밀레니얼 부동산 부자들의 사업 원천이라니.

하선이 소개한 사례 중에는 불과 1년여 동안 원금의 약 1.5배 수익을 얻은 30대 직장인의 이야기도 있었다. 책에도 소개된 선희 씨의 사례로, 3억 원의 자기자본금에 금융 레버리지를 활용하여 빨간 벽돌집을 매입, 동네 명물이 될 만한 미니쁘띠 빌딩으로 만들어 팔았다는 것이었다.

낡디 낡은 빨간 벽돌집이 그럴싸한 서울의 미니 빌딩으로 변신하니, 변신 전후의 가격 차는 당연하다 생각이 들었으나, 여전히 의문은 있었다.

'참나, 저 기간에 저 금액으로, 저 정도의 수익률이 가능하다고?'

북콘서트의 부제는 '서울 빌라 한 채 값으로 건물주 되는 비결'. 처음에는 그저 그런 마케팅용 타이틀이겠거니 생각해 왔으나, 지금은 제법 진지하게 생각하게 되었다.

'아니, 그런데 부수고 짓는 건 뭐 아무나 하나? … 그런데 저런 사업을 하는 직장인이 한둘이 아니고 주변에 꽤 있다니, 진짜일까? 저자가 강연은 거의 하지 않는다 하니 강좌나 컨설팅으로 돈 버는 사람은 아닌 것 같은데….'

혼란스럽다. 황 과장의 마음 한 편에는 설렘이, 한 편에는 의구심이 솟아오르고 있었다. 거짓말을 하는 것 같지는 않다는 생각이 반, 들어본적 없는 사업 이야기에 대한 의심이 반쯤 섞여 머릿속이 어지러웠다.

그러나 확실하게 오는 느낌이 하나 있었으니, 싸게 사서 비싸게 파는 흔한 부동산 투자 말고, 진정 무에서부터 유를 창조해 내는 저 부동산 사업이 가능하기만 하다면 가히 획기적인 일이란 것이었다. 겉으로는 믿기 힘든 듯 헛웃음을 지어 보였지만, 그의 마음속은 이미 요동치고 있었다.

'제발, 저 이야기가 사실이었으면 좋겠다. 실컷 얘기해 놓고, 이렇게만 된다면 참 좋겠지요? 꿈 깨세요, 라는 식의 허무개그 말고. 제발…. 방금 들은 이 이야기가, 이 사업이 가능한 일이고, 정말 누구나 할 수 있는 일이고 배워서 할 수만 있다면! 그럼 내가 온 힘을 다해 배우겠으니, 그를 진정 싸부로 모시고 마당 쓸고 물 길어오고 설거지하면서 배우겠으니, 제발 사실이기를. 그래서 나도 제대로 한번 잘 만들어 보고 싶다. 잘 살고 싶다. 나를 믿고 이제껏 기다려준 내 가족과 지인들에게 당당히 보여 주고 싶다. 나 아직 안 죽었다는 걸 말이야.'

| MORE LESSONS |

왜 빌라 한 채 값인가요?

필요한 자기자본금은 사업지에 따라 다르다. 그러나 서울에서 건물을 짓는 경우, 대개 서울의 빌라 한 채 값이라고 표현하는 데는 이유가 있다. 실제로 다음과 같은 사례들이 많기 때문이다. 필자의 전작 ≪마흔 전에 부동산 부자가 될 수 있는 5가지 방법≫에 소개한 경우를 살펴보자. 다만 사업 내용을 초간략화한 것임은 감안하길.

사례 1 자기자본금 3억, 금융기관 대출 5억5천, 제조원가 9억 7천, 매각가격 14억.

사례 2 3명이 각 자기자본금 4억 원대, 금융기관 대출 17억, 제조원가 30억 1천만 원, 매각가격 39억 5천만 원.

(두 사례의 대지면적은 각각 30평대와 50평대로, 제조원가의 부족분은 준공 전 임대차 계약금으로 대체하였다.)

요즘 서울의 신축 빌라 가격을 감안하여 빌라 한 채 값이라 표현한 것으로, 실제 필요한 자기자본금(에쿼티)의 규모와 관련해서는 진행하려는 사업지와 사업규모, 운영이나 매각 등의 목적에 따라 달라질 것이다.

아파트 너머에 더 큰 기회가 있었다니

03

"이런 사업, 들어보셨어요?"

북콘서트장을 나오며 황 과장은 대장에게 물었다. 대장은 추가로 궁금한 게 있으면 만나서 물어보면 되지 않겠느냐고 답했지만, 황은 약간 주저되는 것이 사실이었다. 그동안 이런저런 재테크 강의를 찾아다니며 크고 작게 데인 경험이 없지 않았던 것이다. 황은 이미 '말쟁이들'이라면 진절머리가 날 지경이었다. "좋은 사업이 있는데, 내가 이 사업으로 말이야…. 내가 당신이라서 특별히 말해주는 건데…. 하늘 아래 나만 아는 대박 비법이 있어"라며 호인인 척하는 자들을 한두 명 보았던가. 그런 꼬임에 넘어가 투자인지 기부인지 모르는 경험도 해보았던 그다.

'에라, 모르겠다. 내가 한두 번 속았나, 나도 이만하면 말쟁이 감별사야. 몇 마디만 나눠도 속이 보이는 법이지.'

황 과장은 북콘서트에서 받은 명함을 한참 만지작거린 끝에, 직접 만나서 이야기 나눠 보고 싶다고 문자를 남겼다. 나름 돌직구를 날렸다고 생각했는데 생각보다 더 쿨한 반응이 돌아왔다.

'이왕 만나는 김에 제가 북콘서트 때 언급했던 공사 현장에서 보시죠.'

그렇게 이틀 후로 약속을 잡고는 별다른 말도 없다. 어라…, 속내를 감별하기엔 너무 짧은 대화인데?!

낡은 집의 변신을 목도하다

월요일 오후, 강남역 4번 출구 앞. 황 과장과 대장은 하선을 기다리고 있었다. '공사 현장 답사'라니, 카페에서 이야기나 나눌 줄 알았지 건설 현장에 가게 될 줄은 생각도 못했던 터다.

'설마 영화 속 콘크리트 공사 현장 같은 곳에 데려가서 우리를 거꾸로 매달지는 않겠지?'

새삼 대장이 듬직해 보인다. 실없는 생각이 머릿속을 스칠 때, 낯설지 않은 얼굴이 다가와 인사를 건넸다.

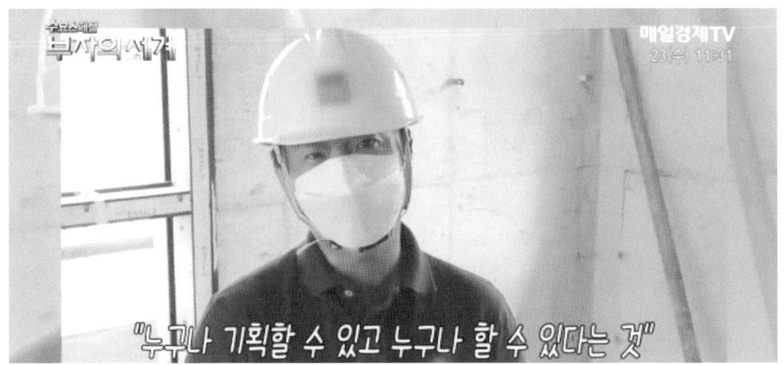

●— 매일경제 TV <부자의 세계>에 출연한 하선의 모습. 뒤에 보이는 곳이 마감 공사가 한창이었던 바로 그 현장(신사동)이다.

"안녕하세요, 북콘서트 오셨던 분들이죠?"

하선이었다.

"제 책도 읽으셨을 테고, 북콘서트 때 강의도 들으셨으니 일단 현장으로 가보시죠."

곧 세 사람은 강남역에서 도보거리에 위치한 이면도로에 다다랐다. 길을 오가며 공사 현장을 한두 번 본 것도 아닌데, 황 과장은 새삼 신기함을 느꼈다. 두 번째 만남도 구면이라고, 아는 사람이 짓고 있는 건물이라는 게 마음에 와 닿은 까닭이다.

"누구에게나 이렇게 보여주십니까? 아니, 그보다도 본인 사업 현장을 막 보여주셔도 괜찮나요?"

황의 물음에 하선이 답했다.

"제 강연을 듣고 일부러 귀한 시간 내셨으니 보여드리는 겁니다. 구구절절 말씀드리는 것보다 현장으로 설명드리는 게 명쾌하죠."

그곳은 마감 공사가 한창이었다. 아직은 어떤 모습으로 변신할지 상상이 되지 않았으나, 빨간 벽돌집으로 둘러싸인 주변을 감안할 때 기본 이상의 새 건물만 들어서도 제법 눈길을 끌겠다 싶었다.

'이 자리도 원래는 옆집 같은 낡은 건물이 있었겠지? 이런 건 사서 지으려면 얼마나 드나…, 이런 거 물어봐도 되나?'

그의 생각을 읽기라도 한 듯, 하선이 인근 카페로 자리를 옮겨 편하게 대화를 나누자고 제안했다.

잠시 후.

"원래는 이런 집이었습니다."

하선이 노트북을 열어 보여준 것은 공사 전 현장 사진이었다. 그저 그렇게 생긴 흔한 빨간 벽돌집이다. 황 과장의 생각대로 옆집과 구분되지 않는 외관이었다.

"그리고 이 집은 앞으로 이렇게 바뀔 겁니다."

하선은 노트북 화면에 3D 설계 이미지를 띄웠다. 그리고 이어진 행동은, 황의 입장에서는 정말 뜻밖의 횡재였다. 해당 건물의 사업계획서를

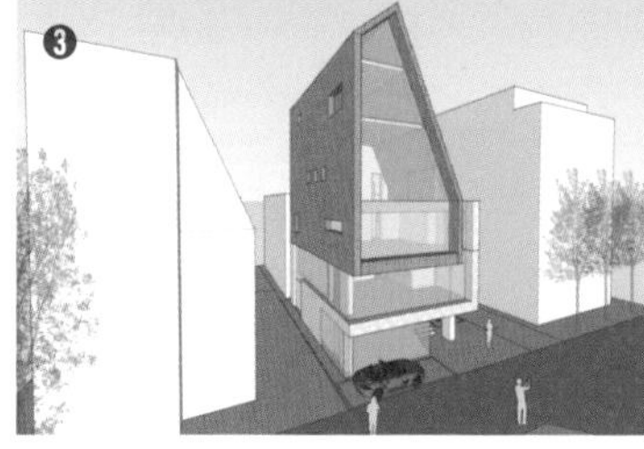

●— 흔하디 흔한 낡은 빨간 벽돌집의 변신은 이렇게 이루어진다. 매입한 빨간 벽돌집 ①을 ②과 같이 멸실(철거)했다. ③의 3D 이미지와 같은 설계를 통해 현재는 ④의 모습으로 바뀌었다.

열었던 것. 사업 내용뿐만 아니라, 심지어 숫자까지 그대로 나와있다.

'원 샷, 원 모먼트!' 황 과장은 생각했다. '바로 지금 이 순간이다. 지난번에 들었던 강의 내용과 원가가 맞는지 매의 눈으로 파악할 때야.'

언제 화면이 바뀔지 모르는 상황인지라, 황은 빠르게 숫자들을 읽기 위해 애썼다. 두 눈을 부릅뜨고 모니터를 뚫어질 듯 보는 황이 부담스러웠을까, 이내 다음 페이지로 화면이 넘어간다.

'그래, 다 공개하긴 힘들겠지. 예예, 이해합니다.'

쩝, 황 과장은 입맛을 다셨다. 그런데 예상을 뛰어넘는 하선의 한 마디가 이어졌다.

"프린트해 드릴게요, 궁금하면 찬찬히 보세요."

정말? 이걸 이렇게까지 공개해도 되는 걸까, 내가 누군지 알고? 도리어 그가 걱정될 지경이었다. 자신 있어 보이는 하선의 모습만큼 경계심이 한 단계 낮아지는 걸 느끼며 황은 생각했다.

'이 분, 콘셉트가 쿨가이로군. 나랑 닮았어.'

시선을 돌리니, 몰랐던 시장이 거기 있었다

사업계획서를 찬찬히 살펴보던 황 과장의 눈에 뜨인 두 가지가 있었다. 사업비에서 토지비가 차지하는 비중, 그리고 원가였다. 토지비는 매입비와 취득세 등 항목으로 이뤄져 있었고, 원가는 여기에 건축비·각종 부대비·사업비 등을 합산한 것이었다.

"토지비가 기존 주택을 매입하는 비용인 거죠? 이게 사업비에서 이렇게나 높은 비중을 차지하나요?"

"네."

"아니, 그런데 강남에 건물을 짓는데 이 원가로 가능하다고요?"

"그게 제가 하는 일입니다. 책과 강연에서 알려드린 대로고요."

간명한 대답에 황은 조금 머쓱해졌다. 대화를 하면 할수록 자신이 얼마나 우물 안 개구리로 살아왔는지, 적어도 부동산 사업에 관해서는 얼마나 문외한이었는지 실감하게 되었다. 사실 황 과장이 아는 부동산이라고는 아파트가 전부였다.

매일 같이 아파트 값이 뉴스에 오르내리는 시대. 원하든 원치 않든 대한민국 국민 대다수는 아파트 시세에 노출되어 있다. 그야말로 전국이 '아파트 앓이'를 겪고 있다 해도 과언이 아니다.

황 과장도 마찬가지였다. 저 수많은 아파트 중 내 집 한 채 없는 것이 서럽기도 하지만, 이렇게 급하게 가격이 올라도 되는 건지 이유 있는 화가 나기도 하고, 또 각종 세금 인상 소식을 들으면 '정환아, 너 어쩌냐. 강남 아파트 세금 엄청 오르게 생겼어'라며 배 아픔을 약 올리는 기분으로 달래기도 했던 터. 그러다가도 '이런 제길, 무주택자가 압구정 병원 원장님 세금 걱정하고 자빠진 꼴과 다를 바가 없잖아. 정신 차리자!' 생각한 것이 한두 번이 아니었다. 그렇게 아파트 값 뉴스에서 출발한 생각의 연결 고리는 언제나 청약통장으로 끝나곤 했다.

'언젠가는 나에게 감동의 아파트 맛을 보여줄 나의 사랑, 나의 호프, 청약통장아! 나도 세금 걱정하며 살아보게 나를 이끌어다오.'

그간 그에게 있어 인생 역전은 인 서울 아파트 청약 당첨이요, 그중에서도 진정 로또라 불리는 강남 아파트 당첨이었다. 생각만 해도 기분이 좋아진다. 위아래 다닥다닥 붙어사는 게 뭐가 그리 좋을까 싶다가도, 작더라도 내 가족 등 붙이고 누울 수 있고, 차후 큰 시세 차익도 얻을 수 있는 아파트를 갖기를 소망해왔던 것이다. 우리네 삼사십 대 가장이 대개 그렇듯이 말이다.

"그래도 역시 돈이 되는 건 아파트 아닐까요? 엄청나게 오르고 있지 않습니까?"

황 과장이 조심스럽게 물었다. 하선은 그의 질문을 예상이라도 한 듯 화면에 그래프 하나를 띄웠다. 북콘서트 강의에서도 보았던 바로 그 그래프였다.

"아파트보다 더 오른 게 뭔지 아십니까? 단독주택이에요. 아파트는 오른 시기도 있고 내린 시기도 있는 등 가격 기복이 있었지만, 단독주택은 계속해서 올랐습니다. 아까 사업비 중 토지비, 즉 기존 주택 값의 비중이 이렇게나 크냐고 하셨죠? 관련해서 제가 질문 하나 드리겠습니다. 전국의 단독주택 중 30년 이상된 노후 주택이 40% 이상이고, 서울의 경우에는 절반이 넘습니다. 이렇게 낡은 건물들의 가치는 얼마일까요? 참고로 우리나라 건축물의 평균 수명은 30~40년에 불과합니다."

황이 머뭇거리며 대답했다.

"글쎄요, 그래도 단독주택 가격은 상당히 비싸던데…."

"노후 주택 매매가 중 건물 가격이 차지하는 비중은 거의 제로입니다. 다 땅 값이죠. 건물 값은 사라지고 남아있는 건 땅 값뿐인데, 단독주택 시장의 가격은 계속 상승했습니다. 즉, 지가地價가 오르고 있다는 겁니다.

서울특별시 단독주택 & 아파트 매매가격 지수

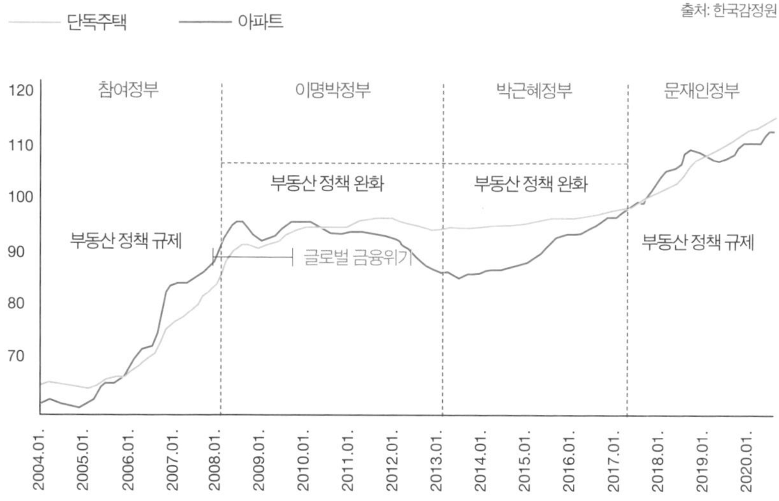

● 단독주택이 아파트보다 외부효과와 충격(정책, 경제흐름 등)으로 인한 가격 영향을 덜 받는다.

자, 그럼 한번 생각해 보시죠. 첫째, 노후 건축물을 적정한 가격에만 매수해도 안정적인 수익을 얻을 수 있다는 걸 예상할 수 있겠죠?

둘째, 나아가 노후 건축물 대신 멋진 건물을 새로 짓는다면 어떤 일이 벌어질까요? 예를 들면 두세 가구가 살던 40년 된 낡은 다가구 주택이 지하와 1층엔 근린생활시설, 2~4층엔 대여섯 가구가 사는 거주공간으로 다시 태어난다면요?"

곁에서 조용히 듣고 있던 대장이 탄복하듯 말했다.

"그냥 사서 오르길 기다리는 것과는 수익의 차원이 다르겠군요."

하선의 답이 이어졌다.

"완전히 새로운 가치가 창출되는 겁니다. 심지어 노후주택은 앞으로 늘어나면 늘어났지, 줄어들 일은 없어요. 옛날처럼 대규모 재건축·재개발이 가능한 시대도 아니고요. 늙어가는 메트로폴리스의 도심에서 소규모 재생 사업이 번창하는 건 전 세계적 트렌드이기도 합니다. 우리나라에서는 이제 막 주목받기 시작한 블루오션이에요.

저는 주로 신축 사업을 하고 있습니다만, 외국에는 도심 유휴지나 빈집 리모델링 사업이 이미 번성하고 있습니다. 우리나라에도 관련 스타트업들이 존재하고, 많은 투자도 받은 것으로 알고 있습니다. 흔히 눈여겨보지 않지만 무한한 기회가 존재하는 시장인 거죠. 그런데도 굳이 레드오션인 아파트 시장에서 허덕이는 이유를 잘 모르겠어요."

세렝게티 대초원의 사자는 남극에 사는 펭귄의 존재를 알지 못할 것이다. 황 과장은 자신이 알던 세계 너머, 완전히 새로운 세상을 발견한 기분이었다. 카페 안 에어컨 탓인지 신선한 충격 덕분인지 온몸에 소름이 돋았다. 그렇게 한 바탕 쓰나미가 지나간 후, 이제 마지막으로 남은 것은 단 하나. 이 놀라운 이야기가 정말 실현이 가능한 것인지, 재차 확인할 단계라는 생각이 들었다.

황 과장의 이야기

그런 날이 있습니다. 내가 대체 뭘 잘못했길래 이렇게밖에 못 살고 있지, 싶은 날이요. 아이가 미술학원에 가고 싶다 하고, 수학학원에 가고 싶다 하는데 "공부는 학교에서 하는 거야, 미술은 시작하고 이내 관둘 거면서 무슨 학원 타령이야"라고 타박 아닌 타박을 한 날이면 으레 자책감이 몰려옵니다. "친구 집 집들이를 다녀왔는데…"라며 뒷말을 흐리면서 힘 없이 돌아서는 아내를 보고 있자면, 늘 자신만만하던 제 과거가 파노라마처럼 머릿속에 펼쳐지곤 했습니다. 대기업 입사, 중견기업 이직, 미국 MBA 진학 준비에 이어 사업 도전. 그 사이 중간중간 투자라는 이름의 신발을 신고 족구를 찼던 기억은 차치하더라도, 만만치 않은 시간들을 도전이라는 이름으로 버텨왔으나 그 결과는 시나브로 줄어드는 잔고와 자괴감이었죠.

"빨간 벽돌집을 가지고 사업을 하는 도시재생 아티스트를 만났는데 한번 배워볼까?" 싶었던 것은 바로 그런 와중이었습니다. 긴 터널 끝에서 한 줄기 빛을 본 것처럼 내게 희망이 되지 않을까 하는 마음에 아내에게 제가 들은 이야기를 전하자, 차분한 반응이 돌아왔습니다.

"나는 당신이 정말 잘 되길 바라고 그렇게 될 거라고 믿고 있어. 그리고, 그 사업이 정말 좋은 사업이라고 치자고. 그런데 그 좋은 걸 무슨 이유로, 이제 막 알게 된 당신한테 알려주겠어?"

그래. 수사는 원점이다! 어디선가 본 듯한 이 문구가 머릿속에 떠올랐습니다.

그런데 이 좋은 걸 왜 알려주세요?

04

며칠 후 공사 현장에서 멀지 않은 강남역 중국집. 황 과장은 대장에게 동행을 요청하여 하선과 셋이서 자리를 잡았다. 이미 갓물주인 대장에게도 이 분야는 다소 새롭고 흥미로운 모양이다. 하선과 대장이 부동산 시장에 관한 이야기를 주고받는 옆에서 황 과장은 모르는 이야기가 나오면 고개를 끄덕이고, 아는 얘기가 나오면 고개를 심하게 끄덕이며 술잔을 비워내고 있었다.

모두 취기가 기분 좋게 오른 정도의 시점에, 황이 직구를 던지기 위해 공을 잡았다.

"작가님, 그런데 이 좋은 것을 조건 없이 알려주시는 이유가 뭡니까?"

공격은 상대방이 방심할 때 날카롭게 들어가는 법! 일순간 정적이 흐른다. 조용한 중국집에, 백주 세 잔이 각자의 목구멍을 긁는 소리만이 서라운드로 들릴 뿐이다.

투자 사고의 변화가 불러일으킬 나비 효과

취기 때문이었을까 아니면 황의 레이저 눈빛에 압도당해서였을까? 하선은 순순히 무장해제를 하고, 자신의 과거를 담담히 읊었다. 어린 나이에 경매를 시작으로 돈을 번 이야기, 믿었던 주변 사람들에게 배신당하고 사기마저 당한 이야기. 그리고 인생이 나락으로 떨어졌을 때 다시 힘이 되어준 사람들 이야기와 다시 일어서서 자리를 잡은 지금까지의 이야기.

그리고 황 과장이 정말로 듣고 싶었던 솔직한 답변도 이어졌다.

"그리고 말이죠, 이 시장은 어차피 누구 한 사람 혹은 한 회사가 독점할 수가 없는 시장이에요. 막말로 제가 일 년에 해봤자 몇 건이나 진행하겠습니까. 그런 와중에도 도심은 노후되어 슬럼화가 진행되고 있고, 그에 따라서 도시재생은 거스를 수 없는 트렌드로 점점 그 물결이 거세질 겁니다. 기왕 그렇다면 저와 함께하는 사람들이 더 빨리, 더 좋은 기회를 발견하게끔 하고 싶어요.

어두운 곳에서 밝은 곳으로 나오면 잠시 앞이 안 보일 수 있습니다. 도시재생 사업으로 눈을 돌리는 건, 앞사람 머리밖에 보이지 않는 빽빽한 방레드오션에서 너른 운동장블루오션으로 나오는 것과 같은 변화예요. 처음엔 뭐가 뭔지 가늠할 수 없을 겁니다. 그럴 때 누군가 손을 잡아서 안내해 준다면 적어도 그 사람은 저 같은 시행착오를 겪지는 않겠죠. 미미하나마 그런 선한 영향력을 발휘해 보자, 생각했습니다. 아직은 뭐, 저 혼자 떠들고 다니는 정도에 불과하지만요."

하선은 민망한 듯 웃었으나 황 과장의 표정은 진지했다. 선한 영향력! 평소 그 자신도 줄곧 외치고 다니는 다섯 글자가 아닌가.

"개인적으로 인연 맺은 분들에게만 선한 영향력을 발휘하고 싶으신 건가요?"

'이 사람이 과연 선한 영향력이라는 것에 관해 얼마나 진지하게 생각하는지 궁금하다'는 생각으로 던진 황의 질문에, 하선이 자못 진지한 표정으로 말을 받았다.

"더 좋은 기회라는 건 단지 돈 버는 기회를 말하는 게 아닙니다. 부동산을 무조건 돈 버는 대상으로만 생각하지 않았으면 좋겠어요. 부동산은 투자재인 동시에 사용재입니다. 부동산 투자가 투기와 혼동되며 사회 악인 것마냥 비춰지는데, 노후 건축물을 개발하는 부동산 사업은 공간의 사용가치를 높이고 낡은 골목에 생기를 불어넣는 등 기존 투자와는 다른 의미를 지니고 있습니다.

쓰러져가던 집들이 즐비한 골목에 하나둘 새롭고 독특한 건축물이 들어서면 점차 동네 전체가 환골탈태하죠. 깨끗하고 환해져 살기 좋아지는 건 물론이고, 찾는 사람들이 늘어 지역 경제가 활성화되기도 합니다. 이처럼 사회 구성원으로 책임감 있는 사업을 통해 돈도 버는 것, 그 이상의 좋은 기회가 있을까요?

기존과 다른 시각을 가진 사람들이 늘어나고 그를 통해 부자 되는 사람들이 많아지길 바랍니다. 그러면 점점 더 많은 사람이 어떻게 하면 더 나은 공간을 제공할까 고민하고, 더 멋진 콘텐츠로 로컬 명소들을 만들어 나갈까 고민하게 될 겁니다. 투자에 대한 시각 변화가 사회에 나비 효과를 불러일으키는 셈인데요. 이게 제 전문 분야 안에서, 미미하나마 제가 사회에 발휘할 수 있는 선한 영향력이라 여기고 있습니다."

대장이 황 과장을 보며 빙그레 웃는다. 황은 그 웃음의 의미를 잘 알고 있었다. '세상에 너처럼 말하는 사람을 또 만나네. 거참, 신기하네.'

미국의 MBA 스쿨을 지원할 때 WHY MBA에 대해 황 과장이 내놓은 한 줄 대답은 '지덕체를 겸비하고 세상에 선한 영향력을 끼치는 사람이 되고 싶어서'였다. 그런 그에게 주변인들은 "너 혼자 소설 쓰니?"라는

| MORE LESSONS |

부동산의 두 가지 가치

부동산은 두 가지 가치를 지닌다. 거주 측면에서의 사용가치(임대사업과 연관이 있다), 그리고 자산 측면에서의 교환가치(매매사업과 연관이 있다)로 이루어진 재화가 바로 부동산으로써 이 두 가지 가치를 극대화하는 것이 바로 필자가 말하는 부동산 사업이다. 사용가치를 높여 수요자들에게 훌륭한 공간을 제공하고, 교환가치를 높여 투자재로써의 매력을 높이는 두 마리 토끼를 잡는 부동산 사업에 관해 차차 알아보자.

반응을 보였었다. 남이 뭐라든 무슨 문제이랴, 다만 마음속에 품은 그 생각을 펼치고 살기에 삶은 만만치 않았다. 주변에 선한 영향력을 끼치기는커녕, 그 자신은 물론이고 가족 건사하기도 녹록지 않았던 것이다. 그런데 자신과 비슷한 마음가짐으로 세상을 바라보는, 가치관이 일치하는 고수를 만난 것이다.

고추냉이를 잔뜩 집어넣은 초밥 한 조각을 입에 넣은 마냥 코 끝이 찡해와서 황 과장은 고개를 푹 숙였다. 자신도 모르게, 물기를 머금은 눈과 입가에 잔잔히 퍼지는 미소가 테이블 유리에 반사되어 보였다.

황 과장,
인생 최대의
변신을 결심하다

05

강남역 스타벅스. 황 과장은 주말 동안 하선으로부터 받은 자료를 열었다. '이제부터 시작이야!' 그 순간, 세상 누구보다 비장한 표정으로 부동산 개발 사업가의 정의부터 살펴보기 시작했다.

부동산 개발 사업가, 말 그대로 부동산을 개발하는 사람이다. 흔히 시행사라고 한다.

그중 우리 사업의 구조는 '빨간 벽돌집'을 기본으로, 오래되어 건물의 가치가 현저히 떨어지는 건물토지을 매입하고, 부순멸실 후, 그 입지와 유동인구 등의 특성을 파악하여 그에 걸맞은 새로운 건물을 짓고, 임차인을 받아서 운영을 하거나 혹은 통째로 매각하여 엑시트 하는 것이다.

빨간 벽돌집 부동산 사업의 구조

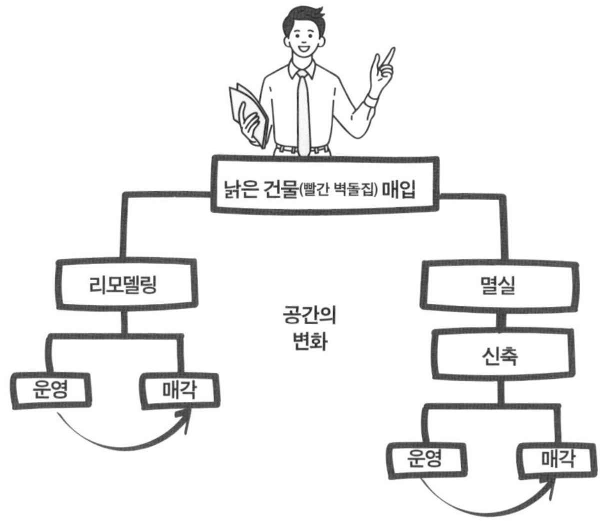

생각보다 간단하다.

황 과장은 당장이라도 주변 공인중개사 사무소에 들러 괜찮은 땅 없냐고 물어보고 싶은 심정이었다. 머릿속에서는 이미 개발 사업가가 되어 있다. 수학 문제집 첫 단원에 있는 집합 몇 문제를 맞히고 나니 수학이 만만하게 느껴지는 거만한 고1 같은 모습이라고나 할까. 때마침 부동산 개발 사업가의 마음가짐 부분이 눈에 들어왔다.

흔히 한 방을 노리고, 큰돈을 벌 수 있다는 말에 많이들 이 사업에 관심을 가집니다. 그렇지만 큰 수익을 낼 수 있는 만큼 그에 따르는 리스크도 큽니다. 따라서 공부해야 하는 부분도 많고 또 매 단계마다 철저해야 합니다.

잠시 들떴던 마음을 가라앉히고, 다음 장으로 넘겼다. 이어지는 내용은 개발 사업가가 반드시 알아야 하는 사업성 분석이다. 그 핵심이 될 개념으로 NOINet Operating Income, 순운영소득, NPVNet Present Value, 순현재가치, IRRInternal Rate of Return, 내부수익률, ROEReturn On Equity, 자기자본이익률 등이 나열되어 있다.

경영학도 출신이라 용어가 낯설지는 않지만 이들 개념을 어떻게 부동산 사업에 적용하여 분석할지는 선뜻 감이 잡히지 않았다. 차근차근 공부해나가면 되지, 라는 생각으로 넘긴 다음 장. 우리가 함께 일을 해 나가야 할 사람들의 목록이다. 건축사, 금융인, 시공사, 법무사, 세무사, 변호사, 관련 공무원 등.

'공부는 차근차근, 인연은 하나하나 소중하게. 이런 게 예비 사업가로서 진짜 가져야 할 마음가짐 아니겠어?'

어떠한 종류의 사업이든, 수익은 극대화하는 한편 리스크는 최소화하는 것이 관건이다. 황 과장은 앞으로 이 부분들을 철저히 익히고, 행동하리라 마음먹었다.

'멋진 작품을 기획하고, 적재적소에 그 역할에 맞는 배우를 섭외하고,

모두를 감동시킬 수 있는 멋진 도시재생 아티스트가 되겠다. 그리고, 모두를 이롭게 하는, 꿈꿔왔던 선한 영향력을 펼쳐보리라.'

앞으로 가야 할 길이 어떻게 펼쳐질지 아직은 전혀 가늠할 수가 없지만, 저쪽 길 끝에 작은 불빛 하나가 보이는 듯하다. 새로운 도전과 희망이라는 이름의 불빛. 가만히 그것을 바라보며 멍해지고 있는 그때. 하선이 나타났다.

"나갑시다."

"어디로요?"

"건물 보러요."

그는 역시 실전파이자, 행동파다. 과연 어떤 건물이 황 과장의 첫 번째 스터디 대상이 될 것인가. 미지의 물건을 만나러 가는 길, 황은 첫 아이가 세상에 나오기 직전의 그 순간 못지않은 기대와 설렘을 안고 하선을 따라나섰다.

평범한 가장이 경제적 자유를 얻는 가장 빠른 길

황성태

'부자의 왕도' 물었더니… 1위 사업, 2위 부동산, 3위는? 2020년 10월 31일, 서울경제

기사에 따르면 부자들의 자산 형성의 원천은 사업소득과 부동산 투자가 60%를 상회한다고 한다. 이후 부를 축적하는 과정에서는 부동산 투자와 사업소득이 상당 부분을 차지한다. 즉, 오늘날의 부자는 부동산을 소유하고, 사업을 영위하는 자가 다수라는 것을 알 수 있다.

부자가 되고 싶으면 부자의 길에 서 있어야 한다. 최근 부동산 가격의 폭등이 자산 내에서 비중에 영향을 미쳤음은 자명하나, 부자가 되는 길에 사업과 부동산이 함께하고 있음은 어제오늘의 일이 아니고, 앞으로도 그 입지는 변함이 없을 것이라고 예상한다. 이미 피부로 체감하고 있는 것처럼, 일부 초고액 연봉자를 제외하고서는 근로 소득만으로 부를 축적하여 부자가 되기란 쉽지 않다.

부자가 되는 길에 있어서, 우리가 통제할 수 없는 영역인 상속, 증여의 부분은 논외로 하고, 30년 전에 삼성전자에 투자했어야 했다는 등의 의미 없는 후회도 그만하기로 하자. 평범한 우리가 부자의 반열에 올라 '경제적 자유'를 얻기 위해서 지금부터 무엇을 할 것인지가 중요하다. 과거에서 얻은 교훈을 바탕으로, 가까운 미래뿐만 아니라 30년 후의 우리 모습을 결정할 오늘의 행동에 집중하자.

그 첫걸음으로, 첫 번째 목표를 '내 집 장만'으로 하자. 자금 여력이 있음에도 불구하고, 집값 하락에 대한 두려움으로 행동을 주저하는 사람들이 있다. '인디안 기우제'를 지내는 폭락 전문가들과 하루를 같이하며 마음의 위안을 삼는 사람들도 있다. 그들의 말대로 집값이 폭락한다 한들, 분명한 사실은 폭락론 추종자들은 집값이 폭락해도 집을 사지 못한다. "밀 가격이 떨어질 때 밀을 가지고 있지 않았던 사람은, 밀 가격이 오를 때도 역시 가지고 있지 않다." 유럽의 워런 버핏으로 불리는 ≪돈, 뜨겁게 사랑하고 차갑게 다루어라≫의 저자 앙드레 코스톨라니의 이 말은 시대와 인종을 초월한 명언이다. 사실, 폭락을 예측하고 그것의 맞고 틀림조차도 중요한 것이 아니다. 중요한 것은 내가 부자가 되느냐 마느냐, 부자가 되려면 어떤 생각을 갖고 살아야 하느냐이다.

또 하나, '내 집 마련'의 방법 또는 부동산 투자 대상에 아파트나 다세대주택빌라만 있는 것은 아님을 하루빨리 받아들이자. 이미 고액 아파트 소유자들 중심으로, 본인의 아파트를 매도하고 흔히 말하는 '미니꼬마 빌딩'을 매수하는 데 관심이 커지고 있다. 자신은 건물 상층에 거주하면서 아랫 공간은 임대를 주어 고정적인 수익을 도모하고소득수익, 향후 지대 상승 시 매도하여 매각차액자본수익까지 기대하는 이들이 늘어나고 있다는 것이다. 고액 자산가들의 자산 포트폴리오 구성에도 이 방법은 아주 유용한 것이다.

하지만 시드머니가 부족한 이들에게는 이 모든 것이 남의 나라 이야기처럼 느껴질지 모르겠다. 이미 수도권뿐만 아니라 지방도 10억 원대 이상 아파트가 속출하고 있는 현 상황에 '나는 이미 늦었다' 체념이 들 수도 있겠다. 그러나, 그런 암담해 보이는 현실일수록 또 다른 기회가 어딘가에 숨어 있는 것은 아닌지 눈을 크게 뜨고 깨어 있어야 한다.

예를 들어, 보유한 시드머니가 2억 원일 경우를 가정해 보자. 그와 같은 투자자 4명과 합친다면, (5명의) 자기자본은 10억 원이 된다. 이 경우 원가가 40~50억 원의 사업을 추진할 수 있고, 신축 후 통 매각할 경우 자기자본이익률은 기본이 수십 퍼센트 이상이다. 이러한 공동사업의 경우 단독사업을 진행하는 것보다 매각차액이 쪼개지기 때문에 각자 절세의 효과가 있음은 덤이다. 이것이 필자가 이 사업에 관심을 갖고 이 책을 쓰기로 한 이유이기도 하다. 빨간 벽돌집을 매수하여, 멸실하고, 신축을 지어서 운영이나 매각을 하는 이 사업은 부동산 개발 사업가에게도, 투자자에게도 부자로 가는 추월차선이 될 수 있다고 확신한다.

빨간 벽돌집 부동산 사업의 현금흐름 예시

❶ 자본금 10억, 공동사업의 경우

공동사업 예시	금액(원)	비고
세전 이익(법인세 차감 전 이익)	1,000,000,000	
공동 5인사업 시	200,000,000	세전 이익/지분
세율	35%	
누진공제	14,900,000	
종합소득세	55,100,000	
주민세	5,510,000	종합소득세×10%
납부세액	60,610,000	
세후 이익	139,390,000	70% (*ROE 기준)

❷ 자본금 9억, 단독사업의 경우

단독사업 예시	금액(원)	비고
세전 이익(법인세 차감 전 이익)	900,000,000	
단독사업 시	900,000,000	단독지분
세율	42%	
누진공제	35,400,000	
종합소득세	342,600,000	
주민세	34,260,000	종합소득세×10%
납부세액	376,860,000	
세후 이익	523,140,000	52% (*ROE 기준)

참고. 종합소득세 세율(2018년 귀속 이후) 세율 적용 방법 : 과세표준 × 세율 - 누진공제액

과세표준	세율	누진공제(원)
1,200만 원 이하	6%	-
1,200만~4,600만 원	15%	1,080,000
4,600만~8,800만 원	24%	5,220,000
8,800만~1억 5천만 원	35%	14,900,000

과세표준	세율	누진공제(원)
1억 5천~3억 원	38%	19,400,000
3억~5억 원	40%	25,400,000
5억 원 초과	42%	35,400,000

가치, 속도, 차원이 다른 부는 어떻게 만들어지는가

PART 2

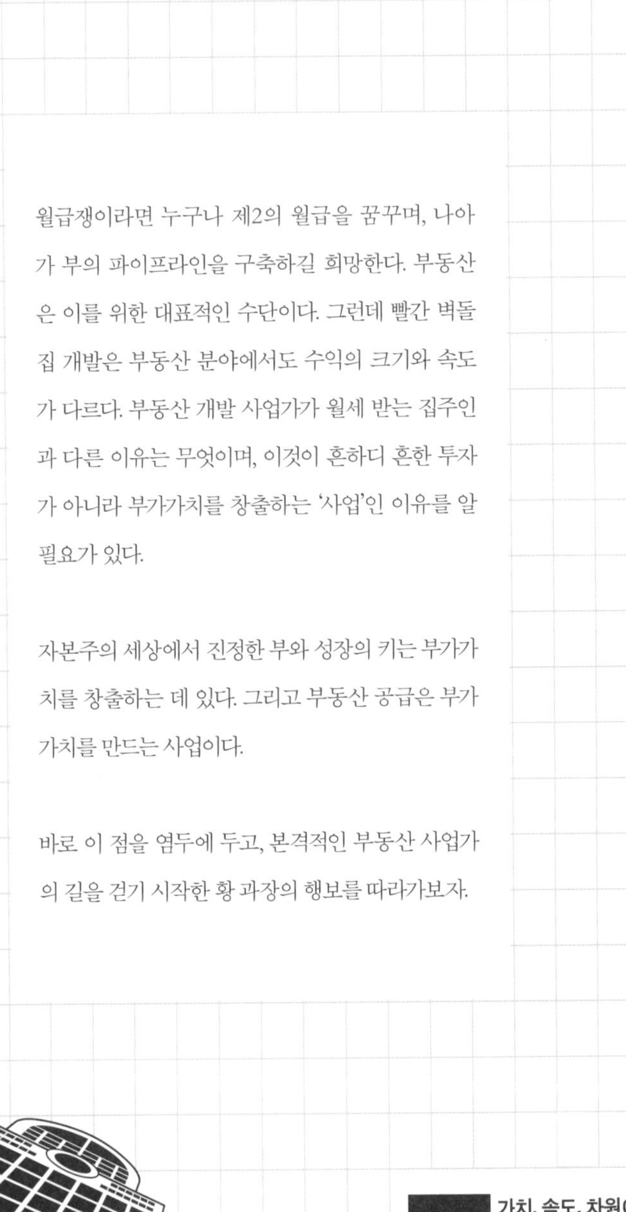

월급쟁이라면 누구나 제2의 월급을 꿈꾸며, 나아가 부의 파이프라인을 구축하길 희망한다. 부동산은 이를 위한 대표적인 수단이다. 그런데 빨간 벽돌집 개발은 부동산 분야에서도 수익의 크기와 속도가 다르다. 부동산 개발 사업가가 월세 받는 집주인과 다른 이유는 무엇이며, 이것이 흔하디 흔한 투자가 아니라 부가가치를 창출하는 '사업'인 이유를 알 필요가 있다.

자본주의 세상에서 진정한 부와 성장의 키는 부가가치를 창출하는 데 있다. 그리고 부동산 공급은 부가가치를 만드는 사업이다.

바로 이 점을 염두에 두고, 본격적인 부동산 사업가의 길을 걷기 시작한 황 과장의 행보를 따라가보자.

제2장 가치, 속도, 차원이 다른 부는 어떻게 만들어지는가

부를 향한 파이프라인, 이건 차원이 달라

01

고기 굽는 냄새와 왁자지껄한 소리가 한창 피어오르는 저녁. 황 과장은 고교 동창 정환과 마주 앉아 있었다. 정환은 기분이 꽤 좋아 보였다.

"요즘 우리 아파트 시세가 미쳤다. 매수가 대비 더블을 훌쩍 넘었어!"

"잘됐네, 축하한다."

"에이, 뭐. 팔아야 돈이지. 사는 동안에야 올라봤자 숫자에 불과한 걸."

두 손을 내젓는 정환을 보며 황은 생각했다.

'이 녀석, 술 사라고 할까 봐 한 발 빼는구만.'

그런데 오늘은, 이전 만남 때와 달리 황의 기분 또한 상당히 들떠있었다. 하선을 멘토 삼아 수익형 부동산 개발에 관한 공부를 시작한 지 일

주일째. 황 과장은 최근 자신에게 일어난 이 놀라운 일들을 털어놓았다.

"… 그래서 요즘 한창 공부 중이야. 제대로 배워서 사업해 보려고."

이야기를 듣는 내내 오묘한 표정을 짓고 있던 정환이 말했다.

"쉬운 길로 가, 쉬운 길로. 부동산 하면 아파트지, 단독 잘못 물리면 그거 처분도 못하고 골칫덩이 돼. 집주인이 되고 싶으면 아파트를 사고, 건물주가 되고 싶으면 건물을 사라. 이게 진리 아니냐? 그리고, 부동산 개발은 아무나 하는 줄 알아?"

부동산 개발 사업은 누구나 할 수 있지만 아무나는 못한다. 마침 그 날 오전, 황 과장은 그 점을 뼈저리게 깨달은 터였다. 일주일 전의 호기로움은 누그러지고 사업성 분석, 기획, 금융 구조, 시공, 판매 전략 등 공부할 것 투성이에 다소 주눅이 들었던 참이다. 한창 들떴던 기분이 살짝 내려앉았다. 잠시 생각에 빠진 사이, 정환은 황이 할 말을 잃은 거라 생각했는지 재차 충고했다.

"내 말 들어. 지금이라도 경기도 어디쯤 구축 하나 사는 게 낫다."

'그렇게 해서 대체 어느 세월에, 언제쯤에나 내 인생이 바뀔 것 같냐?'

황 과장은 속엣말을 삼키며, 그 대신 평소 생각하던 이야기를 꺼내 놓기로 결심했다.

"월급쟁이가 월급을 모아서 아파트를 사려면 얼마나 걸릴까? 그리고 그렇게 산 아파트로 진짜 '수익'을 낼 기간과 가능성은?"

콘크리트 같은 생각에 작은 균열을 만들다

"서울에 있는 아파트 중간 가격이 9억을 이미 돌파했지? 월급쟁이가 한 달에 100만 원씩 저축이 가능하다고 치자. 1년이면 1,200만 원이고, 10년이면 1억 2천이야. 9억 만들려면, 족히 80년은 걸릴 거야.

그런데 여기도 전제는 있어. 첫째, 그때도 가격이 9억으로 유지되고 있어야 한다는 것. 둘째, 그 오랜 기간 동안 내게 월급 줄 만한 회사가 있어야 한다는 것. (300년쯤 존재하는 회사가 되려면 대체 무슨 사업을 해야 하려나.) 내가 좀 극단적으로 비유했지만, 아파트 값이 이미 나 같은 서민이 대출 받아 살 수 있는 수준을 넘어선 상황에선 그 정도로 막막하게 느껴진다는 말이야. 최소로 필요로 하는 자기자본금 자체가 너무 높아졌어.

자, 다음으로. 그럼 대출 없이 집 살 수는 없으니 대출을 최대한 받는다고 치자. 요즘 어지간한 곳은 투기과열지구라 LTV가 40%이니, 9억 중 내 돈 5억 4천은 있어야 하잖아. 어휴, 그래도 한 달에 100만 원씩 꼬박 45년을 모아야 하네. 스무 살부터 직장 생활해도 환갑이 넘어서야 살 수 있을 정도지. 허리를 졸라매고 200만 원씩 모은다 해도 22년 이상이야.

문제는 그렇게 아파트를 샀다 쳐. 네 집은 두 배가 됐지만 앞으로도 그 속도로 오르리란 보장이 있을까? 게다가 지금은 비과세 혜택이라도 제대로 받으려면, 최소 거주해야 하는 기간에다가 보유 + 실거주해야 할 기간도 있고, 심지어 두 채 이상 보유는 추가로 규제를 받지. 큰 자산이 묶이는 데도 적극적으로 운용할 수가 없어. 지난 수십 년 모은 자산을 앞으로 수십 년짜리 대출까지 다 끌어다 아파트 한두 채에 넣어놓고 값이 오르기만 기도해야 하는 상황이 된 거지. 그에 비해 말이야…."

순간 정환이 말을 가로챘다.

"나는 지금처럼 오르기 전에, 대출도 엄청 나올 때 샀거든. 이자와 원금 금액이 작지는 않지만, 시세가 올라있는 걸 보면 그래도 위안을 느껴. 그러게, 너도 나 살 때 샀어야 하는데."

서 있는 곳이 다르면 보이는 곳도 다르다더니, 친구의 머릿속에 들어있는 건 오직 아파트뿐. 이해를 못하는 바는 아니나, 부동산 투자에 관한 콘크리트 같은 고정관념을 새삼 실감하며 황 과장은 고기를 뒤집었다. 요즘 하는 공부와 관련해 더 하고 싶은 말은 묻어두기로 하며. 그래도 친구에게서 응원을 받고 싶었는데, 어느새 까맣게 타 버린 삼겹살 한 조각이 그의 마음속 같다.

그런데 다음날 낮, 정환에게서 연락이 왔다. 지난 저녁에 헤어지기 전 "말이 좋아서 개발 사업가지. 시행한다는 사람들 다 남의 돈으로 한탕 크게 벌려고 하는 사람들 아니냐"라고 했던 정환이다. 그런 그가 황에게 먼저 전화를 걸어서 던진 말은 뜻밖이었다.

"내가 좀 찾아봤더니, 요즘에 도시재생 사업이라는 말이 많이 나오네. 예전에는 시행하는 사람들이 그냥 땅 사서 건물 짓고 웃돈 얹어 팔면 끝이었다던데 요즘은 그것도 아닌가 봐. 근데 진짜 돈이 되긴 하는 거냐? 기간과 수익률은 얼마나 되냐?"

"야, 어제 내가 다 말했거든."

여기저기 검색을 해본 모양이다. '그래, 인터넷에서 검색한 모르는 누군가의 얘기가 내 얘기보다 더 믿음이 갔구나' 싶다.

"만나서 말해 줄게. 그런데 이번에는 한우를 먹어야겠어. 그래야 내가 말이 좀 나올 것 같다."

황 과장의 목소리에 힘이 실렸다. 미국산 소고기는 어떠냐는 정환의 질문에 그는 단호하게 대답했다. 놉!

| MORE LESSONS |

시장의 여러 변화 흐름이 가리키는 한 가지, 빨간 벽돌집

투자는 미래에 관한 예상을 전제로 한다. 대다수의 부동산 투자자들은 "지금까지 아파트로 돈 벌었으니, 앞으로도 그럴 것이 당연하다"는 식의 사고방식을 가진 경우가 많다.

그러나 이것은 제대로 된 '예상'이 아니다. 단지 '기대'에 불과하다. 예상은 판단 기준에 근거하나, 기대는 경험에 의지한다. 후자의 문제는 지난 시장 패턴이 100% 반복되리라는 보장이 없다는 것이다. 구매자 자신도 그것을 알기에 사고 나서도 "떨어지면 어떻게 하지" 전전긍긍한다. 그러나 수익과 손실은 전적으로 본인의 몫이다. 후회하지 않기 위해서는 철저히 사실에 기반한 분석과 객관적인 사고가 필요하다. 그리고 이를 통해 앞으로 시장이 어떻게 될지를 예상할 수 있어야 한다.

시장을 예측하기 위해서는 '현재 어떤 일들이 벌어지고 있는지'를 파악하는 것이 먼저다. 그리고 이 같은 사실 관계(팩트)들에서 일련의 경향성을 찾아내면 미래에 어떤 일이 벌어질지를 짐작할 수 있다.

그렇다면 부동산 시장에서 현재 진행형인 팩트는 무엇인가? 필자는 크게 세 가지를 꼽는다.

① 이미 발표되고 시행 중인 정부 정책과 도시 계획이 있다는 것.

② 선진국의 메트로폴리스들에서 발생 중인 일련의 부동산 개발 흐름이 존재한다는 것.

③ 이미 신흥 부자들이 출현하고 있는 부동산 틈새시장이 있다는 것.

이들 팩트는 모두 같은 지점(경향성)을 가리키고 있다. 즉 도시재생이다.

① 정부와 각 지자체들의 발표 및 계획을 보면 전면 철거가 아닌, 소규모 정비를 통한 도시재생 흐름이 뚜렷하다.

② 미국, 일본, 영국, 독일, 프랑스 등 선진국들에서는 도시재생으로 부동산 개발의 패러다임이 변화한 지 오래되었다.

③ 필자가 지난 저서에서 언급한 밀레니얼 부동산 부자들을 비롯하여 부동산 사업으로 돈 버는 부자들이 확실히 존재한다.

우리가 주목할 점은, 그 모든 핵심에 '도심 속 빨간 벽돌집'이 있다는 사실이다.

사업을 거듭할수록 부의 크기는 배가 된다

그날 저녁, 어제에 이어 다시 마주 앉은 두 사람. 굳이 인사를 나눌 필요도 없이 황 과장은 바로 본론을 꺼냈다.

"어제 네가 사람 바람 빠지게 해서 하려다만 이야기가 있으니 계속해볼게. 자, 긴 시간 허리띠 졸라매고 몇억을 모았어. 그렇게 모은 돈으로 아파트를 살 거냐 개발 사업을 할 거냐 묻는다면, 적어도 지금 시점에서는 난 후자야.

첫째, 어제도 말했지만 아파트 값은 장담할 수 없다. 너도 알겠지만 시장 변화는 인간의 영역이 아니야. 반면에 개발 사업은 0원짜리 노후 건축물을 몇억짜리 건물로 변신시키지. 물론 원가 계산을 그만큼 치밀하게 해야겠지만, 그냥 앉아서 시세가 오르길 기다리는 게 아니라 내가 만들어낸 부가가치만큼을 벌 수 있어.

둘째, 건물이 허물어져도 땅은 남는다. 내 이름으로 등기 친 내 땅이. 즉, 안전장치가 있다는 거야.

셋째, 이게 제일 중요한데, 부를 형성하는 속도가 완전히 달라. 사업을 거듭하고 매각, 그러니까 엑시트를 거듭할수록 자기자본금 및 수익의 크기는 점점 더 커져. 자본의 스노우볼을 굴릴 수 있는 셈이지. 적극적으로, 제대로 사업하면 확실한 복리효과를 볼 수 있다는 말이야."

정환은 비로소 흥미가 좀 생긴다는 표정이었다.

"그래서, 한 5억이면 된다는 거냐? 아니면 그보다 적어도 되는 거야? 필요한 자본금이 얼마인지 숫자로 딱 말해 봐라."

황 과장도 초기에 궁금했던 부분이었다. 그러나, 이에 대한 대답을 이제는 알고 있다.

"그럼 주식 투자는 얼마나 있으면 할 수 있냐? 만 원만 있어도 어떤 종목은 몇 주나 살 수 있는데, 주식 투자에 필요한 자본금은 얼마라고 생각해?"

즉, 사업지의 위치와 규모, 목적 등에 따라 천차만별이라는 뜻이다. 황의 의도를 간파한 정환이 되물었다.

"그럼 회수까지 기간은 얼마나 걸리냐?"

"절대적인 건 없어. 경우에 따라 다르지만, 적어도 내가 지금 생각하는 사업은 대략 1년에서 맥스 1년 반 정도를 그 기간으로 본다."

"수익률은?"

다양한 경우의 수가 존재한다는 걸 다시 이야기해줘야 하나, 잠시 망설이던 황은 '그 정도야 이해하겠지' 싶어 간단히 말하기로 했다. 무엇보다도 대화하는 사이, 한우가 지나치게 핏기를 잃어가고 있었다.

"자기자본대비ROE: Return on Equity, 자기자본이익률 수십 퍼센트에서 수백 퍼센트까지. 예를 들어 1억을 투자하면 몇천만 원을 버는 건 기본이고, 기획을 얼마나 잘하느냐에 따라 몇억까지 벌 수가 있다는 말이다."

정환의 입이 떡 벌어졌다.

부동산 사업, 월세 받는 집주인과 차원이 다른 이유

2차로 자리를 옮긴 호프집에서도 질문 공세가 이어졌다. 아예 땅을 사서 짓는 부동산 개발과, 이미 지어진 건물을 사서 임대료를 받는 것 중 어느 것이 더 낫겠느냐는 물음에 황 과장이 대답했다.

"개발해서 그 건물을 운영하면서 월세 받고, 나중에 가치가 올랐을 때 시세 차익을 얻을 수 있다면 제일 좋겠지."

"그런데 친구야, 이미 지어진 건물을 싸게 사서 비싸게 팔면 되지. 굳이 뭐하러 그 고생을 하려는 거냐?"

갑자기 근원적인 질문이 훅 들어오자 황은 생각했다.

'아…, 몰라서 묻는 걸까? 내 친구도 경영학도인데…. 졸업하고 지금까지 멋진 직장인 생활만 해온 내 친구. 강남에 아파트 한채 산 이후로는 다른 부동산에는 관심이 없는 친구. 부수고 다시 지어야 하는 것은 오래된 빨간 벽돌집뿐만이 아니구나.'

그는 고개를 저으며 다시 차분히 설명했다.

"이 일은 기다려서 차익을 실현하는 것이 아니라 적극적으로 가치를 만들어내는 사업이기에 부가 창출되는 크기가 다른 거야. 자수성가한 밀리어네어들 가운데 재테크로 성공한 사람이 얼마나 되냐? 워런 버핏이나 손정의 같은 전설적인 투자자 몇 명 말고는 딱히 떠오르는 사람이 없을 정도로 드물지? 반면에 빌 게이츠, 주커버그, 제프 베조스, 일론 머스크, 마윈, 김정주, 서정진…. 열거하자면 끝도 없을 거다. 이렇게 대부분의 백만장자는 '사업가'야.

부동산 시장도 마찬가지지. 투자와 사업의 결과 크기를 비교하면 사업이 압도적일 수밖에 없지 않을까?"

이 또한 '부동산 사업'이란 측면에서 그 파이프라인의 규모와 속도가 다를 수밖에 없다는 이야기에 정환은 비로소 이해가 간다는 듯 표정이 밝아졌다. 황 과장은 명치에 걸려 있던 한우가 그제야 소화기관으로 내려가기 시작하는 기분을 느꼈다.

| MORE LESSONS |

종잣돈부터 마련하는 것이 우선이다

월급쟁이든 아니, 그게 누구라도, 시간과 경제적 자유를 꿈꾼다면 자신이 잠자고 있을 때도 수익이 발생하는 부의 파이프라인을 깔아야 한다. 처음에는 뾰족한 방법이 없다. 파이프라인을 깔기는커녕 동파이프 원재료를 살 돈조차 없으면 어쩌겠는가. 우선은 악착같이 모아야 한다. 소고기 먹고 싶을 때 돼지고기 먹고, 그도 여의치 않으면 닭고기 먹고, 바다가 보이는 분위기가 좋은 멋진 카페에서 마실 법한 커피는 집에서 내려 마시고, 여행은 세계 속으로 떠나는 TV를 보며 즐겨야 한다.

부자들이 처음에 종잣돈을 만드는 과정은 대동소이하다. 지출을 줄이거나, 수입을 늘리거나. 둘 다 할 수 있다면 남들보다 빠를 것이고, 최소한 하나는 해야 종잣돈을 만들 수가 있다.

단, 이 과정에 앞서 내가 왜 돈을 모으고 있는지, 그 돈을 모아서 무엇을 할 것인지, 그리고 궁극적으로는 그 돈을 어떻게 가치 있게 쓸 것인지까지 정해 놓아야 한다. 그래야 지치지 않는다. 때론 비바람에 휩쓸려 항로를 벗어나더라도 목적지에 대한 좌표가 명확해야만 다시 목적지를 향해 나아갈 수 있다.

나이키 대리점 vs. 나이키, 누가 더 많이 벌까

02

황 과장이 부자가 되고 싶다고 말할 때마다 대장이 입버릇처럼 하는 이야기가 있었다.

"나이키 운동화를 파는 사람과 나이키 사社, 둘 중 어디가 더 돈을 많이 벌 것 같냐?"

"당연히 나이키 회사겠죠."

"다음 질문. 넌 그냥 그럭저럭 벌고 싶은 거냐, 아니면 진짜 부자가 되고 싶은 거냐?"

"당연히 진짜 부자가 되는 게 꿈이죠."

"그렇다면 생각을 완전히 바꿔야 해. 나이키 같은 기존 상품에 투자해서 돈을 벌 수도 있지만, 그걸로는 나이키가 쌓은 부의 발끝만큼도 따라갈 수 없지. 진짜 부자가 되고 싶다면 적극적으로 자본주의 사회의 시스템을 이용해야 한다. 자본주의 세상에서 성공의 키는 '부가가치 창출'에 있어. 다시 말해서 특별한 가치가 있는 재화를 생산해 낼 수 있으면 네가 원하는 부의 추월차선에 올라탈 수 있다는 말이다."

그런 이야기를 들을 때마다 황은 "맞는 말씀입니다…"라며 고개를 주억거리면서도 꼭 다음 한마디를 덧붙이곤 했다.

"대장이야 타고난 사업가이니 그런 말이 와 닿을지 몰라도, 저 같은 소시민한테는 영 꿈같은 이야기라고요. 저 같은 사람이 대체 무슨 수로 '나이키'상품 생산자가 되겠습니까?"

"그 수는 네가 직접 찾아야지!"

"아, 예…." (대화 종결!)

대장과 부에 관한 이야기만 하면 전개되는 대화 패턴이었다.

그리고 최근, 황 과장은 쾌재를 부르고 있다.

'찾았다, 그 무슨 수!'

하선과의 공부를 거듭할수록, 그가 말하는 부동산 사업 모델에 관한 이해가 더해질수록 확신은 강해졌다. 왜 하선이 '투자'가 아닌 '사업'이라고 했는지. 정환과 만나던 날, 황이 들떠있었던 것은 이런 까닭이었다.

부동산 사업 = 새로운 부가가치를 창출하는 프로세스

정환에게 한바탕 일장연설(?)을 하고 돌아오는 길, 황은 생각했다.

'내가 꼭 대장 같은 말을 하게 될 줄이야. 하지만, 이 일이야말로 절대적으로 부가가치를 만드는 일이지.'

왜 자신이 이 길을 가려고 하는지 그리고 가야만 하는지, 점점 더 명확해짐을 느끼며 그는 다시 한번 머릿속으로 부동산 개발 사업의 프로세스를 점검했다.

사업 기획 및 구상 좋은 사업지를 찾는다. 어떤 건물을 지을 수 있는지 사전에 기획 설계를 통해 확인하고, 주변 환경 및 상권 분석을 통해 그곳에 적합한 공간 콘텐츠를 기획한다.

사업 타당성 분석 총 사업 원가를 추정하고, 새로운 건물을 지은 후 보유, 운영, 매각 등 사업성이 있는지 수지타산을 분석한다.

자금 조달 자기자본 및 사업 참여자의 자본 규모를 계산하고, 사업계획서를 작성하여 금융기관으로부터 추가 자금을 조달한다.

설계 건축사와 협의 하에 본격적인 설계도면을 작성한다.

부지 매입 및 건축 인·허가 부지 확보 및 건축 인·허가를 득한다.

시공 책임지고 준공할 수 있는 시공사를 섭외하여, 지속적인 관리 감독 하에 시공에 착수한다.

마케팅 분양과 매각, 그 목표에 따라 해당 건물의 홍보를 계획, 실행한다.

운영, 분양 혹은 매각 시장 상황과 자금 흐름 등에 따라 전략적인 의사결정을 내린다.

간단히 요약하자면 가치가 떨어진 낡고 오래된 건물, 아니, 정확히는 그 건물이 서 있는 땅을 매입한다. 그리고 그곳을 사람들이 살기 좋고 일하기 좋은 건물로 탈바꿈시킨 후 적절한 시점에 새로운 매수인에게 매각한다. 그리고 자신은 또다시 부가가치를 창출하러 떠나는 것이다.

그 과정 단계 단계에 얽혀 있는 여러 사람들의 각자의 이해관계를 원만히 조율하고 조정해 가는 것이 성공의 관건일 것이다. 어느 부분 하나 소홀히 할 부분이 없으리라. 오케스트라의 연주자가 되어, 공연장의 연출가가 되어, 야구장의 감독이 되어 하나의 사업지를 마치 하나의 작품이고 공연이고 경기인 듯 멋지게 풀어내겠다! 황 과장의 가슴이 벅차올랐다. 마음만은 이미 프로 사업가가 된 듯하다. 무에서 새로운 유를 창출해 가는 과정이 결코 쉽지는 않겠지만, 결과를 만들어 냈을 때의 희열은 그 무엇과도 비교할 수 없을 것이다.

빨간 벽돌집 부동산 사업의 주요 포인트

*PF(Project Financing) : 돈을 빌려줄 때 자금조달의 기초를 사업주(프로젝트를 추진하려는 주체)의 신용 혹은 물적담보에 두지 않고 오로지 프로젝트 자체의 경제성에 두는 금융 기법 (참고 : 시사경제용어사전)

집으로 돌아온 그는 안방 방문을 열고 잠든 아내와 아이들을 바라보았다.

'그동안 고생 많이 했다…. 고마워.'

그러고 보니 참 많은 것이 고마웠다. 머릿속에 떠돌던 이야기를 정리하게끔 해 준 정환과의 대화도, 결정적 순간마다 자신을 일깨워준 대장의 나이키 이야기도, 무엇보다도 부동산 개발 사업이라는 '자본주의 사회에서 이길 수밖에 없는 기회'를 전해 준 하선도, 그리고 그 기회를 흘

려보내지 않고 새로운 기회로 받아들인 본인 자신도 대견했다.

약간의 술기운 때문인지, 황은 새삼 주변 사람들과 자신에게 벌어진 모든 일들에 감사한 마음을 느끼며, 가슴팍에 뭉클하고도 따뜻한 무언가를 느꼈다.

투자가 아니라 사업이다 : 사업성 분석의 기초

03

드디어 고대하던 시간이 왔다. 하선과 동행하며 오전에는 입지를 보러 다니고, 오후에는 그 입지를 대상으로 사업성을 분석하는 실전의 시간이 계속되었다. 압구정역 근처의 신사동 물건을 보기로 한 날, 황 과장은 역을 나와 약속 장소로 발걸음을 옮겼다.

대한민국의 수도 서울, 그중에서도 노른자 중의 노른자 땅이라 할 이곳은 그에게도 익숙한 곳이었다. MBA 진학을 준비하던 시절, 반년 이상 이곳에 위치한 학원을 오갔던 터다. 당시에는 단 한 번도 주변 건물이 어떻게 생겼는지 관심 있게 본 적이 없었는데 이제는 길목에 있는 모든 건물의 생김 생김이 눈에 들어왔다.

'역시 관심사에 따라서 같은 곳도 다르게 보이는구나.'

시각을 바꾼다는 것이 얼마나 중요한지 새삼 실감하는 사이, 이제는 익숙해진 실루엣이 보인다. 하선 작가다.

두 사람이 처음 당도한 곳은 작은 상가 건물 앞이었다.

"빨간 벽돌집이 아니라서 실망하셨나요?"

하선이 웃으며 말했다.

"1987년에 지어졌으니 무려 33년 된 건물입니다. 주변에 비교적 최근에 지은 5층 건물들이 여러 채 보입니다. 새로 공사 중인 현장도 이미 여러 곳이에요. 남들이 보기에도 매력적인 입지란 방증이겠죠. 그렇다면 우리가 가장 먼저 주목해야 할 건 뭘까요?"

하선의 질문에 황 과장이 빠르게 대답했다.

"가격입니다."

"맞습니다. 땅 값이 가장 중요합니다. 아무리 입지가 좋아도 수지거래 관계에서 얻는 이익가 맞지 않으면, 다시 말해 사업성이 없으면 아무 소용이 없죠."

잠시 후, 인근 카페에 자리를 잡은 황 과장은 노트북을 열었다.

'매도 희망가가 평당 8천만 원이라….'

인터넷으로 인근 시세 및 최근 거래되었던 내역을 찾아보니, 매력적인 가격이라 할 수는 없으나 그렇다고 터무니없는 가격도 아니다. 그렇다면 이제 의사결정을 어떻게 할 것인가? 그는 자못 궁금해하며 '사업성 분석'이라는 제목의 엑셀 파일을 열었다.

원가 분석 : 얼마를 들여야 만들 수 있는 상품인가

건물을 매입, 즉 땅을 사고 멸실건물을 부수고 후 다시 건축을 완료했을 시점까지 들어갈 비용을 추정 계산한다. 원가 분석의 항목은 크게 다섯 가지로 나뉜다.

❶ **토지매입비 및 관련 비용** 관련 비용으로는 취·등록세, 중개수수료 등이 있다.

❷ **건축비** ① 직접 공사비 : 3.3m²(1평)당 예상되는 공사비로, 짓게 될 건물의 각 층별 바닥 면적의 총합(연면적)을 기준으로 한다. (여기서 잠깐, 일반인들이 가장 많이 오해하는 부분을 짚고 넘어가겠다. 통상 인지하고 있는 평당 건축비란 사실 존재하지 않는다. 현장마다, 또한 건물을 어떻게 만들고 구성하느냐에 따라 달라질 수 있다. 즉, 케이스 바이 케이스임을 주지하자.)

② 간접공사비 : 설계, 감리, 전기, 기계, 철거비 등

❸ 부대비용 관리신탁수수료, 시행사 일반관리비 등

❹ 금융비 대출에 대한 이자

❺ 그 외 각종 세금

이상의 산출을 통해 대략적인 원가를 파악하니, 막연하게만 느껴졌던 사업의 원가 구성이 어느 정도 그려지는 듯하다. 황은 부동산 사업 또한 다른 비즈니스와 다르지 않다는 생각을 했다.

'모든 사업이 그렇듯, 결국 얼마에 사서 얼마에 팔 수 있을 것인가, 그렇게 해서 얼마의 이윤을 남길 수 있을 것인가가 핵심이군.'

그의 생각을 읽기라도 한 듯 하선이 말했다.

"원가 분석은 우리 삶에서 일상적으로 이뤄지는 행위입니다. 손해일까 이익일까를 끊임없이 따지고 분석하며 살고 있으니까요. 일상에서도 그런데, 하물며 사업은 두말할 필요가 없습니다. 최대한 정확하게 해야 하는 것은 물론이고, 가능한 한 보수적으로 할 필요가 있습니다."

황은 고개를 끄덕였다.

'느슨함은 뜻하지 않은 구멍을 만드는 법이지. 시각은 열어놓고 실행은 타이트하게! 생각은 진취적으로, 분석은 보수적으로!'

원가 분석을 위한 엑셀 항목 구성의 예

예상 사업수지 분석

사업명			조건 :			(단위 : 천 원)
부지대표지번			용도지구		용적률	%
매입면적(토지)	㎡	평	토지평단가		건폐율	%
기부면적(도로 등)	㎡	평	분양가		건축면적	㎡
유휴면적(토지)	㎡	평	건축비		PF금액	
사업면적(토지)	㎡	평	계약금비율		PF율(토지비)	%
전체연면적(건물)	㎡	평	중도금무이자비율		PF수수료	%
지상연면적(건물)	㎡	평	중도금무이자이자율		PF이자율	%

구분			금액	산출내역			비고	비율
매출	상가				평×	천 원	얼마에 팔 수 있는가?	%
		소계						%
	부가세	부가세 차액						%
		소계						%
	매출합계			부가세 별도				%
비용	토지비	토지매입비			평×	천 원		%
		제세공과금(취득록세)			×	%		%
		등기대행료(법무사)			×	%		%
		지주작업비(중개수수료)			×	%		%
		소계						%
	건축비	직접공사비			평×	천 원	지하, 지상, 근생 공사 평균	%
		간접공사비 각종 인입비			평×	천 원	난방, 전기, 통신 등	%
		간접공사비 상하수도 분담금			세대×	천 원	지자체 문의 요망	%
		간접공사비 철거/토목공사			평×	천 원	철거, 토목, 부대토목 포함	%
		간접공사비 건축허가조건 이행공사비		진입로, 단지외공사, 주변 도로 개설, 공원조성 등 인허가조건부				%
		설계감리 설계비			평×	천 원		%
		설계감리 감리비			평×	천 원		%
		설계감리 기타 용역비		인허가(면허세 등), 지구단위, 측량, 감정평가 등			법무, 세금	%
		소계					제조원가 부문	%
	판매비	매각수수료						%
		소계						%
	부대비	일반 부대비용		관리신탁수수료, 민원처리비, 시행사 관리비 등				%
		제세공과금		보존등기비, 주택채권 매입, 종합토지세, 도시계획세, 지방교육세, 농어촌 특별세, 기타 예비비 등				%
		소계					통 계	%
	금융비	PF수수료		×	%		지하면/지상면 %	%
		PF이자		×	%	×년	직접비/간접비 %	%
		소계					실부지/전체비 %	%
	공사비 총액							%
	지출 합계						수익금/투자금 %	%
세전 이익				수익률 %				%
종합소득세(법인세) 등				세전 수익				%
세후 이익				수익률 %				%
ROE(자기자본수익률)				%				%

NOI : 얼마에 팔 수 있는가의 기준점

그렇다면 새 건물을 지어서 매각을 계획할 경우, 적정 매매가는 어떻게 산출할 수 있을까? 즉, 얼마에 만들 수 있겠다는 것을 알고 나면 얼마에 팔 수 있을 것인지를 파악해야 한다. 그래야 해당 프로젝트의 진행 유무에 대한 방향성이 설 것이다.

매각 예상 금액을 산출하는 과정에서는 원가를 산정하는 과정보다 더 다각도의 분석이 요구된다. 시장에 돈이 많이 풀려있는가 아닌가 같은 거시적인 시장 환경부터 각종 정책이나 정부 규제 등에 대한 파악도 소홀히 해서는 안 된다. 그중에서도 가장 중요한 것은 NOINet Operating

예상 순운영소득 산출의 실제 사례

NOI 분석을 통한 매각 가치 추정 (신사동 XXX-XX)

▷ 부동산통계정보시스템 상 본 건이 속한 압구정의 임대료 수준은 2019년 4분기를 기준으로 약 56,000원/㎡ 수준이며,
인근 임대료 수준은 1층 50,000~75,000원 수준, 2층 이상의 경우 30,000~40,000원 수준임.
본 건 일대는 노후화된 건물이 다수라는 상황을 감안, 신축 메리트를 고려하여 다음과 같이 임대료를 추정함.

구분	면적		보증금	월임대료	월관리비	실질임대료	월실질임대료	잠재총임대료 합계
	㎡	평	(원)	(원)	(원)	(연간, 원)	(원/㎡)	(연간, 원)
B1층	148.09	44.8	50,000,000	4,908,409	240,000	63,030,913	35,469	352,056,948
1층	64.02	19.37	43,000,000	4,244,459	240,000	54,888,513	71,447	
2층	108	32.67	53,000,000	5,328,699	240,000	68,149,388	52,584	
3층	108	32.67	50,000,000	4,969,038	240,000	63,758,462	49,196	
4층	108	32.67	50,000,000	4,932,562	240,000	63,320,740	48,859	
5층	66.22	20.03	30,000,000	2,939,911	240,000	38,908,933	48,964	

단위: 원

구분	잠재총임대료	공실차감액	유효총소득	운영비용	순운영소득	순운영소득 합계	자본환원율	추정가치
B1층	63,030,913	6,303,091	56,727,822	2,836,391	53,891,431	301,008,691	3.00%	10,033,623,018
1층	54,888,513	5,488,851	49,399,661	2,469,983	46,929,678			
2층	68,149,388	6,814,939	61,334,450	3,066,722	58,267,727			
3층	63,758,462	6,375,846	57,382,615	2,869,131	54,513,485			
4층	63,320,740	6,332,074	56,988,666	2,849,433	54,139,233			
5층	38,908,933	3,890,893	35,018,039	1,750,902	33,267,137			

NOI란?

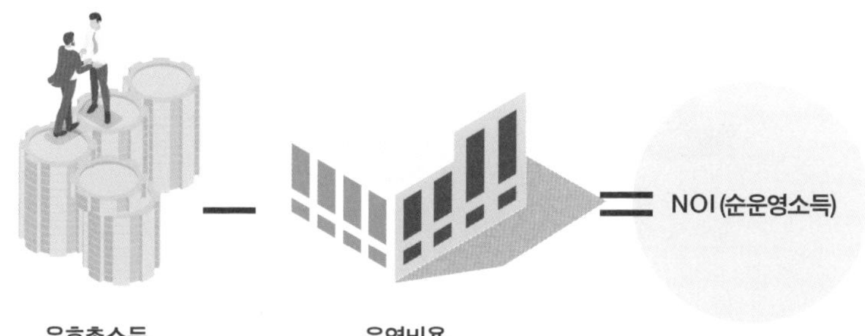

유효총소득
임차인들에게 받는 돈

운영비용
시설 유지 및 보수, 관리, 각종 수수료와 세금 등

Income. 순운영소득를 파악하는 것이다.

"이 건물을 임대·운영할 경우, 얼마를 벌 수 있느냐에 관한 지표입니다. 유효총소득월세, 관리비 등 임차인들에게 받는 돈에서 운영비용시설유지 보수비, 관리비, 수수료, 재산세, 보험료 등의 비용을 뺀 금액이 바로 NOI입니다. 한 마디로 '얼마를 벌어서 얼마를 쓰고 얼마나 남길 수 있느냐'라 할 수 있는데요, 마지막의 얼마를 남기느냐에 방점이 찍힙니다. NOI가 높으면 높을수록 매력적인 투자처라 할 수 있고 따라서, 운영도 매각도 용이하겠지요."

"아직 감이 잘 안 오는데, 그럼 얼마 정도면 적당하다 판단하나요?"

"지역마다 다르지만, 강남권이라면 건물을 운영 시 소득수익률이 연 2~3% 정도면 괜찮은 물건입니다. 소득수익률이란 투자금 대비 순운영

투자수익률이란?

투자금 대비 순운영소득의 비율
"운영 시 순수익이 얼마나 되나"

부동산 자산 가치의 증감으로 인한 수익률
"매각 시 차익이 얼마나 되나"

소득이 얼마나 남는지를 산출한 것으로, 이것만 보면 수익률이 낮아 보입니다. '이런 수익률인데도 투자를 한다고?' 생각할 수 있죠. 그런데 여기서 간과하지 않아야 할 수익이 하나 더 있습니다. 바로 자본수익률로써, 부동산 자산가치의 증감으로 인한 수익률입니다.

단순히 매입의 경우만 보더라도, 100억 원짜리 건물을 30억 원의 자기자본으로 매입해서 연 2~3% 수익을 남겼다고 해보죠. 이 건물의 소득수익률은 연 2~3%입니다. 그리고 이 건물을 130억 원에 매각한다면 그 차액 30억 원이 자본수익률의 기준이 됩니다. 이 두 가지, 즉 소득수익률과 자본수익률을 합산한 것이 '투자수익률'로써, 이것이 투자 의사결정의 기준이 되죠. 참고로, 강남권에서는 소득수익률이 0% 이상이면 투자를 감행하기도 하는데, 그 이유가 뭘까요?"

곰곰이 듣고 있던 황이 빙긋 웃으며 대답했다.

"자본수익에 대한 기대감 때문이겠죠?"

"빙고!"

두 사람은 다시 엑셀표의 NOI 항목으로 눈길을 돌렸다. 하선이 말을 이었다.

"NOI를 정확히 파악하면 아주 간단히 매각 예상 금액을 산출할 수 있습니다. 예를 들어 NOI가 3억 원인 경우, 다른 여러 가지 부대 조건은 영향이 없다고 간주하고, 3억 원을 대략 3%로 나눕니다. 이때 3%는 수익을 추정하는 수익률이고, 자본환원율Capitalization Rate이라고 합니다. 이렇게 해서 적정 건물가를 산출해 보는 것입니다."

3억 원(NOI) ÷ 3% = 약 100억 원

요즘 같은 저금리 시대에 연 3%의 수익을 얻을 수 있고, 매각 시 자본수익까지 기대할 수 있다면, 매력적인 투자처임에 틀림없다.

"그런데 작가님, NOI를 산출하는 건 우리의 소비자매수인에게 얼마에 건물을 팔아야 할지 역산하기 위해서이고…, 부동산 개발 사업가 입장에서는 매각 예상금액 대비 얼마만큼의 원가가 산출될 것인가, 다시 말

| MORE LESSONS |

상업용 부동산의 가치는 얼마일까? 캡 레이트를 활용하자

도심 속 빌딩 숲을 걷다 보면 눈에 띄는 건물들이 있다. 문득 '저 빌딩의 가격은 얼마일까?'라는 생각을 하게 될 것이다. 빌딩의 가격을 결정하는 요소에는 여러 가지가 있다. 그중 자본환원율(Capitalization Rate, Cap Rate)은 의사결정에 활용되는 대표적인 부동산 투자지표이다(상업용 부동산에 한한다).
자본환원율, 즉 캡 레이트란 부동산 가치 대비 순운영소득 비율, 즉 임대소득(운영비용을 차감한 소득)과 원가(투자금)의 비율이다.

캡 레이트(Cap Rate) = 순운영소득(NOI) ÷ 가치(Value)

주의! 본 자본환원율의 기준을 NOI(순운영소득)으로 하지 않고, 유효총소득(운영비용을 차감하지 않은 소득)을 기준으로 하여, 매각 추정가치를 더 높게 만들어 눈속임을 할 수 있으니 주의하자.

예를 들어 유효총소득 4억 원 - 운영비용 1억 원 = 순운영소득 3억 원, 자본환원율 3%의 경우, 순운영소득을 기준으로 하면 매각 추정가치가 100억 원인데, 유효총소득을 기준으로 하면 133억이 산출된다. 수익형 부동산 시장에서 이런 눈속임이 자주 일어난다.

해서 얼마의 원가를 투입했을 경우 얼마에 팔아야 수익을 남길 수 있을지 파악하는 게 중요할 것 같은데요."

황은 얼음이 반쯤 녹아버린 아메리카노를 들이켜고, 곧장 엑셀에 숫자를 입력하기 시작했다. 건물을 지어 운영하지 않고 바로 매각한다고 전제할 경우, 원가대비 매각차액의 수익률자본수익률은 33%. 여기에 투입된 내 자금 대비 얼마를 벌 수 있는지자기자본이익률도 살펴봤다.

항목	금액(원)	비고
매각 추정가치	9,000,000,000	
원가	6,780,000,000	
매각차액	2,220,000,000	세전 이익
자본수익률	33%	
자기자본금(에쿼티)	1,695,000,000	원가의 25%로 상정(*프로젝트별로 상이함)
자기자본이익률(ROE) (*세후)	73%	단독사업 시행 시
	82%	공동사업 시행 시(*5인 기준의 경우)

화면을 바라보던 황 과장의 동공이 커졌다. 수익률 82%…? 엑셀이 잘못됐을 리는 만무하다. 기입한 숫자에 오류가 없는지 다시 찬찬히 점검하며, 황은 하선이 매각엑시트까지 끝난 프로젝트의 수익률에 관해 이야기했던 것을 떠올렸다.

'그간 작가님이 진행했던 프로젝트의 그 높은 수익률이 진짜였구나!'

익히 들어온 숫자였지만 직접 확인하니 놀랍기만 하다. 잠시, 황은 다른 사업지들도 이 같은 수익률이 나올지, 어서 검토해 보고 싶은 마음을 다스려야만 했다. 사업성 분석을 위해 공부할 내용이 아직 남아 있었다.

NPV와 IRR : 얼마를 벌 수 있으며 과연 사업성이 있는가

"그다음으로 반드시 알아야 할 개념이 있습니다. NPVNet Present Value, 순현재가치와 IRRInternal Rate of Return, 내부수익률입니다."

하선이 말을 마치기도 전에, 황은 검색창에 'NPV'를 입력하였다.

설비투자에서 기대되는 순 캐시 플로 할인 후의 현재 가치와

당초의 투자 지출과의 차액. 투자 프로젝트의 경제성 판단에 사용된다.

고개를 갸웃거리며, 이어서 IRR을 검색하자 다음과 같은 참으로 사전다운 정의가 이어졌다.

어떤 투자계획에서 발생하는 비용과 편익의 흐름이 있을 때,

해당 투자계획의 현재가치를 0으로 만들어주는 할인율.

NPV를 이해하려면 우선 PVPresent Value, 현재 가치를 이해해야 한다. 현재 가치란 '미래의 어떤 가치가 현재 시점에서는 얼마의 가치인가'를 의미하는 것으로, 화폐에 시간 개념이 적용되었다 하겠다.

하선의 설명이 이어졌다.

"자, 100만 원을 친구에게 빌려주었다고 하죠. 친구는 3년 후에 100만 원을 갚겠다고 합니다. 이 두 시점의 100만 원은 같은 가치일까요?"

더 생각할 필요도 없이, 본능적으로 황 과장은 고개를 저었다. 예를 들어 10,000원을 연이자율 3%짜리 은행 통장에 넣어두었다면 1년 후에는 10,300원이 될 것이다. 이자소득세 같은 부분은 일단 개념상 제외한다. 반대로, 이 경우 1년 후 10,300원의 현재 가치는 10,000원인 것이다.

이 같은 PV현재 가치에 Net순 개념이 더해진 것이 NPV순현재가치로써, 미래에 발생할 비용도 현재 가치로 계산하고, 수익의 현재 가치에서 비용의 현재 가치를 빼는 것이다.

"실전에서는 NPV가 0보다 클 경우에만 그 사업을 진행할 가치가 있습니다. 여기, 이 사업지를 한 번 보시죠. 원가는 70억 원 정도입니다. 5년 정도 보유·운영 후 매각을 진행한다면 매년 NOI는 2억 5천만 원입니다. 예상 매각가는 5년 후 85억 원으로 산정됩니다2억5천만 원 ÷ 약 3%. 이 사업지가 가치가 있어 보이나요?"

하선의 질문에 황 과장은 머릿속으로 다시금 정리했다.

매입하는 시기에 투입되는 비용은 70억 원, 매년 2억5천만원의 수익이 발생하며, 5년 후 85억 원에 매각한다는 시나리오이다. 자본환원율은 3%로 간주한다.

이 경우 산출되는 NPV는 12.6억 원가량. 이 사업을 진행해서 앞으로 벌어들일 돈의 현재가치가 12.6억 원이라는 이야기이다. 이 말인즉슨, 원가가 82.6억 원70억 원 + 12.6억 원인 물건을 70억 원에 산다는 것과 같다.

"사업성이 충분해 보입니다."

황이 대답했다.

	NPV	PV
자본환원율	3%	
초기 비용(연초)	7,000,000,000원	7,000,000,000원
1년 말 수입	250,000,000원	242,718,447원
2년 말 수입	250,000,000원	235,648,977원

	NPV	PV
3년 말 수입	250,000,000원	228,785,415원
4년 말 수입	250,000,000원	222,121,762원
5년 말 수입	8,500,000,000원	7,332,174,667원
NPV	1,261,449,268원	

"이어서 IRR을 살펴보죠. 이 프로젝트의 경우, 3%를 자본환원율로 산정하여 NPV 12.6억 원을 도출했습니다. 그런데 자본환원율이 바뀌면 어떻게 될까요?"

"당연히 NPV도 바뀌겠죠."

"맞습니다. 이러한 NPV를 0으로 만드는 이율, 그것이 IRR입니다. 계산해볼게요. 이 프로젝트의 경우, IRR은 6.69%입니다. 즉, 6.69%를 자본환원율로 간주하면 이 프로젝트의 NPV가 0이 되는 겁니다. 이 IRR 역시 0보다 높아야 의미가 있어요. 내부수익률이 음수인 프로젝트를 채택할 수는 없으니까요."

	IRR
자본환원율	3%
초기 비용(연초)	7,000,000,000원
1년 말 수입	250,000,000원
2년 말 수입	250,000,000원
3년 말 수입	250,000,000원
4년 말 수입	250,000,000원
5년 말 수입	8,500,000,000원
IRR	6.696%

무슨 말인지 감이 잡히는 듯하다. 황이 고개를 끄덕이며 말했다.

"거꾸로 이야기하면, 제게 70억 원의 자금이 있을 경우 연 6.69% 이상의 수익률을 기대할 다른 투자처가 없다면, 이 프로젝트에 투자하는 것이 나을 수 있다는 거네요. (위험도가 동일하다는 가정하에.)

NOI와 NPV, IRR의 개념은 여러 분야에서 광범위하게 쓰이는 개념이라 알고 있었지만 부동산에 대입해 보니 느낌이 또 다릅니다. 여러 사업지를 놓고 사업성 분석을 하면서 서로 비교해보니 옥석이 가려지네요."

황 과장은 집에 가는 길에 와인을 한 병 사가야겠다고 생각했다. 오늘 배운 내용을 아내에게 들려줄 생각에 벌써부터 기분이 좋아진다.

돈 버는 속도, 이거 실화입니까?

04

어느덧 계절은 한여름을 가로지르고 있었다. 황 과장은 하선과 함께 사업지를 찾고, 회의를 하고, 자료를 만들며 공부 겸 사업 준비를 계속했다. 마스크 안에 차오르는 습기마저 그의 학구열에 묻혀 사라지는 듯하다. 참고할 수 있는 여러 웹사이트를 소개받아 검색하고 있노라면 새로운 권법을 매일 같이 하나씩 익혀가는 기분이었다.

그날도 만남을 앞두고 미리 약속 장소에 도착해 있던 황 과장의 앞에, 하선이 뜻밖의 인물과 함께 나타났다. 그의 책 ≪마흔 전에 부동산 부자가 될 수 있는 5가지 방법≫에 소개된 실제 사례자, 선희 씨가명였다.

빠르게 벌고, 재투자를 통해 자본의 스노우볼을 굴려라

머릿속으로 대략적인 사업 구상을 하며 공인중개사와 이런저런 의견을 나누고 있는데, 옆에서 상담을 기다리고 있던 선희 씨가 불쑥 끼어들었다. "지금 이야기 중이신 거 저도 알려주세요!" 적극성을 보이는 모습에 일단 연락처를 교환하고, 필자는 나름대로 사업지와 관련된 검토에 들어갔다. 그러는 동안 선희 씨는 굉장한 열정을 보여주었다. 중략

그렇게 총 2종 일반 주거지역 35평 크기의 A사업지에 지하 1층, 지상 3층짜리 프로젝트가 시작되었다. 언덕에 있는 낡은 단독 주택을 3개 층은 원룸으로, 1개 층은 3룸 공간으로 완벽하게 변신시키는 프로젝트였다. 중략

5개월 후, 골조가 완성될 즈음 중개사무소에 매각을 의뢰하였다. 그렇게 해서 (자기자본금 3억 원으로) 선희 씨가 최종적으로 취한 수익은 세금을 공제한 후 약 2억 원이었다. 이 프로젝트를 시작으로 그는 지금도 안전하게 부동산 사업을 영위하고 있다.

— ≪마흔 전에 부동산 부자가 될 수 있는 5가지 방법≫ 중에서

황 과장은 길을 가다 연예인을 보거나, 술자리에서 유명인이 한 공간

에 있어도 태연한 (척하는) 사람이었다. 그런 그가 선희 앞에서는 호들갑을 떨고 있었다. 반가운 마음이 반, 자신이 갈 길을 먼저 경험한, 말하자면 선배에게 한 수 정중히 배워보고 싶은 마음이 반이었다.

선희는 효연·하선과의 만남부터 그를 졸라 프로젝트를 같이 하게 된 사연, 그곳에서 발생한 수익을 스스로 찾은 사업지에 재투자하는 이야기 등을 들려주었다. 그리고 그 투자를 계기로 본인의 인생 경로마저 바뀌었다고 말했다.

"저도 효연·하선 작가님을 만나기 전까지는 이런 사업이 있는지도 몰랐어요. 직장생활로 모아놓은 종잣돈을 어떻게 굴릴지 고민하는 정도였죠. 부동산에 투자하고는 싶은데 가진 돈을 탈탈 털어도 자본금은 3억 정도라 부동산에 투자하려니 애매했어요. 이걸 갖고 경매를 해야 하나, 빌라를 사놓을까 하다가 나중에는 어디 재개발이나 재건축 가능성이 있는 낡은 아파트에 투자할까 고민하면서 갈팡질팡했죠."

"3억이면 결코 적은 금액이 아닌데요."

황의 말에 선희가 웃으며 대답했다.

"잘 아시겠지만, 부동산에 본격적으로 투자하기엔 상대적으로 작은 자본금이기도 하죠. 그런데 사실은 액수도 액수지만 무서웠어요. 그 돈은 제가 허리띠를 졸라매고 모은, 정말이지 전 재산이었거든요. 재건축·재개발을 알아보는데 불확실성이 계속 눈에 걸리더라고요. 언제 사업이 지연될지 아니면 아예 무마될지 알 수 없고, 차질 없이 진행된다 하더라도 꽤나 장기전이죠. 투자금 회수 시기를 생각하니 도전할 수가 없었어요."

황 과장은 연일 언론에 오르내리는 재개발 지역, 재건축 아파트의 흐름을 떠올리며 선희의 말을 이해했다. 그러자 또 다른 질문이 떠올랐다.

"그럼, 이 사업이 주는 가장 큰 재미가 무엇인가요?"

심플한 대답이 돌아왔다.

"바른 방법으로 빠르게 돈을 번다는 거예요."

앞서 선희는 자신의 사업장을 예로 들며 '사업 검토부터 매각까지 1년이 채 걸리지 않았다'고 했던 터다. '얼마나 버셨어요?'라며 직구로 묻고 싶으나, 예의상 변화구로 공략하기로 한다.

"수익률이 얼마나 되었나요?"

선희는 빙그레 웃으며, 쓰고 있는 안경 옆에 검지를 세웠다. (100%!)

"다시 그 금액 중 일부를 다음 사업지에 투입해서 지금 준공을 앞두고 있는데 이미 매입 의사를 보이는 사람들이 있어요."

"대체 어떤 사업지이길래요?"

이어지는 대답은 황 과장의 예상을 뛰어넘는 것이었다. 선희가 말한 사업지는 입지도, 규모도 황으로서는 엄두도 못 낼 곳이었기 때문이다. 그 표정을 읽었는지 선희가 설명을 덧붙였다.

"물론 혼자서는 불가능한 금액이죠. 아무리 금융을 사용한다 해도 최소로 필요한 자기자본금이 있으니까요. 놓치기 너무 아까운 곳이라, 저는 지인들과 공동투자를 했어요."

드디어 자본금 이야기가 나왔다! 그는 내친김에 전부터 궁금하던 부분을 실제 사례자에게 확인해 보기로 했다. 하선의 책에서도, 그리고 평상시 대화에서도 공동투자에 관한 이야기가 언급되는 데 약간의 위화감을 느꼈던 터다. 좋아, 이번엔 돌직구다.

"공동투자하면 위험하지 않아요?"

그런데 질문을 들은 선희의 표정이 의외다.

"네? 어떤 부분이요?"

멀리 가려면 함께 가라

"기본적으로 말들이 많을 테고, 나중에 수익률 분배할 때 의견들도 다를 테고요. 동업한다고 하면 다들 말리는 데는 이유가 있으니까요."

황 과장의 말에 선희가 웃음을 지어 보였다.

"틀린 말은 아니에요. 그래서 아무나 하고 같이 공동사업을 진행하진 않아요. 친하고 믿을 만한 사람이라 해서 그저 신의만으로 공동사업을 결정하는 것도 아니고요. 반드시 공동사업약정서를 쓰고 공증까지 마칩니다. 법적 계약을 통해 촘촘하게 변수를 통제하고 위험을 예방하려고 해요. 물론 그럼에도 문제가 발생할 수 있으니 최대한 조심하죠. 단, 이 모든 게 최대한 안전장치를 만들어놓는 전문가가 계시니 가능한 일입니다. 효연·하선 작가님 말이에요. 작가님들이 안 계셨다면 저도 공동투자는 생각하지 않았을 거예요."

두 사람의 열띤 대화를 듣고 있던 하선이 끼어들었다.

"공동사업은 자본금 규모 등 여러 면에서 해법이 될 수 있는 동시에 함정도 될 수 있습니다. 한 사람의 내면에서도 여러 갈래의 속마음이 수시로 갈등하기 마련인데, 여러 사람이 모여 의사결정을 하다 보면 갈등은 기본이고 나아가 분쟁으로 이어질 수 있어요. 불미스러운 상황을 예방하거나 풀어내는 실마리는 결국 법에 있습니다. 단지 선의가 아니라요. 그래서 계약을 통해 신뢰 관계를 단단히 구속하고, 의사결정의 프로세스를 마련해놔야 합니다."

하선이 말하는 최소한의 안전장치란 바로 공동사업약정서였다. 자본금에쿼티 및 각 사업자의 권리, 의사결정 방법, 운영 및 매각에 관한 사전협의 등을 고시하고 갈등 조정과 관련된 내용도 미리 약속해 놓는 것이었다.

"이러한 안전장치를 갖추고 서로 믿을 수 있는 팀이 꾸려진다면, 공동 사업은 빠르게 자본금을 늘려나갈 좋은 방법이 됩니다. 함께 모여서 굴리면 규모가 빠른 속도로 커진다는 건 상식적인 이야기죠."

하선의 말에 황 과장은 '스노우볼 굴리기'를 떠올렸다. 막 집어 든 눈덩이는 잘 뭉쳐지지도 않고 으깨지기도 하지만 한번 구르기 시작하면 점점 단단해지고 커져 나중에는 혼자 들지도 못할 만큼의 큰 눈덩이가 된다. 그러한 장면을 떠올리는 동시에 황은 선희의 이야기를 들을수록, 단지 자본만을 같이 뭉쳐서 굴리는 관계가 아님을 실감했다.

그들이 같이 굴리는 건 '사업이라는 이름의 꿈'이었다. 열정을 같이 뭉치고, 기획에서 아이디어를 합쳐 집단 지성을 발휘하고, 시행에서 어려움이 있을 때 서로 지탱해주는 관계.

세상엔 이런 실행력과 추진력, 열정을 가진 이들이 얼마나 많은 걸까. 누구든 이 길에 입문하여 배우고 익히고 노력한다면, 선희 같은 사람이 될 수 있겠지. 지금 그 자신이 꿈꾸듯 말이다. 나만 아는 사업인 듯한 착각에 빠져, 심지어 자만하기 했다는 자각에 이르자 황 과장은 조금 부끄러웠다. 한편으로 자신이 가는 길에 대한 믿음과 에너지로 가슴이 차오르는 기분도 들었다.

헤어지기 직전, "이런 사업이 알려지면 알려질수록 걱정되지 않으세요?"라는 질문에 "이 일은 어지간한 열의가 없으면 못해요. 반대로 열정을 가진 사람들이 모여 다 같이 돈 벌 수 있다면 그것만큼 좋은 일이 있을까요?!"라며 웃는 선희의 모습을 보며 황 과장은 결심했다.

'저도 그런 사람이 되겠습니다. 우리 정상에서 꼭 다시 만납시다.'

공동사업약정서에 관하여

공동사업약정서는 사업을 진행함에 있어 다툼을 미연에 방지하는 데 목적이 있다. 약정서 또한 계약이므로 약정서의 조항에는 정함이 없다. 당사자 간 합의된 내용을 기재하면 되는 것이다. 필자는 공동약정서 작성 시 법률대리인(변호사)의 조언 및 검토를 필히 받아 작성할 것을 권유하는데, 공동사업자 간 다툼이 발생될 경우 공동약정서에 나와 있는 내용(조항)을 해석하여 판단하기 때문이다. 소송이 제기되면 판사들도 당사자 간 약정서의 내용을 보고 판단한다. 공동사업의 장점만을 보는 것이 아니라 혹시 모를 사안에 대해서 대비하는 것이 좋겠다. 다음 페이지에 실은 공동사업약정서는 어디까지나 예시로써 참고하길 바란다.

공동사업약정서의 예

공동사업약정서

서울특별시 강남구 ○○동 ○○○-○○(이하 "본건 사업부지"이라 한다)에 근린생활시설(이하 포괄하여 "본건 건물")을 신축하는 사업(이하 "본건 사업")과 관련하여 ○○○("Equity A"), ○○○("Equity B"), ○○○("Equity C")는 아래와 같은 내용으로 본 약정을 체결한다.

제1조. 사업개요

본 사업의 개요는 다음과 같다.

1. 사업명 : ○○동 ○○○-○○번지 근린생활시설 신축공사
2. 사업부지 : 서울특별시 강남구 ○○동 ○○○-○○ 대 ○○㎡
3. 연면적 : ○○○㎡
4. 건축개요 : 별첨 #1.

제2조. 총칙

○○○("Equity A"), ○○○("Equity B"), ○○○("Equity C")[이하 "공동사업자"라 칭함]는 본 약정에서 사업부지의 매입, 신축, 매각 업무에 관하여 기본 원칙과 당사자 간의 권리, 의무 및 업무의 시행방법 등을 규정하고 세부적인 조건과 내용은 필요시 별도 계약 및 특약으로 정한다.

제3조. 출자의무

1. 공동사업자 출자금은 각 ○○원이다.
2. 공동사업자는 사업부지를 매입, 신축하는데 필요한 자금, 계약금 및 중도금을 출자함으로써 의무가 완료된다. 단, 추가금액 발생 시 출자비율로 출자하며, 출자금은 상향될 수 있다.

제4조. 계약자 관계

1. 공동사업자는 "사업부지"의 신축과 사후관리 업무 일체에 관하여 선량한 관리자로써 동

업무를 성실히 이행한다.

2. 본 신축사업의 모든 업무를 공동사업자는 상호 협의 하에 진행한다.
3. 공동사업자는 본 사업을 위하여 준공 후 판매까지 계속 명의를 제공하여야 한다.
4. 개발 방향 및 콘셉트는 공동사업자 상호 협의 하에 정한다.

제5조. 상호 협조

1. 공동사업자는 본 사업을 위하여 관계기관이 요청이 있을 시 즉시 모든 서류 일체를 발급하여 제공하여야 한다. 공동사업자가 제공하는 모든 서류 일체를 본 사업의 용도로만 사용하여야 한다.
2. 본 계약서와 관련한 사업의 진행과 추진사항 및 정보는 공동사업자는 공유한다.
3. 공동사업자는 사업약정과 동시에 비주거 부동산 신축판매 사업자등록을 한다.
4. 모든 의사결정은 공동사업자가 합의하여 결정하고 시행한다.

제6조. 이익분배 의무

공동사업 계약 종료 후에 이르기까지 출자비율에 따라 이익을 분배한다.

제7조. 수익금 지급 순서

제세금공과, 중개수수료, 용역비, 설계비 등 사업비를 우선하여 공제한 후 출자 비율에 따라 배분하기로 한다.

제8조. 특별약정사항

사업소득세는 세무법인이 계산하여 납부한다.

제9조. 계약 불이행 및 손해배상 등

본 계약상의 권리, 의무이행과 관련하여 공동사업자는 상대방의 고의 또는 과실로 인하여 손해가 발생할 경우 상대방에게 그에 대한 손해배상을 청구할 수 있다.

제10조. 분쟁의 해결

본 계약내용의 해석에 관하여 공동사업자 사이에 분쟁이 발생할 경우 양 당사자 간의 합의로써 해결하고, 합의가 이루어지지 않을 경우에는 일반상 관례에 따른다.

제11조. 명의 변경

공동사업자는 사업 종료 시점까지 명의를 변경할 수 없다.

제12조. 명도 책임 및 공부상 권리관계

해당 부지의 명도 및 공부상 권리관계 등 해결은 출자자 공동의 책임으로 하며, 공사 착공 전까지 완료한다.

제13조. 기타

본 계약의 효력은 본 계약서에 날인 시 발생한다. 내용에 합의되지 않은 사항은 양 당사자 간의 별도 합의로써 정하기로 하며, 이 경우 동 합의는 본 계약의 일부를 이루는 것으로 한다.

이상과 같이 본 계약을 체결하고 본 계약 내용을 증명하기 위하여 본 계약서 3통을 작성하여 공동사업자 각각 서명 날인한 후 각 1통씩 보관한다.

년 월 일

공동사업자

"Equity A"	성 명
	주민번호
	주 소
"Equity B"	성 명
	주민번호
	주 소
"Equity C"	성 명
	주민번호
	주 소

COLUMN

디벨로퍼는 관점 디자이너이다

효연 & 하선

대지 평수 35평, 강남 주택가에 있는 작은 단독주택. 이렇게 작은 땅에 수익형 빌딩을 신축하는 것이 과연 가능할까? 대지 평수는 작으나 가격은 서울의 다른 지역에 비해 높다. 강남은 강남이니까 말이다. 강남역 ○번 출구 인근 사거리에 위치한 사업지를 두고 두 필자, 하선과 효연은 고민이 깊었다.

그리고 시간이 흘러 현재. 해당 사업지는 두 필자가 가지고 있던 기존 생각과 방식을 완전히 바꿔 놓았다. 공간에 대한 가치, 생각, 가격, 시공 방법 등 모든 것이 뒤집어졌다. 그 이전에는 우리가 감히 스스로를 디벨로퍼라고 칭할 수 있을지에 관해 회의가 든 때도 있었으나, 해당 사업을 계기로 이제는 당당히 디벨로퍼라 말할 수 있게 되었다.

부동산 디벨로퍼란 무엇인가? 땅의 매입부터 기획, 설계, 마케팅, 사후관리까지 총괄하는 부동산 개발을 주도하는 직업이다.

특히 필자들이 주목하는 것은 '빨간 벽돌집'이다. 빨간색 벽돌로 만든 집이라는 건 상징적인 이미지로, 사실은 오래된 구옥을 이른다. 이 같은 물건의 가치는 토지, 즉 대지에서 나온다. 필자들이 하는 일은 토지 안에 숨어 있는 작은 거인을 예쁘고 아름답게 만들어 쁘띠 빌딩우리는 꼬마 빌딩이라는 말보다는 쁘띠 빌딩이라는 말을 선호한다으로 세상에 선보이는 것이다.

'빨간 벽돌집' 자체는 안데르센의 고전 동화 '인어공주'의 결말처럼 물거품이 되어 사라지지만, 해당 부지는 디즈니 버전으로 재탄생된다. 이것이 우리의 일로, 내적 가치를 극대화시켜 시장에서 실제 가격으로 평가받을 수 있도록 만든다. 이것이 가능해진 것은 관점을 변화시킨 후부터이다. 필자 또한 과거 한때는 '잘만 지으면 되지'라는 식의 일반적인 생각에 빠져 있었다. 그 말인즉슨 '문제만 없게 지으면 되지'와 같았다. 지금은 그런 생각 자체가 들지 않는다. 새로운 쁘띠 빌딩 프로젝트빨간 벽돌집을 멋진 미니 빌딩으로 변신시키는 프로젝트가 시작되면 공간에 공간을 어떻게 입힐지, 어떻게 입혀야 아름다울지, 그리고 시장의 뜨거운 반응을 이끌어 낼 수 있을지에 대한 고민부터 시작한다. 그렇지 않으면 쁘띠 빌딩 프로젝트는 실패할 확률이 높다. 쁘띠 빌딩이 성공하기 위해서는 다른 곳, 다른 건물보다 특별한 정체성을 가지고 있어야만 한다.

많은 이가 과거부터 현재까지 매몰되어 있는 시각이 있다. 부동산이 곧 아파트이며, 아파트만 집이라는 시각이다. 그래서 아파트를 꼭 소유하길 원한다. '아파트는 부의 축적 수단'이라는 사고를 과거부터 현재까지 답습하고 있는 것이다. 그 같은 명제가 과연 영원히 이어질 수 있을까? 이미 대한민국의 고도의 경제성장을 이룬 지 오래이며, 서울을 중심으로 인구의 순이동은 계속 진행되고 있다. 주거용 시설을 공급할 수 있는 토지는 한정되어 있어, 공급이 수요를 따라가지 못고 있는 실정이다. 이런 관점을 뒤집고, 45도 비틀고, 조금 떨어져 관조했으면 한다.

우리효선과 하선는 부동산을 투자가 아닌 사업의 관점에서 보라고 이야기한다. 투자와 사업은 명확하게 다르기 때문이다. 좁은 문과 바늘구멍을 통해 세상을 바라볼 수 있어야 한다. 단편적으로만 봐서는 변화가 시작될 수 없다.

일례로, LG전자는 가전제품에 대한 관점을 바꿔 "가전은 가구다"라는 가치를 부여함으로써 프리미엄 융복합 가전 브랜드로 거듭났다. 그 이전에는 누구도 가전제품의 외관과 정체성에 관해 이의를 제기하지 않았다. 그러므로 세탁기, 냉장고 등은 한 데 묶여 '백색 가전'이라 불리었던 것이다. 이 같은 가전에 새롭게 가구의 정체성을 부여한 것은 왜일까? 우리가 가구를 살 때 가장 먼저 고려하는 것이 무엇인지 생각해 보면 답이 나온다. 즉, 디자인이다. 공간과 조화를 이룰 수 있는 가구 디자인을 가전에 융합시켜 한 단계 진화한 상품을 만들어냈다. 주목할 점은 완전히 새로운 창작이 아니라, 바라보는 시각을 변이해 접근하는 것만으로도 새로운 가치 창출이 가능하다는 것이다.

부동산도 마찬가지다. 공간에 공간을 더해 새로운 공간을 탄생시킬 수 있다. 사회 경제적 상황으로 인해 우리 삶에 변화가 빠르게 진행되고 있는 현재, 그에 맞게 공간을 바라보는 관점을 달리해야 한다.

2020년 말, 우리 삶의 형태를 뒤흔들고 있는 대표적인 요인은 코로나19이다. 이런 상황에서 부동산 사업가가 해야 할 고민은 무엇일까? 주거용 공간과 사무용 공간의 경계가 허물어지고 있음을 받아들이고 언택트 시대에 맞는 공간을 생각해야 한다. 이미 건설사에서는 포스트 코로나 시대를 준비하고 있다. 기존 주거시설에 사무 기능을 더한 공간들이 공급될 것이다. 주거용과 비주거의 경계가 모호해질 것이며, 두 가지가 융합돼 새로운 공간이 만들어질 것이다. 필자들은 이미 그런 공간을 만들어 가고 있다. 효연과 하선은 코로나 시대 이전부터 이 같은 콘셉트를 준비했다. 관점의 변화로 인한 결과물이다.

부동산 사업으로 성공하기 위해서는 나를 중심으로 하는 사고에서 벗어나야 한다. 항상 이용자 입장에서 생각하며, 건축주·건물주·투자자가 아니라 철저하게 사업가가 되어야 한다. 이런 관점 변화를 부동산 개발에 적용하면, 아무도 생각하지 못한 공간을 탄생시킬 수 있다.

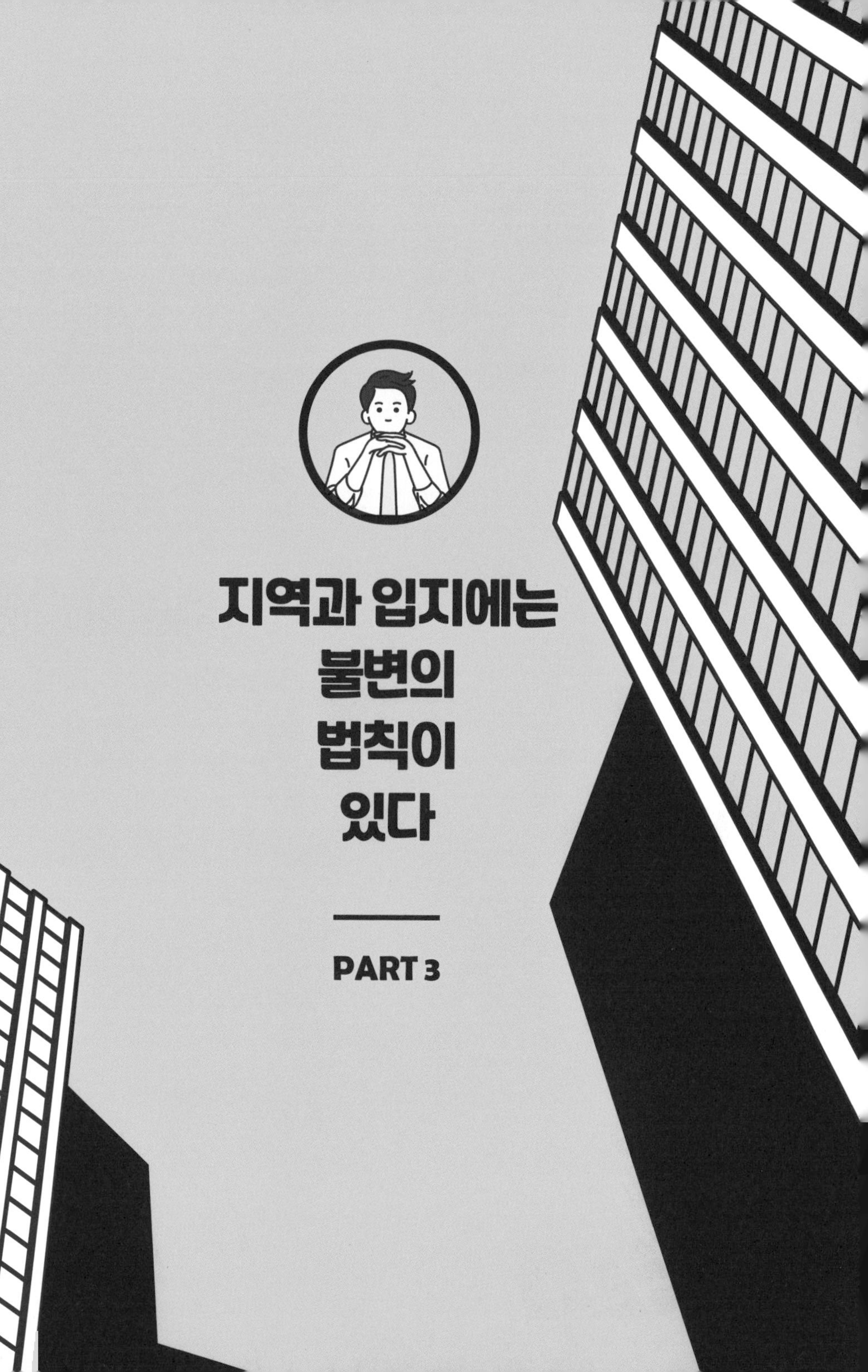

PART 3

지역과 입지에는 불변의 법칙이 있다

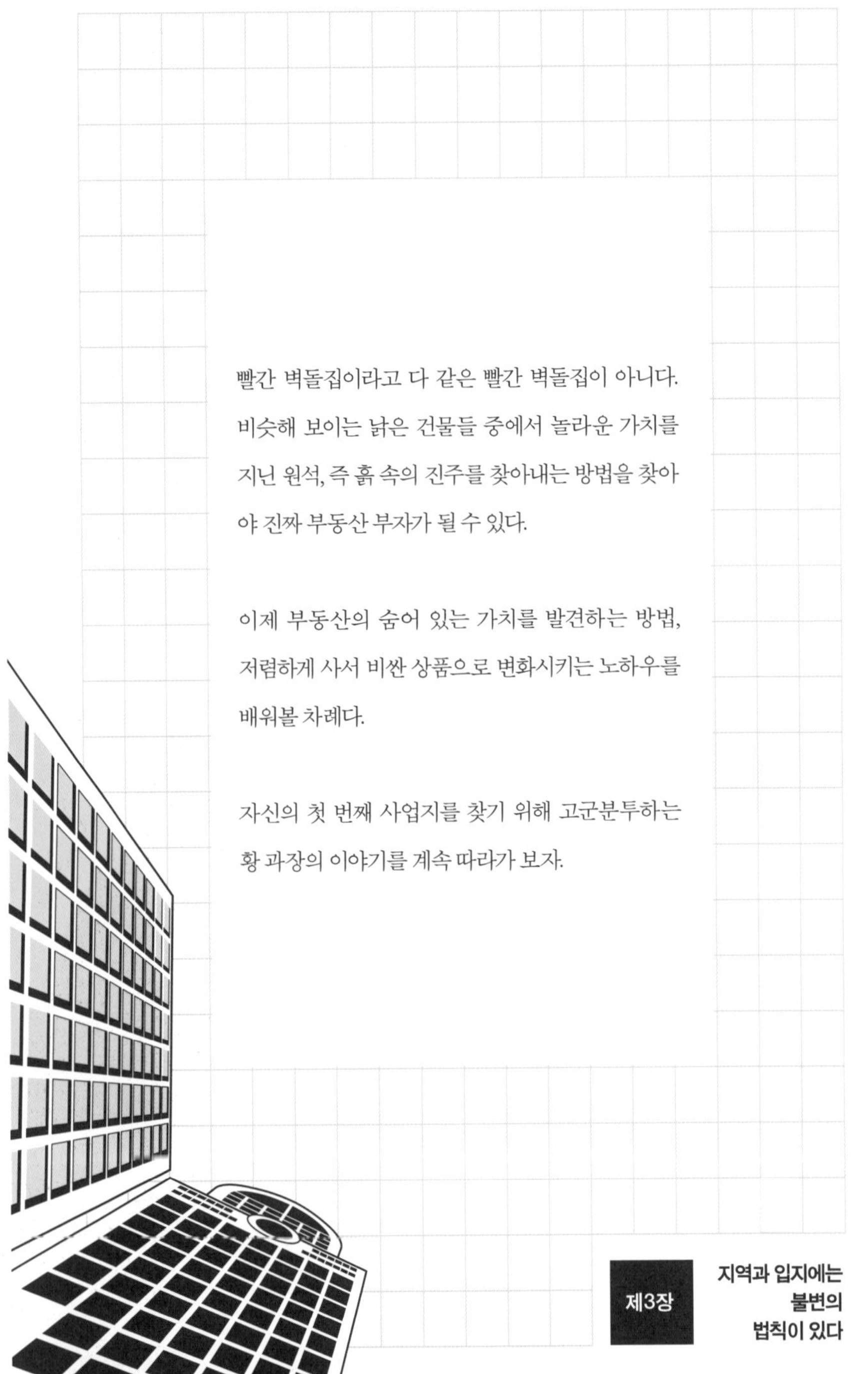

빨간 벽돌집이라고 다 같은 빨간 벽돌집이 아니다. 비슷해 보이는 낡은 건물들 중에서 놀라운 가치를 지닌 원석, 즉 흙 속의 진주를 찾아내는 방법을 찾아야 진짜 부동산 부자가 될 수 있다.

이제 부동산의 숨어 있는 가치를 발견하는 방법, 저렴하게 사서 비싼 상품으로 변화시키는 노하우를 배워볼 차례다.

자신의 첫 번째 사업지를 찾기 위해 고군분투하는 황 과장의 이야기를 계속 따라가 보자.

제3장 지역과 입지에는 불변의 법칙이 있다

요즘 뜨는 지역, 혹은 강남이면 무조건 좋은 것 아니었어요?

01

부동산 사업에 관해 알면 알수록 황 과장의 마음은 더욱 바빠졌다. 배운 내용을 하루빨리 써보고 싶은 마음이 굴뚝같다. 길에 있는 모든 빨간 벽돌집이 자신을 향해 손짓하는 듯했다.

'그래, 기다려라. 내가 하나하나 다 분석해주마.'

단단히 준비한 과목의 시험지를 기다리고 있는 기분이다. 근래에 그는 가는 곳마다 공인중개사 사무실에 들러 '근처에 좋은 땅 나오면 연락 달라'고 해둔 터다. 그래서일까? 소개받아서 알게 된 빨간 벽돌집은 하나같이 좋은 땅이었다. 사업성 분석을 해보면 수익률 차이가 다소 있을 뿐, 첫 임장을 나갔던 신사동 물건부터 신당동, 역삼동, 여의도동 등 어디에 있는 어느 물건 하나 빠지는 것이 없었다.

이쯤 되자 황 과장은 되려 자기 자신이 의심스러웠다. 계산법이 어딘가 틀린 것은 아닐까? 자본은 유한한데, 수익률 좋은 사업지는 이토록 많다니. 황은 하선에게 다시 조언을 구하기로 했다.

"미팅 요청합니다! 지금 제가 올바르게 분석하고 있는 걸까요?"

오늘도 어김없이 카페에 마주 앉은 두 사람. 황 과장은 그간 스터디한 곳들의 사업성 분석 자료를 하선에게 내밀었다. 숙제 검사를 받는 기분으로 조목조목 따져보고 있는 하선의 표정을 살폈으나, 무슨 생각인지 도통 알 수가 없었다.

5분여의 적막을 깨고 하선이 물었다.

"사업성 분석하신 것을 보니 하나하나 잘 하긴 했는데, 왜 다 지역이 강남권인가요?"

황이 지체 없이 대답했다.

"제가 강남을 좋아합니다."

"그럼 강남 외의 사업지에는 관심이 없으신가요?"

황은 속으로 '네'라고 말하고 싶은 마음을 억누르고 대답했다. 곤란한 질문에서 빠져나가려면 역시 동문서답이 최고다.

"서울이 너무 큽니다."

"다시 물어볼게요. 왜 강남을 좋아하세요?"

"강남이니까요. 흔히 강남은 상권, 입지가 좋다 하잖아요. 직주근접, 교통, 학군, 자연물 옆에는 물세권, 숲 근처는 숲세권, 공원 근처 공세권, 편의시설스타벅스 근처 스세권, 병원 근처 병세권, 슬리퍼 신고 주요 시설에 갈 수 있는 스세권 등이 모두 갖춰져 있는 곳이고요. 사람이 많이 모일뿐더러 다들 그런 곳에 살고 싶어 하니 강남이 비싼 것 아닌가요? 제가 강남을 좋아하는 이유도 크게 다르지 않습니다. 강남의 대체 도시가 존재할 수 없다고 저는 생각합니다."

하선은 단호한 표정으로 고개를 가로저었다.

"개발 사업가는 그런 기준만으로 사업지를 선정해서는 안 됩니다. '가치'를 볼 수 있어야 합니다."

황 과장이 어리둥절한 표정으로 반문했다.

"비싼 땅이 어쨌든 가치 있는 것 아닌가요?"

"맞는 말씀이지만, 우리는 그런 관점을 뛰어넘어야 합니다. 내재적 가치를 볼 수 있어야 해요."

잠시 어색한 침묵이 이어졌다. 황은 생각했다. '아니, 맞으면 맞는 거지. 맞는 말씀입니다만은 뭐야. 내재적 가치는 또 뭐고.' 그는 자신도 모르게 눈썹을 씰룩였다. 그 모습을 본 하선이 부드럽게 말했다.

"우리 같이, 진짜 가치에 대해서 알아볼까요?"

아무도 알려주지 않은 부동산의 진짜 가치

하선과의 공부가 늘 그렇듯 가치에 대한 이야기 역시 질문부터 시작되었다.

"모든 사람이 부동산을 선택할 때 심리적 압박과 두려움을 느낍니다. 왜일까요?"

하선의 물음에 황 과장이 대꾸했다.

"비싸게 사는 건 아닐까 걱정돼서 아닐까요? 큰돈을 쓰는 건데, 지금 시장 가격이 합리적인지 아닌지 확신할 수 없으니까요."

"맞습니다. 저 역시 신규 사업지를 선택할 때 제일 걱정되는 게 그 부분이에요. 특히 빨간 벽돌집, 그러니까 노후 건물들은 아파트와는 달리 정확한 시세가 형성되어 있지 않기 때문에 더 그렇죠. 이런 경우 내가 맞는 값을 주고 사는 것인가를 판단하려면 반드시 단지 숫자, 즉 가격이 아닌 '내재적 가치'를 고민해야 합니다."

내재적 가치라니, 두리뭉실하게 들리는 단어에 황의 고개가 갸우뚱 기울어졌다. 개발을 통해 부가가치를 창출한다는 건 직관적으로 이해했던 그이지만, 숨어 있는 가치란 게 무슨 뜻인지 좀처럼 감이 잡히지 않았다. 그 마음을 읽기라도 한 듯 하선이 단호한 어조로 덧붙였다.

"부동산 사업은, 사실 그 일련의 과정을 배우면 누구나 할 수 있습니다. 그러나 모두 다 성공하는 건 아니죠. 제가 장담하건대, 이걸 모르고서는 절대 부동산 개발 사업에서 성공할 수 없어요."

그 말에 황 과장은 자세를 고쳐 앉았다. 성공의 비법이라니, 진작 말씀을 하시지. 한 수 가르쳐주시죠, 사부님!

공간의 가격 vs. 가치

"조금 어려운 이야기일 수 있습니다만, 잘 따라오면 다른 부동산 개발 사업자들과 차별화되는, 경쟁력 있는 관점을 기를 수 있어요. 그럼 시작해볼까요?"

하선은 펜을 집어 들더니 노트 위에 다음의 두 단어를 적었다.

가치(value)　가격(price)

"두 가지를 구분할 줄 아시나요? 이 둘의 숨겨진 의미와 상관관계를 이해하는 게 우선입니다."

이럴 때는 사전이 최고다. 황 과장은 인터넷 검색창에 두 단어를 차례로 입력했다.

일반적으로 좋은 것, 값어치 · 유용(有用) · 값을 뜻하며, 인간의 욕구나 관심을 충족시키는 것, 충족시키는 성질, 충족시킨다고 생각되는 것이나 성질.

물건이 지니고 있는 가치를 돈으로 나타낸 것.

모든 상품이 그렇듯, 공간에도 가격이 매겨져 있다. 이 값을 지불하고 쓸 것인가 말 것인가 결정하기 위해 우리는 '이 가격만 한 가치가 있는 공간인가? 가격 대비 가치가 합리적인가?'를 고민하게 된다. 바로 이 가치value와 관련해 위의 사전적 의미 중 '인간의 욕구나 관심을 충족시키는 것'이란 대목에 주목해야 한다. 욕구나 관심은 심리적인 것으로 이 같은 요인을 만족시키면 '가치가 있다'고 표현할 수 있다.

흔히 말하는 '가성비'나 '가심비' 또한 같은 맥락이다. 지불한 값 대비 성능이 좋다고 생각되어 만족감이 클수록 가성비, 가심비가 크다고 표현한다.

하선이 말했다.

"부동산이라는 공간은 한정적입니다. 무한대로 이용할 수 없는 특징을 가지고 있죠. 한편, 사람들이 이용하지 않는 공간은 가치가 없습니다. 가격을 매길 수 없는 겁니다.

부동산이 가지는 고유의 특성을 이용해서 가치를 극대화할 때, 즉 법률적·경제적·기술적·경험적 기준을 융합시켜 가장 만족스러운 형태로 부동산을 이용할 때 이를 '최유효이용'이라고 합니다. 학술적 용어라 딱와 닿지는 않으실 거예요. 중요한 건 부동산이 살아 움직이도록 가치를 부여해야 한다는 겁니다.

빨간 벽돌집들은 각각 고유성을 가지고 있습니다. 이 고유성을 극대화해서 숨겨진 내재적 가치를 찾고, 그 가치를 최대한 끌어올리는 게 사업 성공의 핵심입니다."

황 과장은 여전히 아리송한 표정으로 말했다.

"가격과 가치의 관계에 대해서는 대체로 이해가 갑니다. 그런데 내재적 가치라는 건 여전히 잘 모르겠어요."

"자, 이해하기 쉽게 나란히 붙어있는 두 집, 그러니까 101동 101호와 102호를 떠올려봅시다. 같은 아파트의 옆집이니 구조가 똑같겠죠? 하지만 내부 공간을 활용하는 방법도 똑같을까요?"

"가족이 몇 명이고, 연령대나 성별, 생활 패턴 등에 따라 좀 다르겠죠? 예를 들어 작은 방을 서재나 다이닝룸으로 활용하는 경우도 있을 것이고, 옷이 많아서 드레스룸으로 꾸밀 수도, 아이가 여럿인 집이면 아이 방으로 쓸 수도 있을 테고요."

| MORE LESSONS |

부동산의 가치에 관한 생각

현대 사회에서 부동산이 인간에게 미치는 영향은 매우 크다. 삶의 터전인 동시에 투자재이자 자산으로 분류되며 부동산이 부의 상징으로 부각된 지 오래이다. 경제 발전으로 인해 삶이 윤택해질수록 부동산에 대한 관심은 점점 더 커지고, 이와 관련된 의사결정의 필요성 또한 증대된다. 특히 부동산은 한 순간의 선택이 한 사람의 재무 상황, 나아가 삶에 영향을 미치는 경우가 있으므로 신중해야만 한다. 가치에 기반하여 합리적인 판단과 선택을 내리는 것이 중요한 이유다.

한편, 산업이 고도화되고 한 치 앞을 예측하기 어려운 세상이다. '가치'라는 단어가 주는 의미를 사전적인 것 그 이상으로 무겁게 받아들여야 한다. 단지 나 자신의 심리를 충족시키는 이상의 의미로 마음속에 새겨야 한다는 뜻이다. 이를 위해서는 오늘날 부동산이 경제적, 문화적 소비에 바탕함을 먼저 이해해야 한다.

대답과 동시에 황 과장의 머릿속을 번뜩 스친 것이 있었다. "아!" 황이 곧장 말을 이었다. "공간의 숨어있는 활용 가능성을 이야기하시는 거군요!"

하선이 비로소 고개를 끄덕였다.

"내재적 가치를 이해하려면 사용자들의 의사결정 관점을 이해해야 해요. 그리고 시대 변화에 따른 소비 형태도 알아야 하죠. 그래야 내재적 가치를 판단할 수 있습니다. 빨간 벽돌집도 마찬가지예요. 우리는 부동산 개발 사업가이니, 그 가치를 발견하기 위해서는 나의 시선이 아니라 앞으로 그 공간을 이용할 사람들의 시선에서 접근해야 합니다. 그래야 가치가 있는 물건, 팔리는 상품을 만들 수 있습니다."

빨간 벽돌집의 가격 vs. 가치

공간의 가격과 가치의 상관관계를 알아봤다면, 이제 두 사람이 목적으로 하는 노후 건축물의 가격과 가치로 포커스를 좁힐 차례이다. 하선이 말했다.

"빨간 벽돌집을 바라볼 때는 두 가지 관점에서 봐야 합니다. 하나는 멸실, 또 하나는 리모델링입니다. 이 두 관점을 다 견지해야 하는 데는 이유가 있어요."

"멸실은 이해가 갑니다. 노후 건축물의 가격은 제로, 매매가는 모두 땅 값이라고 하셨으니까요. 건물을 철거했을 때 어떤 가치가 남는지 당연히 중요하겠죠"

"맞습니다. 빨간 벽돌집이란 건 상징적인 단어이고, 실제적인 가치는 부속 토지에서 나오는 겁니다. 그렇다면 부속 토지가 가지는 내재적 가치는 어떻게 판단할 수 있을까요? 내재적 가치는 눈에 보이지 않는데 말이죠."

하선의 질문에 곰곰이 생각하던 황 과장이 말했다.

"그 땅 위에 새로 어떤 건물을 지을 수 있느냐, 그 문제 아닐까요?"

"그건 어떻게 정해질까요?"

"법이 최대한 허용하는 범위 내에서 설계를 잘해야겠죠."

"맞습니다. 그래서 법률 검토를 통해 확인해야 합니다. 시대가 변하면서 건축 관련 법률도 개정돼 왔어요. 막연히 '이런 건물을 지을 수 있겠지'라고 생각할 게 아니라 법에 근거해서 이 토지를 얼마나 사용해 어떤 공간을 만들 수 있는지 검토해야만 토지의 내재적 가치를 파악할 수 있습니다."

황 과장의 머릿속에 얼마 전 사업성 분석을 했던 물건이 하나 떠올랐다. 주간 활동인구가 적지 않은 골목길이라 위치가 괜찮다 생각했는데, 멸실 후 새로 지을 수 있는 규모를 확인하니 터무니없었다. 옆 건물로 인해 정북 방향 일조권 사선 제한을 받는 데다 주차 대수 문제로, 지을 수 있는 연면적이 기존 건축물의 절반에 불과했던 것이다.

앞서 하선에게 숙제받듯 내밀었던 사업성 분석 자료 중 해당 물건에 관한 것을 꺼내며 물었다.

"그럼 이런 경우는 리모델링이 낫지 않나요?"

리모델링 vs. 멸실 후 신축

"당장은 그럴 수도 있지만, 빨간 벽돌집을 살 때는 반드시 미래에 일어날 일을 대비해야 해요. 리모델링한다고 해서 건축물의 수명이 무한정 늘어나는 것이 아니기 때문이죠. 일정 시점이 지나면 결국엔 빨간 벽돌집을 부수고, 새 건물을 지어야 합니다. 그때를 대비해서 반드시 건축 설계안을 확인해야 해요. 현재 법령에 근거해 어떤 규모로 어떤 건물을 지을 수 있는지 기획 설계를 해봐야 합니다. 물론 비용은 발생하지만 그건 매몰비용사라지는 비용이 아니라 기회비용입니다. 그렇지 않으면 미래에 뒷감당할 수 없는 상황이 벌어질 수 있으니까요."

아하! 이제야 이해가 되었다. 멸실과 리모델링, 두 가지 관점에서 바라봐야 한다는 뜻을 말이다. 부동산 사업에 관한 공부를 처음 시작할 때만 해도 생각지 못했던 부분이다.

하선이 말을 이었다.

"노후 건축물 개발은 도시재생과 직결됩니다. 도시재생의 목표는 명확해요. 도시의 무분별한 확장과 개발을 억제하는 한편, 지역 역량을 강화하고 새로운 가치를 부여하여 도시의 기능을 활성화시키고, 쇠퇴하고 있는 지역을 변화시키는 것이죠. 과거 재개발·재건축이 전면 철거를 원칙으로 했던 것과 확실히 차이가 있습니다.

도시재생이라고 무조건 원형을 보존하는 리모델링 방식만이 맞는 건 아닙니다. 말씀드렸듯 낡은 건물은 결국엔 철거하고 새로 지어야 하니까요. 그러나 신축의 경우에도 도시재생의 방향성을 고려해야 해요. 키워드는 '융합'입니다. 지역이 가지고 있는 본래의 역량과 특성에 시대 변화에 따른 소비 형태를 융합시키고, 공간 기획에 관한 사고를 다양화할 필요가 있습니다. 제가 부동산 사업에 있어 인문학 공부가 필요하다고 누누이 말씀드리는 이유입니다. 사람들은 시·공간적, 문화적, 경제적 사고를 가지고 의사결정을 하고 있습니다. 여러 가지 복합적인 요소들이 융합되어 소비에 반영되는데, 여기에는 공간에 대한 소비 또한 포함

됩니다. 우리가 부동산 상품을 만드는 사람들이란 건 주지하고 계시는 바이니, 제 말씀을 이해하셨으리라 생각합니다."

| MORE LESSONS |

'부동산=주거 공간'의 관점에서 벗어나라

부동산은 주거 공간이라는 개념에서 빠져나와야 한다. 특정 부동산, 즉 아파트에만 열광하지 말라는 것이다. 정부는 현재 도심 속 오피스, 숙박시설 등에 주목하고 있다. 공공주택사업자(LH, SH, 인천도시공사 등)들이 공공임대주택 공급을 위해 매입할 수 있는 주택 범위가 주택 및 준주택(고시원 등)에서 오피스, 상가 등으로 확대되는 공공주택특별법 일부 개정이 그 증거이다.

COLUMN

역세권의 범위가 바뀐다, 변화하는 도시재생의 패러다임에 주목하라

효연 & 하선

도시재생의 패러다임이 스마트 시티를 적용한 '스마트 도시재생'으로 변화되고 있다. 시범적으로 지방자치단체에서 진행되고 있는데, 도시재생에 스마트 기술을 융합하여 노후된 도시를 지속 가능한 도시로 변화시키는 것이 목표이다. 우리가 고민할 지점은 바로 이것, 스마트 도시재생을 자율형 주택사업에 어떻게 융합시킬 것인가이다.

이때 '스마트 기술'이라 함은 특정한 분야를 이야기하는 것이 아니라, 개인과 산업을 이어주는 융합된 기술이라 생각하면 된다. 정부가 제시하는 스마트 시티의 개념 및 앞으로의 방향을 보자. "더 이상 공공주도 신도시 개발 사업이 아닙니다. 신도시뿐 아니라 기존 도시도 효율적으로 관리하고 개선하기 위한 핵심 수단이자 모든 도시가 지향하는 공통 목표가 되었습니다. 그리고 공공은 민간이 지속적으로 발전하고 새로운 기술들이 안착하여 도시가 발전할 수 있도록 다양한 정책을 지원하는 역할을 하고 있습니다.건축도시공간연구소 스마트녹색연구단" 라고 밝히고 있다.

이러한 흐름 속에서 눈에 띄는 것은 바로 전동 킥보드, 자전거 등 개인이동수단퍼스널 모빌리티의 보편화이다. 서울 시내 주요 역을 중심으로 이미 전동 킥보드와 자전거따릉이를 이용하는 수요가 증가하고 있는 추세이다. 다른 하나는 대중교통과 개인이동 수단의 요금체계를 통합시키기 위한 연구가 진행 중에 있으며, 빠르면 1~2년 내에 시행될 것으로 보인다. 구도심을 이용자 중심, 지속가능한 도시로 만들기 위해 정부에서도 '2017년 하반기 산업통상자원 & 국토교통부 핵심정책토의'에서 도시재생사업과 스마트 시티에 적용하는 내용을 정책과제로 채택했으며, 4대 전략에 포함시켰다2019.7.12. 보도자료.

필자가 개인이동수단에 주목하는 이유는 다음과 같다. 등하교 및 출퇴근에 걸리는 시간 감각이 바뀔 것이기 때문이다. 즉 직주근접, 학주근접의 범위가 짧아진다. 앞으로 이 같은 퍼스트 마일 & 라스트 마일 교통수단이 부동산 가격 형성에 미치는 영향은 커질 것으로 예상한다.

퍼스트 마일(first mile)이란 집이나 회사에서 대중교통을 이용할 역, 정류장까지 이동하는 것을 말한다. 라스트 마일(last mile)이란 대중교통에서 하차한 뒤 최종 목적지인 집이나 회사로 이동하는 것을 말한다.

생각해 보자. 역세권 중심의 부동산 가격이 역세권 밖 부동산 가격보다 높게 형성되어 있는 것은 누구나 다 아는 이야기이다. 그런데 개인이동수단을 통하여 역을 이용할 수 있는 시간이 단축된다면? 전문가들은 개인이동수단으로 이동할 수 있는 거리를 최대 1.5km로 여긴다. 이에 따라 우리가 지역을 보는 관점도 달라질 수 있다는 것이다.

이는 단순한 가정 혹은 상상이 아니다. 스마트 교통수단에 대한 연구가 지속으로 이어지고 있으며, 지방자치단체별로 시범지구에서 실증적 결과가 지속적으로 나오고 있다. 이를 긍정적인 신호로 인지해야 한다. 구도심 부동산 개발을 염두에 두고 있다면 스마트 도시 종합계획과 스마트 시티에 대한 정부 정책, 방향성 등을 꼭 확인해 보기 바란다. 아래 QR 코드에 링크된 홈페이지에서 확인할 수 있다. 부동산을 바라보는 시각을 다각화하여 사고의 확장과 본인만의 독특한 공간을 연출하도록 성장했으면 하는 바이다.

한편, 부동산 가격에 가장 큰 영향을 미치는 교통수단으로는 철도가 있다. 철도에도 여러 종류가 있지만 그중에서도 주목해야 할 것은 고속철도, 수도권 광역급행철도대도심 급행전철, 이하 'GTX', 수도권 전철 급행노선, 광역철도신분당선, 공항철도 등이다. GTX가 주택가격에 미치는 영향에 대해서는 연구보고서가 이미 발표되었다. 철도라는 교통수단과 부동산의 연관성은 무엇일까? '어떤 영향'을 미쳤는가를 생각해 보면 된다. 도시재생이 일어나는 곳은 구도심 지역이다. 비단 서울뿐만 아니라 전국에 있는 주요 도심은 쇠퇴하고 있다. 전국은 구도심 개발보다 신도시 개발을 선호하였으며, 그 결과 구도심은 더욱 낙후되었다. 서울의 상황도 마찬가지이다. 강남을 중심으로 도심 개발이 집중되다 보니 다른 지역의 개발이 늦어지고 있다.

도시 개발은 전면 철거 방식에서 도시재생으로 개발 흐름이 바뀌고 있지만, 기존 방식인 재건축·재개발과 도시재생의 경계는 모호하다. 사람들이 찾는 공간, 즉 이용자 중심의 공간을 만들기 위해서는 선두그룹으로 가는 것이 중요하다. 여기에 필수적인 것이 접근성이다.

가장 선호하는 지역은 역시 역세권으로, 역으로부터 도보 5분 거리 학술적 기준에 위치한 곳이다. 현실적으로 역세권 주위에 사업지를 찾기는 힘들다. 필자는 개인이동수단과 철도 계획을 바탕으로 새로운 직주근접, 학주근접 지역을 찾고 있다. 지금까지는 접근성이라 하면 이동의 편리성만을 고려하였는데, 이제는 시간 개념을 도입해야 한다. 즉, '접근성 = 이동수단 + 시간'이라는 관점을 가지고 지역을 찾아야 하겠다.

퍼스널 모빌리티로 인한 이동 방식의 변화

길찾기 검색 및 예약	이용자 인증 및 탑승, 정류장(역)까지 이동	대중교통으로 이동	목적지 도착
스마트폰 어플을 이용해 퍼스널 모빌리티 수단을 예약한다.	예약한 퍼스널 모빌리티 수단을 이용하여 정류장(역)까지 이동한다.	버스, 지하철 등 대중교통을 이용하여 목적지까지 이동한다.	학교나 회사 등 목적지에 도착한다.

킥보드, 세그웨이, 따릉이 등(퍼스널 모빌리티 수단)을 이용하여 집에서 대중교통시설까지 이동하는 시간이 단축된다.

지역 분석의 준비물과 공식, 이렇게 쉬웠어?

02

부동산의 진짜 가치에 관한 개념을 배웠으니, 이제 그것을 어떻게 판단할 수 있을지 실질적인 방법을 배울 차례다. '지역 분석'이라는 단어가 나오자 황 과장의 표정이 밝아졌다. 지역 분석이라면 여러 부동산 책에서 익히 접한 내용이다. 하선이 말했다.

"마침 식사 시간도 되었겠다, 자리를 옮겨서 지역 분석에 관한 이야기를 더 나눠보죠."

카페에서 나오니 마침 저녁 시간이 다가오고 있었다. 식당을 찾아 삼삼오오 돌아다니는 사람들의 모습이 보인다. 하선이 황에게 물었다.

"지역 분석은 어떻게 해야 할까요?"

"음, 분석하고자 하는 지역을 눈으로 확인하고 그에 관한 참고 자료를 찾고 조사해서 데이터를 만들어나가면 되지 않을까요?"

"맞습니다. 어렵게 생각할 필요가 없어요. 어떤 사업을 시작하든, 부동산이라는 공간을 사업 용도에 맞게 찾아야 합니다. 음식점, 옷가게, 미용실, 사무실, 꽃가게, 배달전문점 등…. 사업에 영향을 줄 수 있는 지역을 분석하는 것이 상권 분석입니다. 즉, 상품 판매가 가능한 지역의 범위를 뜻합니다. 간혹 입지 분석과 상권 분석을 혼동하여 생각하는 경우가 있습니다. 입지는 상권 내의 영업장의 위치를 뜻합니다. 다시 말해 입지는 상권 안에 있는 것입니다. 예를 들어 강남 상권은 강남역 출구를 기준으로 분류하며, 각 출구 상권에 위치한 입지에 따라 임대조건권리금, 보증금 및 임차료 등이 달라지는 거죠. 상권은 지역바운더리을 뜻하며, 입지는 상가의 위치를 뜻합니다.

상권과 입지는 따로 분리해서 생각해서는 안 됩니다. 상권 분석이 선행되어야 하며, 분석한 상권 안에서 좋은 입지를 찾는 것이 무엇보다 중요합니다.

한편, 주거를 위한 공간을 찾을 경우 대부분 직장과의 거리, 교통 편의성, 주거공간 주위 환경 등을 고려합니다. 이처럼 용도에 맞는 공간을 찾을 때 개인마다 중요하게 생각하는 포인트가 있습니다. 지역 분석과 개별적 분석을 통하여 부동산이 가지는 가치를 판단할 수 있는 것이죠."

황 과장은 얼마 전 부동산 중개법인으로부터 소개받은 사업지를 떠올렸다. 비교적 넓은 골목길을 사이에 두고 한쪽에는 주거시설이, 건너편에는 상업 시설이 들어선 지역이었다. 물건은 그 골목길 코너에 위치한 작은 빨간 벽돌집이었는데, 위치도 규모도 가격도 마음에 들었으나 대체 어떤 용도로 변화시켜야 할지 좀처럼 감이 잡히지 않았다. 주거로 개발하기엔 주변 환경이 다소 부산스럽고, 상가로 개발하기엔 메인 상권에서 멀리 떨어져 있었다. 결국 애매하다 생각되어 하선과 함께하는 스터디 대상에서도 제외시켰는데, 이제 와 그 물건이 생각난 것이다.

'여기엔 어떤 기획이 딱이다, 라는 판단만 제대로 섰더라면 좋은 물건이었을지도 몰라.'

헤어지는 길, 하선이 말했다.

"다음 만남 때는 비주거시설을 신축하거나 혹은 리모델링하는 사업을 한다고 가정하고, 지역 분석의 프로세스에 관해 이야기 나눠보죠. 사업지를 찾고 지역 분석을 하고 판단 내리는 과정에 관해 생각해 오시면 좋겠습니다."

불과 몇 시간 전까지만 해도 의욕이 앞서서 어서 빨리 실제 사업에 착수하고 싶었던 황이다. 그리고 지금, 하선과의 대화를 통해 그의 마음은 차분해져 있었다. 자신을 다독이며 차근차근 기초부터 쌓아 올려주고

자 하는 것이 느껴졌기 때문이다. '나는 지금 차근차근 배워나가고 있다!'는 보람이 그의 가슴속에 퍼져나갔다.

1단계 자기자본금에 맞는 사업지를 찾아라

며칠 후, 화창한 주말. 쉬고 싶은 마음을 뒤로한 채, 황 과장은 맛있는 것 사 오라는 아이들의 어명을 받아 들고 하선을 만나기 위해 집을 나섰다.

"아우토반을 타려면 면허부터 따야 하는 법입니다. 부자로 가는 고속차선에 올라타려면 일단 사업 성공의 기반부터 다져야겠죠. 지금까지 공부하신 건 베이비 스텝 정도이고, 본격적인 실무 공부에 들어가 봅시다."

듣던 중 반가운 이야기다!

"개발 사업을 하려 한다면, 첫 번째 단계는 무엇일까요?"

하선의 질문에 황이 즉각 대답했다.

"우선 자기자본금에 맞는 사업지를 찾아야 합니다!"

"맞습니다. 사업을 고려할 때 매우 중요한 대목입니다. 자기 자신의 상황에 관하여 점검이 되지 않은 상황에서는 어떤 사업이든 시작해서는 안 됩니다. 본인의 현금흐름을 파악, 사업에 투입할 수 있는 자본금의 규모를 알아야 해요. 그래야 여기에 금융 레버리지를 더하여 사업 규모를 확정할 수 있습니다. 사업에 투입할 수 있는 자본금의 규모가 확정되지 않으면 사업계획 자체를 아예 수립할 수 없는 것이죠."

"만약 자본금이 없거나, 부족한 경우라면요? 종잣돈이 마련될 때까지 뭘 준비해야 할까요?"

"가상으로 사업 규모를 예상하여 사업계획서를 작성해 봐야 합니다. 연습 없이 당장 사업을 시작할 수는 없는 노릇이니까요. 지금부터 사업계획서를 쓰는 방법에 관해 차근차근 설명드릴게요. "

우선 사업규모에 맞는 지역을 선택한다. 아래는 지역에 대한 예시로써, 특정 지역을 이야기하는 것이 아님을 밝혀둔다.

❶ 지역 확정

- 강남이냐, 강북이냐를 확정한다.
- 강남구 → 역삼동, 신사동, 논현동 등으로 세부 지역별 최근 거래된 사례를 파악한다.

❷ 지역 분석

지역 분석을 통하여 토지의 용도에 맞게일반 주거지 / 준주거 / 상업지 지역별 토지가격 지도를 만든다.

▶ 지역 확정 및 지역 분석에 활용하기 좋은 사이트

국토교통부실거래가공개시스템 rt.molit.go.kr 밸류맵 www.valueupmap.com

❸ 지역의 용도에 맞는 건축물 계획하기

- 건축물에 대한 가상현실 분석을 해주는 랜드북과 하우빌드 등의 서비스를 이용하여 직관적으로 확인할 수 있다.

▶ 건축물 가상 설계에 활용하기 좋은 사이트

랜드북 www.landbook.net 하우빌드 www.howbuild.com

- 주거 위주예: 다가구주택로 개발할 것인가, 근린생활시설예 : 상가, 사무실로 개발할 것인가를 결정한다. 주거 위주면 평단가가 저렴한 토지1종, 2종, 3종 일반주거 중를 선택하고, 상가 혹은 사무실인 경우 입지 조건을 확인해야 한다.

| MORE LESSONS |

내 자금에 맞는 좋은 빨간 벽돌집을 찾는 노하우

바야흐로 빅데이터를 기반으로 하는 부동산 프롭테크 시대이다. 호갱노노, 직방, 다방 등 다양한 서비스들이 부동산 가격에 대한 지표를 제공하고, 현재를 기준으로 과거 거래되었던 가격을 GIS(지리정보시스템) 기반으로 직관화해 보여준다. 그렇다면 이런 많은 정보들을 활용해서 나에게 맞는 '빨간 벽돌집'을 찾을 수 있는 방법은 무엇일까?

기준 지역을 찾아라

중요한 것은 '기준 지역'을 찾는 것이다. 서울 시내 전역을 찾아다닐 수 없다. 역세권, 특히 환승 역세권 주위부터 지역 분석을 하라. 지역에 따라 '빨간 벽돌집'의 가격은 천차만별이므로, 내가 사업할 수 있는 지역을 선정하기는 만만치 않다. 필자의 경우 3호선과 6호선의 환승역을 중심으로 상권 분석을 하였고, 그 결과 찾은 사업지가 전작 ≪마흔 전에 부동산 부자가 될 수 있는 5가지 방법≫에 소개된 곳이다.

부동산 중개사무소를 방문하라

그 지역에서 거래된 물건들의 사례를 잘 알고 있는 중개사무소를 방문, 거래할 수 있는 물건을 확인하는 것이 가장 중요하다. 중개사무소 한 곳이 아닌 역을 중심으로 반경 1km 내에 있는 중개사무소 전체를 방문해야 한다. 그중에 중개물건이 겹치는 경우가 있다. 만약 겹칠 경우 그 물건은 보았다고 말해 놓아야 차후 거래 시 발생할 수 있는 문제를 예방할 수 있으므로 주의하자.

물건 리스트를 작성 시 체크할 점

그다음에는 현장 방문한 물건에 대한 리스트를 작성하자. 이때 체크해둘 것들이 있다. 첫 번째, 가장 중요한 것은 잔금일을 기준으로 한 임차인 계약관계이다. 이것은 반드시 검증이 필요한 부분으로, 바로 사업을 진행할 예정이라면 반드시 확인하여 임차인과 협의해야 한다. 이런 것을 명도라고 표현하는데, 특히 요즘은 '임대차 3법' 등으로 민감한 시기임을 인지하여야겠다.

두 번째는 본인 점검이다. 주거용 부동산을 매입 시 부담되는 취득세는 주거용부동산 소유 여부에 따라서 세율이 달라짐을 꼭 명심하자. 주택 보유수에 따라서 사업성에 아주 큰 영향을 줄 수 있다. (개인과 법인은 취득세율을 꼭 확인해야 한다. 부록 2를 참고하라.) 그리고 본인 점검의 연장선에서 본인의 자본금을 확인해야 한다. 사업을 할 수 있는가를 점검하는 것이다. 싸고 좋은 땅은 없다. 하지만 골목 안에 묻혀 가치가 없는 빨간 벽돌집은 존재한다.

다시 정리하면 지역을 선정(역세권, 특히 환승역을 중심으로) → 지역, 상권 분석을 선행하고 → 역 중심의 반경 1km 이내의 중개사무소(최대한 많은 곳)를 방문하여 많은 물건을 보는 것이 중요하며 → 리스트를 작성하고 가격, 임대차 계약관계, 주변 환경 등을 꼭 확인해야 한다.

그 후 네이버 부동산 등을 통하여 부동산 매물을 검색하여 비교해 본다. 현장을 방문한 지역의 가격이 어떻게 형성되어 있는지, 과거 가격이 현재 어떻게 변화되어 있는지 등 가격의 흐름을 파악할 수 있다. 그러나 국토교통부 실거래가 공개시스템 등을 통하여 확인하는 값은 어디까지나 과거의 가격이다. 현재의 가격이 싼지 비싼지 도통 감을 잡기 어려울 것이다. 이유는 단 하나, 부동산 가치평가에 대한 기준을 알지 못해서이다.

최종적으로, 부동산 가치를 평가하는 기준을 정립해야 하는 것이 내 자금에 맞는 좋은 '빨간 벽돌집'을 찾는 노하우이다. 부동산 거래 시 확인하는 서류(토지대장, 건축대장, 토지이용계획확인서, 등기사항전부증명서, 지적도 등)의 내용을 해독할 수 있어야 하며, 선택 이후의 모든 손익은 본인에게 귀속됨을 꼭 인지해야 하겠다.
앞선 경험자들의 노하우도 중요하지만, 현장을 다니며 물건을 보는 것이 더 중요하다고 이야기하고 싶다. 필자도 신규 사업지를 찾아 많은 지역을 다니고 있다. 한 번 가보고 곧장 결정하지 않는다. 방문 전에 앞서 언급한 방법으로 현재의 가격을 미리 분석하고, 관련 서류를 확인, 현장을 방문하여 주위 환경을 확인하고 적합한 콘텐츠를 고민한다. 부동산 부자들과 나, 필자와 독자의 차이는 부동산 사업에 대한 집중 후 실제적 실행 여부에 있다! 본인의 자금 흐름에 대한 분석 후 실행이 가장 중요한 노하우임을 꼭 명심하기 바란다.

토지 제증명 일괄신청
www.gov.kr

인터넷등기소
www.iros.go.kr

2단계 지역의 고유 색깔을 찾아라

지역마다 고유한 색깔을 가지고 있는데, 이것은 누구나 관심을 가지면 파악할 수 있는 것이다. 강남 지역을 예로 들어보자.

강남 지역의 특징

- 1인, 2인 가구 중심으로 역세권 위주의 단기 임차에 대한 수요가 풍부하다.
- 상가·사무실로 구성된 미니 빌딩(근린생활시설, 매매가 50~70억 원 선)에 관한 수요가 풍부하다. 이유는 대출 규제, 자금조달계획, 관리의 편의성 등 때문이다.
- 상가·사무실은 상권과 입지가 중요하므로 강남에서도 위치 선정이 중요하다. 예를 들어 상가·사무실 수요가 많은 초역세권이나 번화가는 토지 값이 상당히 비싸므로 그런 곳이 아니더라도 미니 빌딩의 상가·사무실 수요가 많은 지역을 찾아야 한다. (예를 들어 도산대로 근처, 을지병원 사거리 인근은 주거지임에도 작은 통사옥, 상가·사무실 수요가 많다.)
- 매수인들은 보유 임대수익보다는 매각차익에 대한 관심이 높다.

이어서 주간활동인구가 많은 곳예를 들면 강남이나 여의도 등과 접근성이 좋은 지역의 특징에 대해 알아보자. 관악구, 동작구, 중구 등등은 강남이나 여의도 등 주간활동인구가 많은 지역과의 접근성이 좋으므로 젊은 임차인1인 가구의 주거수요가 많은 지역이다.

주간활동인구가 많은 곳과 접근성이 좋은 지역의 특징

- 강남이나 여의도 등의 높은 임대료를 부담스러워하는 사회초년생들이 많이 찾는 지역이다.
- 도시 철도 교통망이 발달되어 있다.

|TIP| 주간활동인구가 많은 지역과의 접근성이 좋으면서도 저평가된 지역은 상대적으로 적은 자본금으로도 개발할 수 있는 사업지이다.

3단계 적정 임대가격과 매각가격을 파악하라

이상의 특징을 분석했다면 관심 지역의 임대가격 및 매각가격을 확인할 차례이다. 임대가격은 직방, 다방, 네이버 부동산 등을 통해 알 수 있으며 매각된 가격은 국토교통부 실거래가 공개 시스템, 밸류맵, 네이버 부동산 등을 참고할 수 있다.

이후에는 필히 직접 부동산을 방문하여 매물을 보면서 몸소 느끼는 것이 중요하다. 시간적 제약으로 인해 매번 부동산을 다니는데 한계가 있다면, 확인 시 혼자 눈으로만 보고 끝내지 말고 꼭 해당 부동산과 통화를 한다. 잦은 통화가 쌓이다 보면 시세 파악에 큰 도움이 된다. 단, 시세는 아무리 많은 자료를 보고 확인한다 해도 꼭 현장 확인이 필요하다.

Step 1.
자본금에 맞는 사업지 찾기
지역 확정 → 지역 분석 → 지역의 용도에 맞는 건축물 계획

Step 2.
지역의 고유 색깔 찾기

지역의 특징은?
✔ 주간활동인구가 많은 곳과 접근성이 좋은 곳 good (젊은 층의 주거 수요가 많다)

Step 3.
적정 임대가격과 매각가격 확인

임대가격 : 직방, 다방, 네이버 부동산 등
매각가격 : 국토교통부 실거래가 공개 시스템, 밸류맵, 네이버 부동산

✔ 자료 파악 후에는 부동산에 가서 꼭 현장 확인할 것!

노트 위에 끄적이며 설명하던 하선이 펜을 내려놓으며 당부하듯 말했다.

"현장을 확인하라는 건 눈으로 쓰윽 보고 지나치란 이야기가 아니에요. 지나다니는 사람들의 동선도 보고, 인근에 위치한 시설도

보면서 공실률을 예상해야 합니다. 그러려면 고정수요가 충분한지를 파악하는 게 우선이에요. 회사나 학교 같은 특정수요만 보고 부동산을 선택하면, 만에 하나 그 같은 특정수요가 사라질 경우 낭패를 보게 될 수 있어요.

가장 좋은 것은 고정수요와 특정수요가 모두 존재하는 경우입니다. 예를 들면 역세권인 데다 근처에 대학교까지 있는 경우죠."

말이 끝나기 무섭게 황 과장이 알겠다는 듯 덧붙였다.

"상도역, 숭실대입구역, 서울대입구역 같은 곳은 강남 접근성이 탁월한 데다 역이 가까워서 고정수요도 많고, 학교 같은 특정수요까지 있는 곳이죠!"

"맞아요, 그런 곳들은 다른 지역보다 공실률이 월등히 적으며 수월한 임대차 관리가 가능합니다."

하선이 다시 노트에 다음과 같은 공식을 적었다.

● 최상 : 고정수요 + 특정수요

▲ 보통 : 고정수요

✖ 최악 : 특정수요

연습에 연습만이 살 길이다

"지역 분석과 개별 분석의 이론적 배경은 수없이 많습니다. 공부하시면 더 많이 알 수 있을 거예요. 이론적 배경을 인지한 후에는 계속 연습해야 합니다. 실제로 연습해 보지 않으면 기억에서 점점 사라지기 마련이니까요. 거의 자동반사적으로 반응할 정도가 돼야 합니다."

황 과장은 하선과 함께 걸어 다닐 때마다 보았던 모습을 떠올렸다. 하선은 어디를 가든 신축공사 현장을 보면 바로 달려가서 공사 현장 벽면에 붙어있는 건축허가 표시판을 유심히 보곤 했는데, 이유를 물어보면 대답은 단순했다. "궁금해서요."

그 모습을 떠올리며 황이 물었다.

"작가님, 건축허가표지판에서는 대체 뭘 봐야 합니까? 그걸 보면 지역에 어떤 물건이 주로 지어지는지 알 수 있으니 분석에 도움이 될 것 같은데요."

하선이 만족스러운 미소를 지으며 대답했다.

"정말 좋은 질문입니다. 건축허가표지판에 담겨 있는 있는 정보는 함축적 의미를 지니고 있어요. 일단 주위를 살펴보고 내용을 숙지한 후 공사 관계자들이 있으면 양해를 구하고 사진 촬영을 합니다. (양해를 구하지 않고 촬영하면 민감한 반응이 돌아올 수 있으므로 주의를 요합니다.) 확인하는 사항은 대지의 위치와 공사의 규모예요. 주용도, 층수, 용적률, 건축면적을 확인하면 건축 규모를 파악할 수 있죠. 그다음이 더 중요합니다. 확인한 사항을 기초로 스마트폰을 활용해서 즉각 자료를 수집하는 겁니다."

네이버 지도 확인

스마트폰의 네이버 지도 어플을 연다. 우측 상단 레이어에서 지적 편집도를 추가한 후 공사 현장 주소를 확인한다. (참고로, 네이버 지도가 아니어도 무방하다. 필자는 네이버 지도가 익숙하므로 이것으로 설명했을 뿐이다.) 그리고 앱 상에서 다음과 같은 사항을 확인하여 메모해둔다.

- 지역 현황
- 로드뷰를 통한 차량 진출입 가능 여부
- 공사 현장을 중심으로 주위 인프라 현황(학교, 편의시설, 교통시설 등) 확인

토지이용계획 확인

지도 어플로 주소를 확인하였으니, 토지이용규제서비스에 접속할 차례

●— 네이버 지도 어플를 이용하는 방법

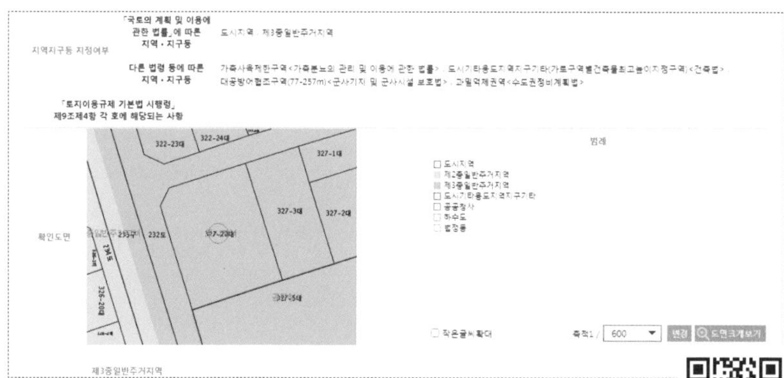

지역지구등 지정여부	「국토의 계획 및 이용에 관한 법률」에 따른 지역 · 지구등	도시지역 , 제3종일반주거지역
	다른 법령 등에 따른 지역 · 지구등	가축사육제한구역<가축분뇨의 관리 및 이용에 관한 법률> , 도시기타용도지역지구기타(가로구역별건축물최고높이지정구역)<건축법> , 대공방어협조구역(77-257m)<군사기지 및 군사시설 보호법> , 과밀억제권역<수도권정비계획법>
「토지이용규제 기본법 시행령」 제9조제4항 각 호에 해당되는 사항		
확인도면		

●— 토지이용규제서비스로 지적도 및 세부 사항들을 다시 확인한다.

luris.molit.go.kr

다. 이를 통해 토지이용계획에 대한 세부 사항을 확인한다. 그리고 지적도, 면적, 용도지역, 규제사항 등을 다시 확인하여 네이버 지도 지적 편집도와 비교해본다. 세부적인 사항, 도로지번은 토지이용규제서비스를 통해서만 확인할 수 있다.

건축물 가상 설계

이어서 랜드북, 하우빌드 등 가상 설계 서비스를 이용해 건축물의 가상 모형을 확인한다. 일정 규모가 넘어가면, 확인할 수 없으므로 참고한다. 모형을 확인하는 이유는 정북 방향 일조권 사선 제한 사항을 확인하기 위한 것이다. 이 부분을 간과해서는 절대 안 된다. 사용할 수 있는 면적이 줄어들므로 수익에 영향을 미치기 때문이다. 더불어, 활용할 수 있는 공간을 직관적으로 찾기 위해서이다.

"저는 이런 관점을 가지고 지역을 찾고, 개별 분석을 통하여 기초자료를 수집합니다. 다 설명드릴 수는 없지만, 중요한 건 방법론이 아니라 스스로 지역 분석의 기준을 만들어나가는 것입니다. 그러기 위해서는 어떻게 해야 할까요?"

하선의 물음에 황 과장이 반사적으로 대꾸했다.

"연습, 또 연습하며 익혀나가야겠죠!"

"재미있는 이야기를 해드릴게요. 같은 토지를 3명의 건축사에게 설계 의뢰하면 다 다른 설계안이 나와요. 설계를 하기 위해 적용되는 법률 등의 조건은 동일한데도 말이죠. 이처럼 다른 설계안이 나오는 이유는 하나입니다. 토지를 바라보는 관점과 시각이 다르기 때문이에요. 사람들이 모두 당연하다고 생각하는 것, 보편타당하다고 생각하는 평범한 관점에서 벗어나야 합니다. 그래야 새로운 부가가치를 창출해낼 가능성과 그 방법을 찾아낼 수 있어요. 이게 바로 성공의 핵심입니다."

오늘부터 부동산 사업가의 습관을 가져보리라. 가상의 사업가가 되어, 보는 집마다 '나라면 이렇게 기획할 텐데'라는 생각을 가져보겠다고 황 과장은 다짐했다. 돈이 드는 것도 아니고, 관심과 자료 수집 및 분석의 성의만 있으면 되는 것이니 이보다 더 좋은 훈련이 어디 있겠는가!

상권 및 입지 분석 : 핫플레이스에 가면 메뉴판부터 보는 이유

03

"오늘은 머리도 식힐 겸, 드라이브 한번 가시지요."

황 과장은 묻지도 따지지도 않고, 시동을 거는 하선을 따라 차에 올라탔다. 어느덧 한강을 건너는 길, 무더위와 장맛비에 지쳐 있던 근래에 드물게 맑은 하늘이 펼쳐져 있었다. 햇살이 반사되는 한강의 풍경이 마치 한 폭의 그림 같다. 가을이 성큼 다가오고 있다.

잠시 후, 두 사람이 도착한 곳은 성수동의 한 카페 앞. 황은 늘 그렇듯 아이스 아메리카노를 주문하고 자리에 앉았다. 마주 앉은 하선이 그에게 물었다.

"들어와서 무엇을 보셨나요?"

“네? 카페에 왔으니 빈자리를 찾아 앉아야지, 뭘 보다니요?”

얼떨떨한 반응에, 하선이 웃음을 지으며 말했다.

“이런 곳에 오면 제가 제일 먼저 보는 것은 메뉴판입니다. 주문하기 위해서가 아니라, 이곳의 메뉴 구성과 가격대를 보고 시그니처 메뉴는 무엇인가 살펴보는 것이지요. 이어서 직원 수, 테이블 수, 객장 내 인원수를 보고 공간을 둘러봅니다. 그러면 어떤 카페 콘텐츠를 가지고 있으며 경쟁력은 있는지가 대강은 파악됩니다. 그리고 이곳을 중심으로 상권을 확인해봅니다. 등기사항전부증명서, 건축물대장 등 공적서류를 확인해보는 것은 물론이고요.”

황 과장은 주문한 커피는 잠시 밀어놓고, 하선의 말대로 주변을 확인하기 시작했다.

일단 2인용 기준으로 테이블이 50개 정도 되어 보인다. 두 사람은 점심시간 직전에 들어와서 자리를 잡았는데, 이내 손님들이 몰려들어 테이블을 채운 참이었다. 대부분은 커피 손님으로, 메뉴판에 나와 있는 식사 메뉴를 주문한 테이블은 거의 눈에 띄지 않는다. 현재 일하고 있는 직원수는 7명, 그리고 황이 받은 영수증에 찍힌 번호가 31번. 점심시간 동안 2~3분마다 주문이 이뤄지는 걸로 봤을 때, 시간당 25회 정도로 추측되었다. 이어지는 오후 시간의 주문은 다소 뜸한 기세다. 그렇다면 다음과 같이 어림짐작할 수 있다.

'흠, 그렇다면 1일 기준 주문을 대략 150~200회 정도로 볼 수 있겠군. 혼자 오는 손님도 있고 단체손님도 있으니, 1건당 2잔 주문으로 계산하면 하루 300~400잔. 그 중간인 350잔으로 가정하고 잔당 4천 원씩 계산하면 1일 매출은 140만 원가량. 주말에는 가중치 1.5배로 예측하면, 매출 210만 원. 그렇다면 1달 매출은 대략 40,760,000원평일 140만 원×22일 = 30,800,000원, 주말 210만 원×8일 = 16,800,000원.'

매출에 이어 비용을 짐작해볼 차례다. 일단 떠오르는 것은 인건비다. 현재 근무 중인 종업원은 7명. 아르바이트생인지 정직원인지 알 수 없고, 어떻게 탄력적으로 근무하는지 알 수 없으므로 대강 인당 월급 200만 원으로 산정해 보았다. 그렇다면 인건비는 총 14,000,000원. 식음료 가게의 음식 원가를 대략 30%라 감안했을 때 제조원가는 12,000,000원 수준. 임차해서 운영하고 있다면, 월세는 대략 10,000,000원 정도일 테다. 이것만 더해도 무려 36,000,000원인데 나머지 부대비용 더하면 과연 남는 장사일까, 하는 의문이 들었다.

'종업원 수가 가게 규모와 매출 대비 좀 많은 것 아닐까? 메뉴도 잘 팔리지 않는 것은 정리해야 재고관리 차원에서 원가를 절감하겠는데. 뭐, 대강 짐작한 것에 불과하지만.'

종이에 이런저런 숫자들을 적고 있는 사이, 황의 계산식을 바라보던 하선이 말했다.

"사실 상권과 입지 분석은 사전에 해놓고, 그걸 바탕으로 현장에서 확인해야 하는 겁니다."

황 과장의 얼굴이 약간 붉어졌다. 그가 주저하듯 물었다.

"그런데… 상권 분석과 입지 분석의 차이가 뭔가요?"

상권 분석과 입지 분석

부끄러움을 무릅쓰고 한 질문이었지만 하선의 반응은 쿨했다. 마치 예상한 질문이라는 듯 자연스럽게 이야기가 이어졌다.

"상권과 입지를 혼동하는 경우가 많은데, 그럴 만합니다. 저도 부동산을 처음 접했을 때는 부동산 용어의 정확한 뜻을 몰라 당황하곤 했으니까요. 여담이지만, 그래서 용어 공부가 중요하다고 말씀드리고는 합니다. 용어만 알아도 반은 먹고 들어간다고나 할까요.

상권은 재화나 서비스를 이용할 만한 고객들이 분포해 있는 지역으로써 사업에 영향을 줄 수 있는 구역이고, 입지는 그러한 상권 내 영업장의 위치를 말합니다. 상권은 광역적인 의미이고, 입지는 그 안에 포함되는 개별적 의미라고 할 수 있겠죠. 그렇다면 상권 분석의 대전제는 무엇일까요? 자주 다니는 곳들을 떠올려 보세요. 가구를 사려면 어디에 가고, 전자제품을 사려면 어디에 가며, 술을 마시려면 주로 어디에 가십니까?"

"가구거리, 전자상가, 맛집 골목…."

"공통점은 바로 업종끼리 지근거리에 모여있다는 겁니다. 상권은 업종별 성격에 맞게 형성됩니다. 나아가 살아 움직이며 변화하기도 합니다. 지역 변화에 따라 중심 상권이 되기도 하고, 구도심으로 쇠퇴하기도 하는 것입니다. 따라서 상권의 경우 물리적 특징을 잘 이해해야 합니다.

상권과 입지의 차이

상권이란?

상품 판매가 가능한 지역의 범위로써,
일정한 구역(바운더리)을 말한다.

● 평가의 기준 : 반경거리
●분석법 : 업종 경쟁력 분석, 구매력 분석 등

입지란?

상권 내에 있는 영업장(사업장)의 위치로써,
특정한 지점(포인트)을 말한다.

● 평가의 기준 : 평당 임대료, 권리금
●분석법 : 점포 분석, 통행량 분석 등

물리적 특징이란 건 누구나 잘 아는 바죠. 특급 상권, A급 상권, B급 상권…, 이렇게 말하면 떠오르는 곳들이 있을 겁니다."

"특급 상권은 아무래도 강남이나 명동, 신촌, 종로 같은 도심 중심지일 것이고, A급은 도심 역세권, B급은 대학가와 오피스, 아파트 대단지, C급은 일반 주택가 정도 되지 않을까요?"

하선이 고개를 끄덕이며 말했다.

"맞습니다. 그런 식으로 상권을 물리적으로 분류하면 영업권 및 임대료가 가장 높은 곳과 낮은 곳이 직관적으로 보입니다. 그러면 업종에 따라서 어떤 상권에 위치할지를 판단할 수 있겠죠.

제 지인이 '우동+텐동집'을 준비하고 있는데요. 제일 먼저 석촌호수 근처 송리단길을 봤다고 해요. 일단 자신이 잘 아는 지역이라 해당 상권에 대한 이해가 높았기 때문이고, 두 번째로 주간활동인구, 즉 수요에 대한 예측이 되었기 때문이라고 합니다. 송리단길의 특징은 2030들이 많이 찾는다는 것으로, 그만큼 주말 상권이 활성화되어 있어요. 창업 아이템을 이용할 유효고객이 충분하다 판단되어 송리단길을 최우선 후보지로 놓고 상권 분석을 한 거죠.

이처럼 상권 분석에서 가장 중요한 건 업종 적합성, 수요 예측, 이동 동선, 동일 업종 현황 등을 파악하는 것입니다. 자, 그 결과 상권이 적합하다 판단되면 다음 단계는 무엇일까요?"

황 과장이 무릎을 치며 대답했다.

"그 상권 중에서도 어느 지점에 들어갈지, 입지를 분석하는 것이겠군요! 이제 감이 옵니다."

"빙고! 입지 분석은 영업장을 선정하는 기본입니다. 상권을 분석했으면, 그 상권 내의 고객 흐름을 찾아야 해요. 그래야 전략을 세울 수 있습니다. 전략은 업종마다 다르지만, 아까 말씀드린 제 지인의 경우 요식업을 준비 중에 있으므로 점심과 저녁 메뉴를 전략적으로 구성하여 판매할 만한 영업장을 찾고 있습니다. 또한 입지를 찾을 때 공간을 어떻게 재해석할 것인가에 관한 고민도 필요합니다. 제한된 공간을 어떻게 활용하느냐에 따라 회전율이 달라지고, 다시 찾고 싶은 가게이냐 아니냐가 정해질 테니까요."

이쯤 되자 황 과장의 머릿속에 한 가지 의문이 스멀스멀 피어올랐다.

'나는 장사할 것도 아닌데, 왜 상권 분석과 입지 분석에 관해 배우고 있는거지?'

그 마음을 읽기라도 한 듯, 하선이 빙그레 웃으며 덧붙였다.

"부동산도 상품이고, 우리는 그런 상품을 개발하는 사람들입니다. 우리의 고객은 누구이며, 어떻게 해야 물건의 가치를 더욱 높일 수 있을까요? 이에 대한 답을 찾기 위해서는 공간을 실제로 임대·임차하는 사람들의 입장에서 접근해야 해요. 단지 건축주가 좋아하는 공간을 만드는 것이 아니라, 가게 운영자의 입장, 이곳을 찾을 최종 소비자의 관점에서 바라보는 습관을 길러야 합니다. 그러면 작게는 우리가 짓게 될 사업지에 적용할 적합한 아이템 선정 및 운영에 관한 감각을 깨울 수 있고, 크게는 그 현장 주변이 우리의 사업지 후보군이 될 수 있습니다.

단순히 어떤 물건이 좋다 나쁘다를 판단하는 수준을 넘어서서, 훗날 이 공간이 어떻게 쓰일 수 있을지 고민하고 숨은 가능성을 찾아야 하는 겁니다. 잠재된 가치를 끄집어낸다면 그만큼 수익이 커질 것이고, 또한 누구나 오고 싶어하는 물건을 만든다면 당연히 잘 팔리지 않겠어요?"

황 과장은 오늘도 또 하나의 깨달음을 얻은 기분이었다. 결국 자신이 만드는 것은 누군가의 주거 공간 혹은 누군가의 영업장이다. 나의 시선이 아니라 내 고객의 관점으로 상품 개발에 접근해야 한다는 것, 그 당연한 이야기가 새삼스럽게 다가왔다.

| MORE LESSONS |

부동산 공간 자체를 즐겨라

첫 입장시 주문한 영수증은 버리지 말자. 그리고 나갈 때 재주문하며 영수증을 확인해 보면 입장했을 때와 돌아갈 때의 시간 사이 대략적인 주문 수량을 확인할 수 있다. (물론 이런 것들이 다 맞는 것은 아니며 필자의 판단 기준일 뿐이다.)

이처럼 필자는 새로운 곳을 방문하면 객잔단가를 분석하는 버릇이 있다. 그리고 나서 '나라면'이라는 생각에 잠기곤 한다. 부동산 공부를 어떻게 시작해야 하는지 묻는 분들에게 가장 많이 하는 이야기가 "관심을 가지고 즐겨라"이다. 주말에 나들이를 가더라도, 그곳을 중심으로 가장 유명한 장소를 찾아 방문하라고 이야기한다. 이유는 단 하나이다. 사람들이 찾아오는 이유를 보고, 느끼고, 즐기라는 것이다.

이후 사고의 확장을 통하여 나만의 공간을 머리에 그려보아야 한다. 이런 훈련을 반복하다 보면 부동산을 바라보는 관점이 전환되어서, 가는 곳마다 새로운 가치의 가능성이 보일 것이다. 책을 읽고 끝내는 것이 아니라 부동산이라는 재화에 집중하고 반드시 실행하여야 한다.

사업지 선정
: 골목의 변화가
시작되는 곳을 찾아라

04

햇살이 맑은 늦여름 오후, 불어오는 바람은 어느덧 땀을 식힐 정도로 시원해져 있었다. 황 과장은 지난번과 마찬가지로 성수동 카페 거리에서 있었다. 저 멀리서 하선이 보인다. 그런데 오늘은 혼자가 아니라 여럿이다. 하선의 북콘서트를 듣고 간간히 연락해온 다른 스터디 멤버들이다. 이들과 공부해 보고 싶은 지역을 이야기하던 중 성수동 준공업지역 이야기가 나온 것이었다.

마침 황 과장은 하선으로부터 "특히 좋아하시는 강남 지역 외에, 골목의 변화가 시작되는 선도 지역을 찾아보세요"라는 미션을 받고 고민하던 중이다. 오늘 공부만 잘해도 미션 클리어! 이보다 반가울 수 없는 만남이다.

일행은 인근 카페에 자리를 잡고 둘러앉았다. 마스크를 끼고 있더라도 자유롭게 대화를 나누기는 불안한 시기, 때문에 오늘의 모임은 하선이 강의 형식으로 진행하기로 되어 있었다.

“모든 일이 그렇지만, 부동산에서 또한 선도그룹을 찾아내는 것이 중요합니다. 누구나 잘 알고 이미 오를 대로 올라있는 지역이 아니라, 앞으로 변화를 이끌어갈 지역을 선점해야 성공 확률이 높아집니다. 골목의 변화를 선도하고 있는 지역을 찾는 안목을 키우셔야 합니다.”

성수동은 현재 서울에서 도시재생 선두그룹 중 한 곳, 골목의 변화가 가장 활발하게 일어나고 있는 지역 중 하나이다. 과거 경제 성장을 이끌었던 굴뚝 산업의 중심이라 할 공장 지대에서 오늘날은 트렌디한 문화와 예술의 거리로 변화하고 있다. 하선이 말을 이었다.

“성수동은 선도그룹의 대표적인 예시이지만, 반드시 성수동만 있는 건 아닙니다. 이미 정부가 여러 힌트를 제공하고 있습니다. 그런 의미에서 제가 드린 두 가지 자료, 모두들 보고 오셨나요?”

두 가지 자료란 ‘2025 서울시 도시재생전략계획’과 ‘한국판 뉴딜 종합계획’2020년 7월 14일이었다.

“도시재생전략계획은 제 책 ≪마흔 전에 부동산 부자가 될 수 있는 5

가지 방법≫에서 자세하게 다뤘습니다. 여기 있는 내용을 잘 보시면 앞으로 서울시 골목의 변화상을 짐작하실 수 있어요. 공법적 단어가 많이 사용되어 굉장히 딱딱하게 느껴질 수 있지만, 알고 보면 우리가 찾아야 할 지역에 관한 대단한 참고서입니다.

자, 이어서 '한국판 뉴딜 종합 계획'을 보시죠. 주목해야 할 키워드는 디지털 뉴딜, 디지털·그린융복합, 그린 리모델링입니다. 정책발표 당시 정부가 쓴 표현을 잘 보셔야 해요. '선도국가로 도약하는 대한민국으로 대전환'이라는 표현을 썼습니다. 앞으로 정부가 추진할 주요한 정책 방향성을 시사한다는 점에서, 이런 중심 키워드를 부동산에 어떻게 융복합시킬지 고민할 필요가 있습니다. 이게 다가올 시대에 대비하는 자세입니다."

한국판 뉴딜 국민보고대회
(제7차 비상경제회의)

「한국판 뉴딜」 종합계획

- 선도국가로 도약하는 대한민국으로 대전환 -

2020. 7. 14.

관 계 부 처 합 동

●— QR코드를 스캔하면 해당 문서를 확인할 수 있다.

버려진 공간의 대변신, 힌트는 이미 나와 있다

"지금 이 카페도 그렇지만, 여기까지 골목을 돌아보며 가장 눈에 띈 게 무엇이었나요?"

하선의 물음에 일행 중 한 명이 대답했다.

"낡은 공장이나 공업소 건물을 카페나 공방으로 바꾼 곳이 많이 보였어요."

황 과장이 질세라 덧붙였다.

"세월의 풍파 속에 버려진 공간을 문화적 소비가 일어나는 공간으로 변화시킨 곳들이 많이 보였습니다."

하선이 고개를 끄덕였다.

"맞습니다. 도시재생의 초점은 과거 기능을 상실하고 쇠퇴한 시설들을 재구성하는 데 있습니다. 버려진 공간과 가장 많이 융합되는 콘텐츠는 카페이고, 요즘은 더 나아가 복합문화공간으로 변화하는 경우가 많습니다. 특히 저는 준공업지역에 주목하라는 말씀을 자주 드리는데요, 그중에서도 오늘은 성수동을 중심으로 한 번 스터디해 보겠습니다."

하선은 가방에서 종이 뭉치를 꺼내 일행에게 한 부씩 나눠주었다. 앞서 언급한 2025 서울시 도시재생전략기획, 성수동 도시재생 활성화계획 보고서, 2030 준공업지역 종합발전계획 지역별 보고서였다.

하선을 만나기 전까지만 해도 황 과장은 이 같은 자료들이 존재한다는 사실조차 몰랐다. 최근 들어 이런 자료들을 공부하며 일종의 부동산 개발 정답 노트와 같은 자료들이 있다는 데에, 심지어 아주 상세한 힌트를 담고 있다는 데 놀랐다.

'어느 지역의 어디를, 어떻게 개발할지 진짜 다 적혀 있잖아?!'

누구나 열람할 수 있는 자료이지만, 대다수는 이전의 그와 마찬가지로 이런 자료의 존재 여부도, 중요성도 알지 못한다. 이 자료들만 제대로 파고들어도 다른 사람들보다 앞설 수 있으리라. 자리에 참석한 다른 일행들의 표정을 보고, 황은 자신의 생각이 틀리지 않았음을 확인했다.

하선이 2020 중공업지역 종합발전계획 중 성수지역(산업)생활권 페이지를 펼치며 설명을 시작하자, 일행도 일제히 해당 페이지에 주목했다.

"도시기본계획, 생활권계획, 도시재생전략계획 등 많이 등장하는 것이 계획도입니다. 계획도는 지역이 어떻게 변화할지를 직관적으로 보여줍니다. 계획에 나와 있는 텍스트도 중요하지만, 변화상을 직관화할 수 있는 계획도를 잘 보셔야 합니다. 현재 상황과 미래 계획을 한눈에 조망할 수 있게 되어 있으니까요. 자, 그렇다면 계획도를 볼 때 가장 중요한

2030 준공업지역 종합발전계획
성수 지역(산업)생활권
계획도

●— 색깔에 따른 구분을 참고로 계획도를 파악해야 한다.

것이 무엇일까요? 첫 번째, 범례에 나와 있는 색깔입니다. 두 번째, 계획도에서 지역별로 설명하고 있는 내용을 확인해야 합니다.

이 자료를 한번 보시죠. 성수동 하면 대표적으로 떠오르는 것이 무엇인가요?"

"수제화 거리요!"

"계획도 중앙 아래 부분에 성수동 수제화 거리가 표시되어 있죠? 이 거리를 중심으로 상권의 변화가 어떻게 이어지고 있는지, 그 주위에 도시재생이 어떤 식으로 일어나고 있는지 집중적으로 확인해 보셔야 합니다. 성수동은 준공업지역이면서, 동시에 주거기능 밀집지역이 존재해요. 한마디로 준공업과 주거기능이 혼재되어 있던 상황인데, 여기에 준공업 관련 기업이 지방으로 이전하거나 이전 예정에 있으며 그 자리를 지식산업센터 등이 대체하는 모양새입니다."

과거 굴뚝 산업의 중심이었던 준공업지역 일부는 산업개발진흥지구로 지정되어 시내에 맞는 산업단지로 변화해가는 추세다. 일행은 하석의 설명을 따라 계획도 상의 주거 밀집지역과 도시재생정비 시범구역을

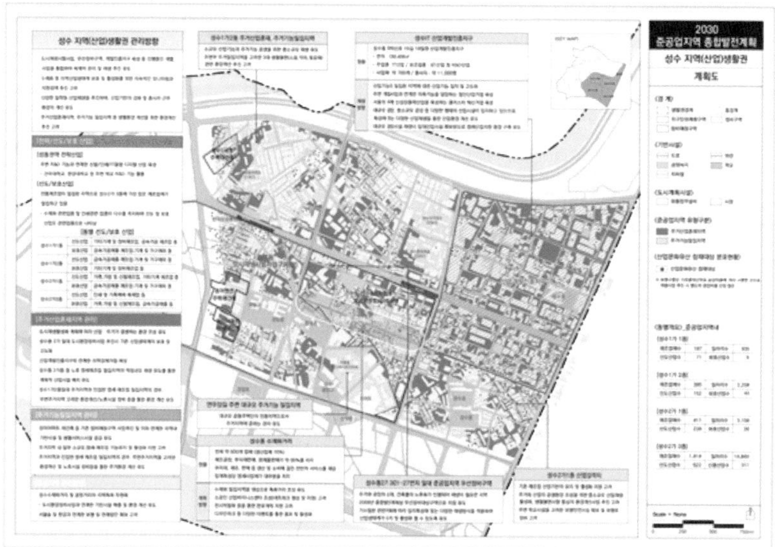

●— 2020 중공업지역 종합발전계획 중 성수지역(산업)생활권 계획도

확인했다.

황 과장은 얼마 전에도 성수동에 한 번 현장 확인을 왔던 터라, 두 곳의 지가가 이미 상당히 올랐다는 걸 알고 있었다. 그가 손을 들며 말했다.

“숨어있는 가치를 찾고 개발하여 수입을 창출하려면, 아직 지가가 덜 오른 지역, 다시 말해 원가가 낮은 지역을 찾아야 할 텐데…. 그러려면 개발 계획이 예정되어 있는 지역보다는 인근 지역이나 유사 지역을 찾는 것이 더 좋지 않을까요? 이 두 지역만큼 그 인근도 잘 봐야 할 것 같습니다.”

"맞는 말씀이에요. 그런데 이때 간과해서는 안 되는 부분이 있습니다. 바로 지역의 특성입니다. 이 지역의 강점이 근원적으로 어디서 비롯되는가를 먼저 인지해야, 숨은 가치가 충분하면서도 원가 절감이 가능한 물건을 찾을 수 있는 겁니다. 그렇다면 성수동의 특장점은 무엇일까요?"

"접근성…? 거리가 아니라 시간적인 개념에서요."

일행 중 한 명이 조심스럽게 말하자, 다른 사람들도 너 나할 것 없이 대답했다.

"테헤란로와 접근성이 좋아요."

"사대문 안 이동도 용이하고요!"

하선이 말했다.

"실제로 이런 강점들이 작용해서 테헤란로 입주기업, 중심업무지구 입주 기업들과 거래하는 업체들이 성수동에 자리 잡고 있습니다. 앞으로도 많은 기업들이 성수동으로 오리라 예상되고요. 이렇게 되면 자연스럽게 주간활동인구가 증가되는데, 바로 여기서부터 골목의 변화가 시작되는 것입니다. 그냥 '성수동에 카페가 많이 생기네, 요즘 핫한가 보다'라는 식으로 접근하는 것만으론 부족합니다. 성공하려면 사고의 확장이 필요하고, 그러기 위해서는 남들과 다른 생각과 시각을 가져야 해요. 이미 주어진 청사진을 바탕으로 해서 사업가의 관점으로 좋은 입지를 찾아내는 능력이 바로 경쟁력입니다."

서울시 준공업지역의 변화에 주목할 것

"과연 골목의 변화가 시작된 곳이 성수동뿐일까요? 영등포 경인로 일대, 문래촌 등 이제 막 시작되는 곳들이 있습니다. 앞으로 주목해야 할 곳들도 있고요."

하선의 말에 누군가가 물었다.

"그런데 이미 그런 곳에 들어가 있는 사람들이 있잖아요? 그런 사람들은 어떻게 알고 미리 자리 잡은 걸까요?"

'그러게, 과연 우연일까?'

황 과장 또한 궁금했던 바다. 우연일 수도 있겠지만, 그저 운이 좋았다고 치부하기엔…. 잠시 생각에 빠져있는 사이, 하선이 말했다.

"예측을 행운으로 만드는 것이 바로 능력이겠죠? 그러기 위해서는 앞서 말한 대로 정부가 발표하는 청사진들, 즉 도시계획 관련 자료들에 항상 주목해야 합니다. 계획에 등장하는 지역 중 관심 지역을 선별해서 직접 눈으로, 발로 확인하러 다녀야 합니다.

내용과 용어가 낯설어서 이해가 안 되고 지루할 수 있지만 무조건 반복해서 보셔야 해요. 앞으로 어떤 계획이 진행될 것인지 도시계획에 기반하여 분석하고 예측하며, 현장을 찾아다녀야 합니다. 보도자료가 발표되면 이미 늦은 것이에요. 여기에 더해 소비 트렌드에 관심을 가지고 민감하게 반응해야 합니다.

오늘 제가 드리는 힌트는 바로 '준공업지역'이에요. 권역별로 넓게 펼쳐져 있는 준공업지역에 앞으로 어떤 변화가 일어날지 예측하고, 현장을 뛰다 보면 누구도 알지 못하는 흙 속의 진주를 발견할 수 있을 것입니다. 중요한 위치를 선점해 골목의 변화를 주도하는 것, 이게 앞으로 부동산 사업가로서 여러분의 목표가 되어야 한다는 걸 잊지 마세요."

| MORE LESSONS |

흙 속의 진주, 돈 되는 사업지는 따로 있다

필자가 주목하고 있는 사업 모델은 도시재생지역 내 자율주택정비 사업이다. 자율주택정비사업의 강점은 정부의 장려 정책이라는 점이다. 고강도 부동산 대책이 즐비하게 나오고 있는 것과는 달리, 빈집을 활용한 자율주택정비사업은 정부에서 이례적으로 보도자료를 통하여 언론에 배포하고 있다. 이 점에 주목해야 한다. 그리고 그 가운데 도시재생지역, 즉 구도심 속에 있는 빨간 벽돌집이 있다. 도시재생지역을 주목하는 이유는 하나이다. 서울은 구도심지역을 개발·재생시킬 수밖에 없다. 부동산 규제 정책으로 주택을 공급하는 데 한계가 있기 때문이다. 이미 구도심을 활용한 방안과 역세권 중심의 고밀 개발이 대안으로 등장하고 있다.

일례로 2020년 2월 26일 발표된 국토교통부 보도자료 중 <빈집을 활용한 자율주택정비사업으로 동네가 새롭게 태어난다>를 보자. 지역은 동대문구 제기동이며, 사업기간은 주민합의체 신고('19.6) → 사업시행인가('20.1) → 철거('20.2 완료) → 착공('20.2.27) → 준공('20.12 예정)으로 약 1년 6개월 정도 예상하고 있다. 재개발·재건축에 상당한 시간이 걸리는 데 비해 엄청난 사업 속도인 것이다. 다른 강점은 LH에서 매입 지원을 해 준다는 것이다. 사업성에 대한 부담이 없다. 물론 자율정비주택으로 시행되는 주택을 모두 매입해 주겠다는 것은 아니다. 여러 가지 조건이 부합되어야지만 할 수 있다. 이와 관련해서는 필자의 전작 《마흔 전에 부동산 부자가 될 수 있는 5가지 방법》에서 자세히 기술하였으니 참고하기 바란다. 서울 시내 도시재생지역은 서울도시재생포털 도시재생활성화사업개요에서 확인할 수 있다. (옆의 QR 코드를 스캔해보자.)

도시재생 지역마다 사업별 특징이 있다. 이점을 활용하여 주말계획을 잘 세워 지역 분석부터 해보기를 권한다. 실제로 현장을 다니면서 이해가 안 가는 점은 자료를 찾거나, 질문하면서 확인해야 한다. 보도자료에 언급된 지역부터 다니다 보면 사업에 대한 이해가 빨라질 것이다. 등기사항전부증명서도 확인해 보고, 주민합의체 신고는 어떻게 하는 것일까부터 시작하여 도시재생지원센터에 방문하고 문의하는 등 적극적으로 참여해 보기를 권한다. 책을 읽고 끝나는 것이 아니라 집중하여 몰입하면 이론과 실무가 연결된다. 책은 방향성만을 제시하는 것이므로 몸이 반응할 때까지 체험해야 한다. 지역 분석을 위해 현장학습을 지속적으로 하면, 그 지역의 강점과 단점을 몸으로 익힐 수 있다.

실제로 필자는 2001년 11월 부동산 경매를 처음 접했을 무렵부터 물건을 보러 그야말로 무턱대고 다녔다. 이론은 뒤로하고 현장부터 다녔던 기억이 있다. 남들이 보았을 때 얼마나 무모한 행동으로 보였을까! 물건 가격을 확인하기 위하여 중개사무소를 수도 없이 방문하였는데 냉소적인 반응이 주를 이루었다. 당시에는 아무것도 모르고 시작한 것이어서 상처도 많이 받았지만 지금의 필자를 있게 해 준 소중한 시간으로 남아 있다.
이처럼 몸으로 익히고, 몸이 자동으로 반응하게끔 훈련해야 한다. 흙 속의 진주는 누가 캐주는 것이 아니다. 직접 캐러 나가야 한다. 골목길의 변화가 시작된 곳, 도시재생지역, 뉴타운 해제 지역 등 도심에서 발견되는 모든 곳을 찾아다녀야 한다. 좋은 것은 절대 그냥 찾아오지 않는다. 내가 직접 찾아 나서야 하는 것이다. 현장 안에 진주가 있다.

비법이 따로 있는 것이 아니다. 이 시간 이후부터 내 주위 공사 현장에 관심을 갖기 바란다. 그것부터 시작하는 것이다. 공사장 현장 주소를 통해 부동산 거래 시 확인하는 서류(토지대장, 건축대장, 토지이용계획확인서, 등기사항전부증명서, 지적도 등)를 찾아보고, 건축허가표지판을 통해 신축 중인 건물의 용도를 파악하는 등 일련의 작은 실천이 자신을 변화시킨다. 지금 당장 첫 발걸음 떼기부터 시도해 보자.

세상 쉬운 사업지 검토, 인공지능 서비스를 활용하라

05

며칠 후, 하선의 연락을 받은 황 과장은 가슴이 부풀어 올랐다. 잘 알고 지내는 모 대표님으로부터 역세권 사업지에 관한 사업 검토를 부탁받았으니 같이 가보자는 것이었다. 주간활동인구가 풍부한 4호선에 인접한 곳이었다.

'드디어 나도 전문가의 수준에 오르는 것인가!'

야무진 기대감으로 황은 약속 시각보다 이르게 사업지에 도착해 개별 분석을 시작했다. 개별 분석 시작 전 미리 지역 분석을 완료한 것은 물론이다. 곧이어 합류한 하선과 함께 사업지를 중심으로 편의시설과 주요 이동경로, 주변 상권 등을 직접 다녀보았다. 사업지로 연결되는 도로를 중심으로, 길의 시작점부터 끝까지 걸어보고 다시 되돌아와 보며 사이사이 작은 골목도 들어가 보는 등 여러 지점을 오가며 사업지의 강점과 단점을 찾으려 애썼다. 넓은 관점으로 적극적으로 움직이면, 그리고 지역 분석을 꼼꼼하게 할수록 강점은 살리고 단점은 보완할 방법을 찾을 수 있다는 것이 하선의 가르침이었다.

"누누이 말하건대 부동산은 상품이에요. 그러므로 상품 기획이 가장 중요합니다. 기획 단계에서는 강점을 찾는 것이 첫째요, 단점을 극복할 방법을 찾는 것이 둘째예요. 그 모든 것은 누구의 관점에서 찾아야 한다?"

"내가 아니라, 사용자의 관점!"

황이 자신감 가득한 목소리로 답했다. 이제 이 정도는 자동 반사다.

하선이 말을 이었다.

"많은 경우 그 점을 간과하고 건축주의 주관점인 관점에서 기획을 합니다. 부동산 개발 사업이 실패하는 가장 흔한 이유죠. 실패라 함은 곧 공실률을 말합니다. 전에도 말했지만 부동산, 즉 공간은 사용되지 않으면 의미가 없어요. 그러므로 사용자 입장에서 바라보는 시각을 키우고, 사용자 관점에서 상품을 기획하는 능력을 갖추는 것이 무엇보다 중요합니다."

"그러니 투자가 아니라 사업이라는 거죠."

이제 죽이 척척 맞는 두 사람이다.

설계 검토, 선택이 아니라 필수이다

"지역 분석 및 개별 분석을 완료한 후 반드시 해야 할 일이 있습니다. 뭘까요?"

"어떤 건물을 지을 수 있을지 가상으로 설계를 해봐야 합니다!"

빨간 벽돌집의 정체성은 건물이 아닌 부속토지에 있으며 그 부속토지의 내재된 가치를 찾기 위해서는 설계 검토가 반드시 선행되어야 한다는 것이다. 설계 검토는 기획 설계, 건축 규모 검토 등으로도 표현할 수 있다.

처음 이런 이야기를 들었을 때는 '그럼 사업지를 분석할 때마다 건축사를 찾아가야 하는 건가' 싶어 난감한 기분이 들었더랬다. 그러나 세상의 기술은 생각보다 진보하여 빅데이터와 인공지능을 이용한 가상 예측 플랫폼들이 이미 사용되고 있었다.

"이 같은 서비스들의 강점은 예상 건축물 모형을 직관적으로, 그리고 빠르게 확인할 수 있다는 것입니다. 건축사를 찾는 데 비해 시간과 비용을 아낄 수 있죠."

며칠 후, 하선이 모 업체로로부터 받은 자료라며 황 과장에게 이메일을 전달했다. 사이트 상에서 무료 서비스를 받아본 적은 있으나 유료로 리포트를 받아본 것은 황도 처음이었다.

첫 번째 페이지는 주소 및 제목, 두 번째 페이지는 규모 검토 자료가 이어졌다. 필지면적과 지역지구, 지목, 건물 정보 등이 포함된 사업지 현황에 이어 예상 가능한 신축 개발 정보 및 층별 개요, 호별 면적이 기재되어 있었다. 규모 검토를 통하여 사용할 수 있는 면적과 수익을 낼 수 있는 면적을 알 수 있었다. 이 면적을 통해 NOI순운영소득를 예상할 수 있는 것이다. 황은 이 부분이 그 무엇보다 중요함을 잘 알고 있다.

"부동산 상품은 공간을 어떻게 소비하느냐에 따라 그 가치를 인정받습니다. 공간을 사용하는 것의 반대급부로 가격을 지불하는 거죠. 공간 소비 활동을 촉진시킬 수 있는 면적전용면적을 확인하는 것이 가장 중요합니다."

들을 때는 어렴풋하게 이해되던 것이 리포트 자료를 보니 체감되었다. 사업지의 현황과 개발 가능한 방향, 그리고 예상 건축물의 모양까지 모두 나와 있어 머릿속으로 생각했던 것보다 뚜렷한 그림이 그려졌다. 물론 건축물의 모양은 본 설계를 통해 달라지겠지만, 법률 상 지을 수 있는 건물 모형을 어느 정도 인지한 후 사업을 기획하는 것과 무턱대고 기획하는 것은 천지차이일 테다.

이어서 규모 검토의 다음 장을 펼치자 평면도가 등장했다. 지상 1층 평면도를 보니 '도로 제척 면적'이라는 부분이 보였다. 토지 안으로 후퇴한 선이 보이는데, 현재는 도로가 아니지만 앞으로 도로가 생기므로 해당 면적에는 신축을 할 수 없다는 것이다.

황 과장은 토지이용규제정보서비스에 접속하여 사업지의 주소를 찾아 토지이용계획을 열람해 보았다. 사업지의 전체 면적은 142㎡43평이나 도로 제척면적이 29.9㎡9평이므로, 실제 사업이 가능한 면적은 이를 차감한 112.1㎡33.9평로 봐야 한다. 황은 카톡방을 열어 하선에게 보낼

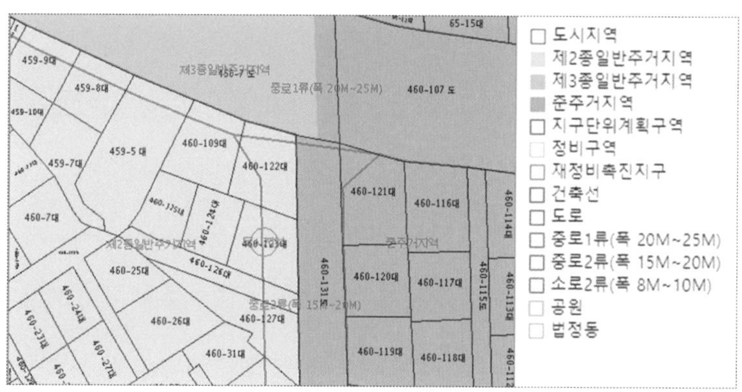

●— 해당 사업지의 토지이용계획. 붉은색 선이 도로 제척 면적을 표시한 부분이다.

메시지를 작성하기 시작했다.

"도로로 빠질 면적제척면적까지 포함되어 토지 가격이 산정되어 있는데, 이상의 내용으로 볼 때 사업성이 좋지 않아 보입니다."

리포트의 마지막은 전문가 의견으로 장식되어 있었다. 대지와 용도, 주차에 관한 내용과 간단한 조언이 담겨 있는 페이지였다. 실무 판단의 근거로 하선은 이 부분을 매우 중요하게 여긴다고 했다. 실제로 주차에 관한 의견을 보니, 주차 설치를 위해 가로수를 이설하고 보도를 재설치해야 한다는 점이 적혀 있었다. 사업비 증가로 이어질 것은 명약관화! 사업지 검토를 의뢰한 모 대표에게 해당 내용까지 추가로 전달하자 즉각 '다른 사업지를 찾는 게 좋겠습니다'라는 답이 돌아왔다. 즉각 의사결정이 이루어진 것이다. 판단에 드는 시간이 이 정도로 절약되다니, 이것만으로도 제법 쓸 만하다는 생각이 들었다. 또한 전문가가 주는 조언에는 황이 미처 생각하지 못한 것도 있어 시야가 확장되는 느낌이었다.

감상을 이야기하자 하선이 카톡으로 다음과 같이 보내왔다.

"훌륭합니다. 소형 수익형 부동산은 원가 개념을 반드시 가지고 가야 합니다. 사업비가 증가되는 부분을 찾아내어 사업계획에 반영해야 하는 거죠. 초기에 이런 부분을 발견하는데 잘 활용해 보시면 사업지 분석과 검토에 확실히 도움이 됩니다."

사업지의 단점을 파악하는 것이 중요한 이유

효연 & 하선

항상 이야기하지만 싸고 좋은 땅은 없다. 불안전 요소가 많은 사업지일 수록 가격은 낮다. 단점, 약점을 어떻게 보완해야 새로운 가치를 더할 수 있을까? 맹지를 사서 도로가 붙은 토지를 추가 매수해 도로를 만들기 위한 협의를 하는 등 이미 보편화되어 있는 방식이 떠오를 것이다. 그러나 이런 것 외에도 다른 방법이 있다.

필자의 예를 들어보자. 최근 필자는 ○○역 도보 5~6분 거리에 있는 골목 안 다가구 주택을 주목하고 있다.

골목 안에 있는 변형 사다리형 토지로 주변 가격에 비해 가격이 현저히 낮게 형성되어 있다. 이 현장의 특징은 골목 안 막다른 곳으로 차량 출입이 불편하다는 것이다. 토지의 형상도 이쁘지 않다. 전형적인 주거지역이다. 이곳에 할 수 있는 것은 정해져 있는 것으로 보인다. 주거용 시설이 그것이다.

여기서 우리가 가져야 할 의문은 다음과 같다. '과연 주거용 시설로만 접근할 것인가? 공간에 공간을 더해 주거용 시설 시설 이외에 다른 공간으로 활용할 방안은 없는 것일까?' 이 글을 읽고 있는 분들이라면 어떤 공간을 만들어야 '빨간 벽돌집'이 쁘띠 빌딩으로 재탄생되리라 생각하는가?

이곳은 CBD한양도심중심와 GBD강남권로 진입이 편리한 지역이다. 주변 대중교통시설버스, 지하철을 이용하기가 아주 탁월한 곳이다. 토지 모양이 이쁘다고 무조건 좋은 사업지가 아니다. 설계의 중요성은 계속해서 언

구분	㎡	구(평)
대지면적	139	42.05
건폐율	75	22.69
용적률	210	63.53

층	㎡	구(평)
4층	15	4.54
3층	75	22.69
2층	75	22.69
1층	60	18.15
지1층	60	18.15
합계	285	86.21

●— 필자가 고민 중인 사업지의 모양 및 설계면적안

급한 바다. 설계가 잘 나온다는 의미는 법이 허용하는 한도에서 100%의 공간을 활용할 수 있다는 이야기다. 반대의 경우는 공간을 확보하지 못한다는 것이다. 많은 분이 북측도로에 접한 사업지를 찾는 이유가 여기에 있으며, 그래서 북측도로 사업지는 상대적으로 가격이 높게 형성되어 있다. 물론 그렇지 않은 경우도 종종 있다. 절대적인 것은 아니다. 앞서 언급한 사업지의 설계 도면과 설계면적안을 보자. 건폐율 허용 한도가 60% 적용되어 53.96%이며, 용적률 허용한도가 200% 적용되어 151.08%이다. 가설계안이므로 변동될 수 있으나 크게 달라지지는 않는다. 200%까지 적용되어야 사업지의 면적을 최대한 활용할 수 있는데 그중 49%를 활용하지 못하는 것이다. 절대 작은 수치가 아니다. 이런 약점을 극복할 수 있어야 한다. 용적률의 %는 수익률에 절대적 영향을 미친다. 다른 하나는 지역의 한계성이다. 사업지를 중심으로 전형적인 주거지역이라는 것이다. 여기에 비주거 공간을 공급한다면? 아마도 모험이 될 것이다.

여러분이라면 이 사업지에 어떤 공간을 만들고 싶은가? 필자가 이곳을 주목하는 이유는 가지고 있는 콘텐츠 때문이다. 어떤 콘텐츠인지 여기서 이야기할 수는 없지만 사업지의 단점을 해결할 수 있는 노하우는 관점 변화에 있다. 즉, 콘텐츠를 공간에 융합시키는 것이다.

앞으로 소형 사업지를 주목해야 한다. 그리고 소형 사업지의 성공 여부는 그곳을 바라보는 관점의 변화에서부터 시작된다. 변화를 이끌 수 있는 능력은 한 번에 생겨나는 것이 아니다. 능력을 계발하는 방법은 다양하다. 일례로 이웃나라 일본의 소형 건축 디자인을 보며 사고를 확장시킬 수 있을 것이다. 일본은 소형 건축물에 강점을 가지고 있다. 단, 거의 주거용이며 우리나라와 건축법이 다르다는 것 또한 감안해야 한다. 사업지의 약점을 극복할 수 있는 있는 방법으로는 외부 디자인, 숨은 내부 공간의 활용, 콘텐츠의 융합 등이 있다. 이용자가 적극적으로 찾는 공간을 만들기 위해 이 같은 방법과 관련된 자료를 최대한 찾아보고, 평소 공부를 게을리하지 않는 것이 중요하다.

필자가 항상 강조하는 것이 사고의 확장이다. 앞으로 사업지를 볼 때 현재의 공간만 바라보지 말고, 공간에 공간을 더해서 바라보는 습관을 길러야 할 것이다.

강남의 빨간 벽돌집인데 대박이 아니라고?

05

주말 오후. 황 과장의 스마트폰에 문자 메시지가 떴다.

'야, 대박 물건을 찾았다. 연락해라.'

각자의 삶의 현장에서 열심히 사느라, 다소 만남이 뜸했던 정환이었다. 마침 아내와 아이들이 집을 비워 혼자 무료했던 참이다. 황은 곧장 정환에게 전화를 걸었다. 핸드폰 너머에서 정환의 흥분한 목소리가 들려왔다.

"강남에 평당 5000만 원짜리 집이 나와 있어. 근처 매물보다 평당 최소 천은 싸다. 이거 대박 아니냐? 네가 말한 빨간 벽돌집이 이런 거 같은데?"

"일단 주소부터 불러 봐. 내가 한번 보게."

주소를 받은 황 과장은 관련 서류와 앞서 언급한 플랫폼들을 이용하여 예상 건축물 모형을 확인했다. 또다시 친구에게 가르침을 줄 시간이로군. 날도 더운데 오늘 수업 비용은 생맥주 한 잔으로 해야겠다 생각하며 황은 집을 나섰다.

보수적이면서도 정확한 판단을 위해 반드시 필요한 기획 설계

호프집에 들어선 두 사람, 자리에 앉기 무섭게 정환이 황에게 물었다.

"강남에 위치가 적당하면서 시세보다 낮은 가격이면 당연히 매수해야 하는 거 아니야?"

얼마 전까지만 해도 부동산 사업 이야기에 황당하다는 듯 반응했던 정환이다. 그랬던 그가 당장이라도 물건을 하나 사겠다는 듯, 의욕에 차 있었다. 얼마 전의 자신을 보는 듯해 황은 고개를 가로저으며 말했다.

"매입할까 말까 결정하는 데 있어서 절대 빠뜨려서는 안 되는 게 있어. 바로 기획 설계란 거다."

정환이 어리둥절한 표정으로 되물었다.

"네가 해봤다며, 가상 설계 플랫폼으로."

"그건 사업지 검토의 기초 단계고 그다음 단계에는 반드시 건축사에게 찾아가서 기획 설계, 그러니까 설계안을 의뢰해야 해."

"돈이 들지 않아?"

"당연하지만, 그 돈을 아깝게 생각해서는 사업할 수가 없어. 사업의 기본이 뭐냐? 원가 분석이야. 그리고 상품이 시장에 나왔을 때 팔 수 있는 가격을 추정해 봐야 하고. '매출 - 원가 = 손익'. 이건 기본이지? 문제는 이걸 최대한 보수적으로 판단해야 실패 가능성을 줄일 수 있는 거야. 그러려면 판단 근거가 있어야 하는데 그게 바로 기획 설계야."

"난 도대체 무슨 말인지 모르겠다."

한 잔 시원하게 들이켠 뒤, 황은 펜과 종이를 꺼내 끄적이며 설명을 시작했다.

"매출부터 보자. 매출에는 두 가지가 있어. 하나는 임대소득, 다른 하나는 매각차익이야. 보수적으로 판단하기 위해서는 두 가지 모두 주변 시세를 확인한 후에 그보다 낮은 가격으로 책정해야 해.

그런데 가격을 책정하려면 뭘 알아야 하느냐? 바로 면적이야. 임대면적, 사용면적을 모르는 상태에서 수지 분석은 사실상 의미가 없어. 예를 들어 주거지역 내 3층 높이까지는 정북 방향 일조권 사선 제한을 거의 받지 않는데 4층부터는 사선 제한을 받거든. 그럼 임대할 수 있는 면적이 줄어들고 수익성이 낮아지겠지? 참고로, 정북 방향 일조권 사선 제한을 받지 않거나 최소한으로 받기 때문에 정북향 대지를 선호한다. 매각가격도 마찬가지야. 임대면적이 향후 신축 건축물의 가치에 반영되고, 그게 곧 시장에서의 가격이야.

반대로 원가는 낮은 가격이 아니라 높은 가격으로 책정해야 보수적인 판단이라 할 수 있어. 원가는 높이고, 매출은 낮게 판단했을 때도 이익이 발생한다면, 이건 더욱 세밀하게 검토할 필요가 있는 물건인 거지."

원가 = 토지비 + 공사비(직. 간접공사비) + 금융비

매출 = 지역 내 거래된 사례를 가지고 판단하되

최대한 보수적으로 책정

정환이 고개를 끄덕이며 말했다.

"그런 판단을 위해서는 기획 설계가 전제돼야 한다는 거군. 가상 설계 플랫폼은 기본 중 기본이고, 더 확실하게 사업성 검토를 하려면 건축사에게 의뢰해야 한다는 말이지?"

"우리 작가님이 나한테 알려준 부동산 사업의 제일 원칙이 뭔지 아냐? 바로 방어야. 자기자본금 방어. 그러려면 최소한의 비용을 가지고 방어 전략을 세워야 하는데, 빨간 벽돌집은 주로 주거지역이나 준주거지역에 있거든. 신축을 하든 리모델링을 하든 결국 그 토지에 어떤 규모

의 건축을 할 수 있느냐가 중요한데, 그건 법에 의해 정해지는 거고 건축사는 건축에 관련된 법을 적용해서 검토할 수 있는 전문자격자란 말씀이지. 정북 방향 일조권 사선 제한주거지역만 해당과 주차대수가 소형 필지 개발 사업의 사업성에 미치는 영향은 엄청나. 이런 중요한 사안을 법률에 맞게 검토하지 않는다면 첫 단추가 잘 못 끼워질 가능성이 높은 거고, 그런 이유로 반드시 건축사의 기획 설계를 거쳐야 한다는 거다."

정환이 한숨을 쉬며 말했다.

"빨간 벽돌집이 저렴하게 나온다고 해도 무조건 사면 안 되는 거군."

황 과장이 말했다.

"내가 공식으로 정리해 줄게. 빨간 벽돌집에 대한 사업성을 분석하려면 기준이 필요해. 사업성 분석 =내재적 가치평가. 이를 위한 판단 자료는 ❶ 기획 설계로 산출된 임대할 수 있는 면적, ❷ 사업지를 중심으로 한 주변 임대 시세, ❸ 사업지를 중심으로 한 거래 사례 및 현재 매물시세. 이렇게 세 가지를 참고해서 사업계획을 세우고 분석하는 거야.

여기서 ①번 항목의 전제가 바로 기획 설계야. 잘못 샀다가 수익을 보지 못하거나 실패하는 것보다는 몇백만 원 정도 들여서 건축사에게 기획 설계를 받아 보는 게 안전하지 않겠어?"

이야기하며, 황 과장은 최근 하선과 함께 검토했던 네 곳의 빨간 벽돌집을 떠올렸다. 모두 서울 중심권 지역에 위치한 요지임에도 불구하고 사업성에서 탈락이었다. 이유는 두 가지. 첫째, 원가를 구성하는 토지비가 너무 높아 수익이 나오지 않으며 둘째, 매출가격이 불확실하기 때문이었다. 매도인들은 가격을 높게 팔고 싶어하고 매수인들은 과거 가격과 비교하여 현 시점의 가격이 너무 비싸다고 생각하는 문제가 있는데, 이러한 현상을 '가격에 시차가 존재한다'고 한다.

원가와 매각가는 사업성의 가장 중요한 요소인 만큼, 이 부분을 확실히 하기 위해서는 기획 설계가 필수라며 하선은 이렇게 말했었다.

"기본에 충실해야 해요. 강남 같은 요지에서조차 아무 빨간 벽돌집이나 사면 큰일 납니다. 가장 많이 문제가 되는 요소로는 정북 방향 일조권 사선 제한, 너무 붙은 집, 도로 폭, 주차대수 등이 있는데 일반인은 쉽사리 판단할 수 없어요. 그래서 건축사에게 의뢰하여 기획안을 만드는 것이 정말 중요합니다."

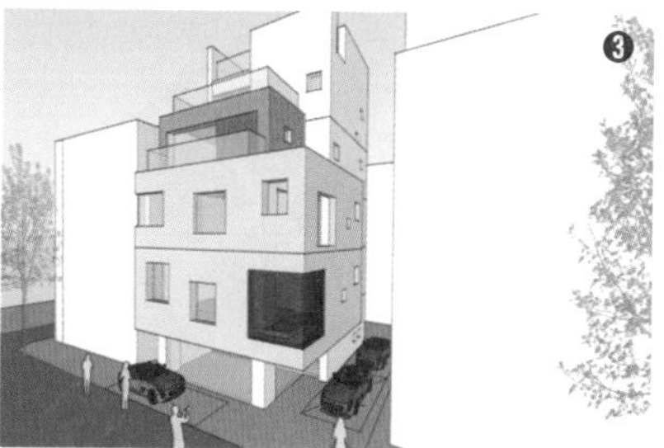

●— 또 다른 낡은 건물의 멋진 변신 과정을 소개한다. 이 사업지는 빨간 벽돌집은 아니었다. 매입한 낡은 다세대 주택①을 ②과 같이 멸실(철거)했다. ③의 3D 이미지와 같은 설계를 거쳐 현재는 ④의 모습으로 바뀌었다.

기획, 부를 창출하는 인문학

PART 4

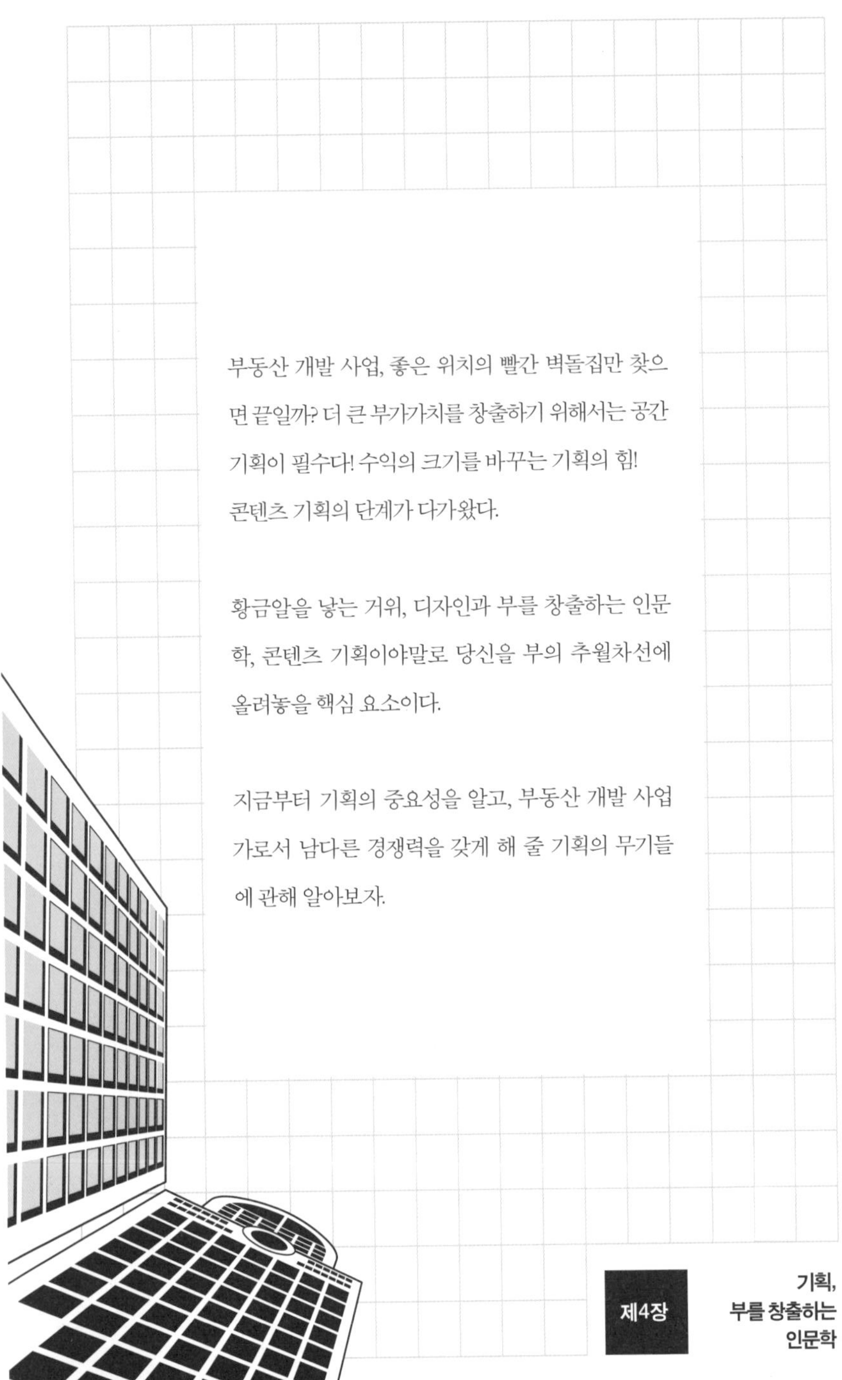

제4장

기획, 부를 창출하는 인문학

부동산 개발 사업, 좋은 위치의 빨간 벽돌집만 찾으면 끝일까? 더 큰 부가가치를 창출하기 위해서는 공간 기획이 필수다! 수익의 크기를 바꾸는 기획의 힘! 콘텐츠 기획의 단계가 다가왔다.

황금알을 낳는 거위, 디자인과 부를 창출하는 인문학, 콘텐츠 기획이야말로 당신을 부의 추월차선에 올려놓을 핵심 요소이다.

지금부터 기획의 중요성을 알고, 부동산 개발 사업가로서 남다른 경쟁력을 갖게 해 줄 기획의 무기들에 관해 알아보자.

생각지도 못한 질문을 받다 "위치는 좋은데, 콘셉트는 뭔가요?"

01

"자, 입지에 관한 가치 공부도 했고, 동일 입지 내에서도 옥석을 가리는 '진짜 가치'도 배웠으니, 이제 본격적으로 계약하고 사업에 착수해 봅시다."

오늘 하선을 만나면 꼭 이렇게 말하리라. 황 과장은 목소리를 낮게 깔고 생각해 놓은 대사를 되뇌었다. 집을 나서는 발걸음은 가볍고, 마음은 잠시 후에 미팅에 대한 기대감으로 가득했다. '그래요, 그동안 수고 많았어요. 이제 부동산 개발 사업가의 모습이 좀 보이네요. 멋있습니다.' 하선에게서 이런 말을 들을 마음의 준비를 단단히 하며 그는 약속된 장소로 향했다.

도착한 곳은 신사동의 어느 골목, 2차선 도로 코너 자리에 있는 빨간 벽돌집 앞이었다. 맞은편에는 이미 신축건물 한 채가 서 있고 대각선에는 작은 공원이 있었다. 주변에는 화려한 디자인의 부띠끄 상점들이 여럿 자리를 잡고 있었다. 황 과장은 자신이 직접 찾은 사업지를 하선에게 보이며 내심 뿌듯함을 느꼈다. 위치를 고려하자면 땅 값도 나쁘지 않고 공사 여건도 좋아 보였기 때문이다. 사업지를 둘러보는 하선의 표정 또한 밝았다. 필시 좋은 반응을 보일 것 같다. 드디어 하선이 입을 열었다.

"위치는 정말 잘 잡으셨어요. 그래서, 어떤 콘셉트를 생각하고 계신 건가요?"

"콘셉트라니요?"

"어떤 건물을 지을지, 기획 콘셉트가 있을 거잖아요."

"기획, 콘셉트요? 어…, 그렇지. 콘셉트…가 있어야겠죠? 그런데 어떤 콘센트일까요?"

당황스러우니 말이 헛 나온다. 하선은 그럴 줄 알았다는 듯한 표정으로 목소리를 가다듬고 말했다.

"과거에는 그저 좋은 땅을 잡아서, 건물을 올리기만 해도 돈을 벌었다지만 지금은 그렇지 않아요. 최종 매수자가 원하는 콘텐츠가 무엇인지, 예를 들자면 여기 다세대를 지을지 상가를 지을지, 주거용을 짓는다면 임차인들은 주로 어떤 사람들이고 어떤 구조의 공간을 좋아할지, 상가를 짓는다면 이 상권에서 들어오기 좋은 업종은 무엇이고 그들이 원하는 것은 어떤 평면과 시설일지까지 고려해야 합니다. 그래야 임대가 잘 되고, 건물주도 투자할 가치를 느끼겠죠?"

그러고 보니, 얼마 전 임장을 나갔던 어느 사업지 근처에서 다 헤진 '상가 임대' 현수막이 걸린 신축 미니 빌딩을 보았던 것이 기억났다. 공인중개사에게 물어보니 완공한 지 1년이 넘었는데 여전히 1, 2층이 공실이라 했다. '금융이자만 따져도 얼마야'라며 '건축주인지 건물주인지는 몰라도 주인 속이 타들어가겠구만' 생각했었는데….

"잘 팔리는 건물은 위치가 다가 아니에요. 동네의 랜드마크가 될 만한 멋진 건물은 오히려 위치의 단점을 상쇄시키기도 하죠. 비교적 저렴하게 사서 사람들이 찾아오게끔 만들어놓으면 부동산 개발에서 그보다 더 좋을 수는 없을 겁니다. 반대로 위치가 좋아서 여긴 아무렇게나 지어도 팔리겠다 싶어 그렇게 지어놓으면, 정말 아무에게도 안 팔리는 상황이 생기기도 해요.

차이가 뭘까요? 문화가 있느냐 없느냐예요. 더 이상은 공간만 제공해서는 안 되는 시대입니다. 우리는 공간과 문화를 모두 제공하는 토탈 솔루션을 제시해야 해요. 유형의 부동산에 무형의 가치를 덧입히는 사업을 해야죠.

그런데 이런 이야기, 우리 되게 자주 했던 것 같은데요."

듣고 보니 하선과 함께 다니며 이미 여러 번 들었던 이야기였다. 자금 계획에 맞는 좋은 땅을 찾는 데 정신이 팔린 나머지, 머릿속까지 저장을 하지 못하고, 달팽이관에만 머물러 있었던 이야기인 듯하다. 빈속에 고량주 한 컵을 들이킨 마냥, 황 과장은 얼굴이 달아올랐다.

당황한 기색을 본 하선이 말했다.

"기획에 대해서 다시 심도 깊게 알아봅시다. 공부할 게 너무 많죠? 짧은 시간에 여기까지 온 것도 대단합니다. 차 한잔 하러 갑시다."

한결 부드러워진 말투에 황의 얼굴에 핀 열꽃이 빠르게 사그라들었다.

입지 선정만큼이나 중요한 기획, 다시 한 수 새롭게 배울 차례다

"입지 선정만큼 중요한 것이 그 공간을 어떻게 만들어 낼 것인가예요. 주변 환경에 걸맞으면서도 시대적 흐름에 맞는 공간 기획을 부지 매입 검토 단계부터 병행해야 합니다. 매입 전에 기획 설계를 의뢰하는 동시에 개발 사업가는 어떤 타깃을 대상으로 어떤 콘텐츠를 넣을지 기획을 해야 합니다. 이런 기획이 서야 임대가 잘 될지 안 될지, 어떤 디자인의 어떤 건물을 만들지 등 다음 단계로 나아갈 수 있죠."

두 사람은 사업지 인근 카페에 마주 앉아 노트북을 켰다. 그리고 함께 검토했던 사업지 중 역삼동 부지에 관한 파일을 열었다. 도보 2분 이내 거리에 이미 상가가 즐비한 지역으로, 좁은 도로의 양쪽으로 아직 빨간 벽돌집들이 남아 있는 곳이었다.

"자, 인공지능으로 예상 건축 모형을 확인해 보면 5층을 지을 수 있는 곳입니다. 이곳에 맞는 콘텐츠는 무엇일까요?"

하선의 질문에 황 과장은 '아까 보았던 사업지에 너무 자신만만했던 나머지 미처 생각지 못했을 뿐! 나도 이제 보고 들은 게 제법이라고' 생각하며 대꾸했다.

"1층에서 4층까지는 상가나 오피스로 만들고, 5층은 주거용 시설로 만들면 어떨까요?"

"나쁘지 않은 생각입니다. 실제로 은퇴한 분들이 가장 원하는 구조이기도 하고요. 5층에 거주하면서, 나머지 임대수익을 얻는 구조인 거죠. 하지만 이 생각조차 한 단계 더 뛰어넘어야 합니다. 어떤 상가, 어떤 오피스에 가장 매력적인 공간일까를 더 치열하게 고민해야 그에 딱 맞는, 이거다 싶은 설계가 나오거든요. 미래에 만날 그 누군가를 위해서, 그의 임차인을 위해서, 또 그 임차인의 소비자들을 위해서 최고의 공간을 만드는 것을 목표로 해야 합니다. 시간이 좀 걸려도 괜찮으니 더 고민해 보시죠."

하선은 함께 보던 노트북을 아예 황 과장 쪽으로 돌려놓고, 자신은 느긋하게 책을 펼쳤다. 황은 그곳 부지를 다시금 머릿속으로 떠올리고, 주변 시설들이 나오는 지도를 키웠다 줄였다 하길 반복하며 생각에 빠졌다.

잠시 후, 황 과장이 입을 열었다.

"1층에 편의점이나 카페는 어떨까요? 2층부터 4층은 사옥으로 주면 좋겠는데, 그래서 분리 또는 통합이 가능한 구조로 만들면 좋을 것 같습니다."

"흠, 제가 힌트를 드릴게요. 우리가 그곳 주변을 주변을 돌고 돌 때 제가 근처에 주목할 만한 시설이 하나 있다 했었는데 기억나세요?"

황의 머릿속이 바빠졌다. 그러다 번뜩 떠오르는 것이 있었다.

"아, ○○학원! 지방에서도 올라올 정도로 유명한 재수 전문 학원이죠. 그런데 학원생들을 위한 학사들은 주변에 이미 있었던 것 같은데요."

"맞습니다. 전제를 말씀드릴게요. ○○학원으로 인한 1인 거주 수요가 이미 충분함은 주변 탐사를 통해 제가 확인한 바입니다. 그렇다면 어떤 기획으로 이 수요를 끌어당길 수 있을까요? 첫 번째, 학생들의 연령은 다 비슷하죠. 구분한다면 여학생과 남학생으로 구분할 수 있을 겁니다. 그중에서도 남학생보다는 여학생 부모들이 자녀의 거처에 더 신경 쓰기 마련이죠."

황 과장은 재빨리 인터넷 창에 ○○학원과 여학우 전용 학사를 검색했다. 이런, 이미 여러 곳이 성업 중이다. 그의 실망한 기색에 아랑곳 않고 하선이 말했다.

"여학우 학사는 많죠? 그럼 두 번째, 단지 여학생들만 산다는 이유만으로 부모들이 안심할 수 있을까요?"

"아! 만약 다른 학사들은 제공하지 않는, 철저한 안전을 보장하는 특별한 보안 시스템을 갖춘다면 그걸 홍보할 수 있겠네요. 디지털 기술을 도입하고, 자녀의 귀가를 부모에게 알려주는 등 안심 시스템을 만든다면…"

"세 번째, 여기에 매력을 더해야 해요, 거주시설이니 살고 싶은 곳이어야 하죠. 그것도 그냥 살고 싶은 곳이 아니라, 꼭 여기에 살고 싶다는 곳이어야 해요. 안전과 보안은 기본이고, 조금 비싸도 누구나 선망하는 거주시설, 공부에 지친 학생들이 안락함을 누리면서도 동시에 서울 요지의 세련된 라이프스타일을 경험하는 곳. 이렇게 럭셔리한 학사를 만든다면 ○○학원 여학우들을 타깃으로 하는 시장에서 남다른 포지션을 차지할 수 있지 않을까요?"

황의 머릿속에 상상 속 미래 파노라마가 그려졌다. 카탈로그만으로도 입주를 원하는 수요자들이 줄을 서고, 그 결과 아주 좋은 값에 사겠다는 매수자들이 나타난다…. 기대 이상의 부가가치를 내는 멋진 엑시트! 그 시작에는 멋진 기획이 있다.

하선이 말했다.

"기억하세요, 랜드마크! 차별화되는 기획은 한 끗 차이지만, 그 작은 차이로 인한 결과의 갭은 엄청납니다. 나중에 엑시트 시 숫자가 달라지는 걸 보면 그땐 확실히 감이 오실 거예요.

단지 경쟁력을 갖추는 것 정도가 아니라 누가 봐도 매료될 물건을 만드는 게 우리의 목표이고, 그런 사업가가 되기 위해 공부하고 계신 거예요. 특색 없는 네모난 건물을 짓는 그저 그런 사업을 해서는 안 됩니다."

하선의 마지막 문장에 황이 중얼거리듯 덧붙였다. "(그냥 네모난 건물을 지어서는) 제가 원하는 부자가 될 수는 없겠죠."

이렇게 되면 애초에 황이 생각했던 1층 편의점이나 카페 안案과는 설계부터 달라야 한다. 용도에 따라 충족해야 하는 주차대수부터 달라진다. 주차대수가 달라지면 사용할 수 있는 연면적이 달라진다. 연면적이 달라지면 수익이 달라진다. 설계를 다시 그리면 건축비가 달라진다. 건축비가 달라지면 사업비가 달라진다. 모든 것이 콘텐츠에 따라 달라지는 것이다. 콘텐츠에 대한 고민 없이 사업을 진행하는 것은, 주식시장에서 아무 종목을 아무 순간에 매수하는 것이나 다름이 없다. 올라서 수익이 발생하면 천운이지만, 대개 이런 경우는 큰 손실을 보거나 완전히 잃거나 둘 중 하나다.

"그래서, 우리가 방금 보고 온 아까 그 부지에는 어떤 콘텐츠가 어울릴까요?"

하선의 질문에 황이 대답했다.

"주변 탐사부터 다시 시작해 보겠습니다. 어떤 부분을 고민하고, 무엇을 봐야 하며, 어디서부터 접근해야 할지 다시 체계적으로 알려주세요. 열심히 공부하겠습니다!"

COLUMN

아이덴티티가 명품을 만든다

효연 & 하선

누구나 명품을 가지고 싶어 한다. 이유는 명품이 가지는 정체성 때문이다. 문화재와 마찬가지로 희소성과 아름다움이 가치를 만들고 그것이 곧 명품의 정체성으로 이어진다.

많은 명품 브랜드들이 그 역사와 정통을 강조하지만, 그들 또한 처음부터 명품은 아니었다. 여기에 우리가 얻어야 할 힌트가 있다. 즉, 희소성 있는 가치를 창출하고 그것을 긴 시간 견지해야 한다는 것이다.

그러기 위해서는 우선 기존 건축주, 건물주의 정체성에서 벗어나야 한다. 그리고 사업가의 입장에서 부동산을 바라보아야 한다. 기존 건축주 대對 사업가, 이 둘의 차이점은 무엇인가? 전자는 '원 오브 뎀많은 것들 중 하나', 후자는 '온리 원유일한 것'으로 표현할 수 있을 것이다. 흔하디 흔한 네모 건축물이 아니라 골목 안에 랜드마크, 더 나아가 이 세상에 하나밖에 없는 독창적인 공간을 만들어야 한다. 이것이 필자가 추구하는 기획 의도이다.

기획은 곧 공간의 생명력과 연계된다. '사물인 공간에 생명력이라니?'

반문할 수 있다. 필자가 단언하건대, 공간에도 생명력이 존재한다. 예를 들어 빈집과 폐가 등은 생명력이 없는 공간이다. 사람이 찾지 않는 공간은 존재의 의미가 없다. 현대 사회에서 공간은 소비하는 대상으로 변화하고 있으며, 그 같은 경향은 더욱 강화될 것이다. 즉, 현대인들은 공간을 소비하면서 눈으로 즐기고, 감성을 느낀다. 공간이 스토리와 융합되고 있는 것이 트렌드이다. 부동산 상품 개발에 있어 이 같은 경향을 파악하고 적용해야 함은 두말할 필요가 없을 것이다.

한편, 도심 개발에 있어서도 기획은 필수 요소가 되어가고 있다. 2017년 영동대로 국제현상설계공모에 당선작을 보면 알 수 있다. 프랑스 건축가 도미니크 페로Dominique Perrault가 참여한 '정림건축 설계 컨소시엄'은 <빛과 함께 걷다LIGHTWALK>라는 주제로 지하 공간과 지상 공간을 빛으로 연결하는 스토리를 만들어냈다. 옆의 QR코드를 스캔하면 관련 내용을 확인할 수 있다.

성공하는 부동산 개발 사업가가 되기 위해, 우리 또한 이 같은 목표를 가져야 한다. 다시 말해 '온리 원'인 공간, 부동산의 명품으로 재탄생시키기 위해 노력해야 하는 것이다. 그 과정은 관점의 변화와 기획에서부터 출발함을 반드시 명심하기 바란다.

기획이 수익의 차원을 바꾼다

02

오늘 두 사람이 찾은 곳은 인스타그램에 등장할 법한 카페였다. 실제로 여기저기서 스마트폰 특유의 사진 찍는 셔터 소리가 들려왔다. 황 과장은 이런 카페에 별로 흥미가 없었다. 핫플레이스라는 곳에 다니는 것을 좋아하지 않을뿐더러, 인스타용 핫플이란 곳은 더군다나 그의 취향에 맞지 않았다. 영 어색한 기분에 황은 농담을 던졌다.

"이런 데 아저씨 둘이 온 건 저희뿐인 것 같아요. 남들이 보면 이상한 사이인 줄 알겠어요."

겸연쩍게도 하선의 입가는 미동도 하지 않는다. 하선이 진지하게 말했다.

"좋아하든 안 좋아하든 시간 날 때마다 이런 곳을 자주 찾아다니셔야 해요. 성수동에 갔을 때 제가 메뉴판부터 시작해서 공간 구조, 이용객 등을 보고 객단가 등을 추측하고 대강이나마 수지 분석, 상권 분석해 봐야 한다는 말씀드렸었죠? 그 이유도 말했었고요. 강조하는데, 우리 프로젝트의 골인 지점은 매도입니다. 건물을 짓는 건 과정이고, 잘 파는 게 목적이에요."

하선의 당부 같은 가르침에 황 과장도 진지하게 고개를 끄덕였다.

기획에는 두 가지 힘이 있다. 첫째는 원가를 절감해주는 힘이다. 누가 봐도 좋은 땅은 누구나 찾을 수 있다. 당연히 가격이 높을 수밖에 없다. 원가 부담이 크다 보니 개발을 해도 수익이 크게 나지 않는다. 그러나 사람들이 흔히 단점이라 생각하는 문제를 지닌 땅을 찾으면 이야기가 달라진다. 주변 시세보다 저렴하게 구입할 수 있다. 관건은 기획을 통해 입지 혹은 단점을 극복하는 것이다. 부동산 개발에서 가장 큰 비중을 차지하는 원가를 절감하면 수익률이 높아지는 것은 당연지사다.

둘째는 부가가치를 더해주는 힘이다. 모든 물건이 그렇듯, 어떤 물건을 좋은 값에 팔려면 그만한 매력이 있어야 한다. 그러한 매력의 크기는 기획에서 결정된다. 아무도 눈 여겨보지 않는 건물, 그럭저럭 만들었거나 심지어는 임차인을 찾기 힘든 건물은 좋은 값을 받고 판매하기가 힘들다. 반대로 입지가 떨어지더라도 손님이 끊이지 않는 소위 '핫플레이스' 건물이라면 그 공간을 빌리고 싶은 사람도, 그 건물을 소유하고 싶은 사람도 적지 않을 것이다. 이렇게 사람이 찾아오게끔 만드는 능력이 바로 기획력이다.

그러므로 매입 전부터 사용자타깃와 콘셉트에 관한 구상을 세워야 한다. 부의 스노우볼을 굴리는 사업의 요체는 '부가가치'이며, 부가가치는 무형의 것임을 기억하자. 부가가치의 크기는 공간 콘텐츠 기획력에 의해 결정된다.

하선이 말했다.

"1층 공간에 카페나 레스토랑이 들어오면 적합하겠다, 이런 기획을 했다고 칩시다. 유행에 민감한 젊은 세대를 타깃으로 하는 카페라면 MZ 세대1980년대 생인 밀레니얼 세대와 1990년대 생인 Z세대를 아우르는 말의 디자인 취향, 소비 취향을 파악해서 공간 기획에 반영해야 해요. 디자인 콘텐츠, 메뉴 콘텐츠, 놀이 콘텐츠 등을 기획하여 적극적으로 임차인을 찾고, 그들을 매료시켜야 하죠. '진짜 멋진데? 이런 곳이라면 사람들이 일부러라도 찾아오겠는데'라는 생각이 들게끔 해야 합니다.

그렇게 해서 1층에 멋진 카페가 들어오고 핫플레이스가 된다면? 우리의 고객건물 매수 희망자이 손님으로 꽉 찬 1층 카페가 있는 건물을 본다면 어떤 생각을 할까요? '이거 물건인데' 싶겠죠?"

하선의 말을 듣고, 황은 다시금 카페 안을 둘러보았다. 아까와는 달리 인스타 핫플의 위엄이 느껴지는 듯하다.

기획이 공간의 가치를 바꾼다

며칠 후, 두 사람은 약수동 미니 빌딩 '큐브'를 찾았다. 이 건물은 약수역 인근 대지 167m²의 대지 위에 지상 5층 규모로 세워진 수익형 모델로, 1층에는 카페가 입점해 있었다. 역 인근이라지만 가파른 경사로 인해 입지가 좋지는 않았다. 그럼에도 만족할 만한 수익률을 보고 엑시트할 수 있었던 데는 기획의 힘이 컸다. 그중에서도 1층 카페를 사람들이 찾아오는 공간으로 만든 것이 주효했다.

오늘 황 과장은 하선의 이 프로젝트에 참여한 선임 디자이너김도현 이사를 만나 그에게 이야기를 들어볼 예정이었다. 카페 공간을 기획하고 시공한 김도현 디자이너가 도착했고, 간단한 인사를 나눈 후 하선이 먼저 운을 띄웠다.

"공간 기획은 어렵고도 재미있는 세계예요. 구조를 어떻게 구성하느냐에 따라 연출되는 분위기가 완전히 달라지거든요. 이런 건 책으로 배울 수가 없어요. 경험하면서 체득해 나가는 거죠. 저도 그랬고요. 일단 오늘 선임 디자이너의 이야기를 들어보면 많은 도움이 될 겁니다."

"음, 공간 기획은 어디서부터 시작해야 하는지, 그 시작점을 잡는 것도 어렵더라고요."

황 과장의 말에 도현 디자이너가 말했다.

"제 경우엔 건물의 골조 방식, 구조부터 봐요. 이유는 공간 활용 때문인데요. 이 건물은 1~2층에 해당하는 근린생활시설은 라멘 구조층을 수평으로 지지하는 '보'와 수직으로 세워진 '기둥'이 건물의 하중을 버티는 구조, 3~5층에 해당하는 주거시설은 벽식 구조기둥 없이 내력벽이 하중을 버티는 구조로 두 가지 방식을 혼용하여 설계되었어요.

벽식 구조는 벽이 하중을 지탱하는 구조재이기 때문에 기존 벽의 철거가 불가능해 공간 활용의 폭이 좁아질 수밖에 없는 반면, 라멘 구조

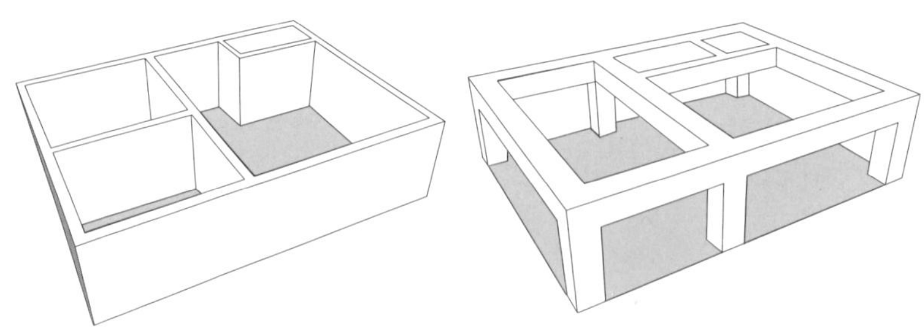

●— 벽식 구조(왼쪽)는 보와 기둥으로 하중을 버티는 반면, 라멘 구조(오른쪽)는 기둥이 없이 내력벽으로 하중을 버틴다.

는 벽이 없기 때문에 공간을 가변적으로 활용할 수 있다는 장점이 있어요. 예를 들면 공간을 사용하는 사람의 기호에 맞게 방을 새로 만들 수도 있고, 화장실을 옮기거나 새로 만들수도 있고요. 즉, 기존 공간과는 전혀 다른 새로운 공간을 완성시킬 수 있다는 것이지요. 또 벽을 타고 소음이 전해지지 않으니 층간 소음도 더 적고요.

이런 장점 때문에 요즘 지어지는 주상복합 아파트나 고급빌라 등 상업시설이 아닌 주거시설에서도 건축비에서 손해를 감수하더라도 라멘 구조를 채택하는 곳이 많아요.

또 이 공간은 스플릿 플로어Split Floor, 스킵 플로어라고도 불리며 건물 각 층의 바닥 높이를 일반적인 건물과 같이 1층분 의 높이만큼씩 높이지 않고, 각 층계참마다 반층 차 높이로 설계하는 방식 구조인데요, 인테리어를 할 때 일부러 스플릿 플로어 구조를 만드는 경우도 많은데 건물 자체가 이렇게 건축되었으니 행운이라고 할 수 있었

●— 라멘 구조와 스플릿 플로어를 적용한 실내의 모습. 내부 공간 디자인 전.

죠. 스플릿 플로어는 공간에 개방감과 입체감을 주는 효과가 있어요. 면적이 작은 공간에서는 그 효과가 배가되죠.

상부층과 하부층 사이에는 철골조로 중간층을 더해, 하나의 공간을 세 개의 공간으로 나누었습니다. 덕분에 상부층에서 바라봐도 전체 모습이 보이지 않아요. 한 번에 보여주지 않는 것이지요. 한눈에 공간 전체가 들어오지 않을 때 사람들은 같은 면적임에도 더 넓은 면적으로 인식하게 돼요.

손님들은 카페에 들어와 계단을 하나씩 내려가면서 점점 더 카페의 모습과 마주하게 됩니다. 여기서부터 독특한 공간 경험을 제공하는 셈이죠."

원래 그렇게 생긴 공간인 줄 알았는데 고객 동선에 따른 경험까지 고려한 디자인이었다니.

"마감이 덜 된 것 같은 인테리어도 모두 의도하신 거죠? 원가를 절감하기 위한 것이 아니라요."

황 과장의 말에 도현 디자이너가 재미있다는 듯 웃음을 터뜨리며 대답했다.

"전체적인 느낌을 모던 + 인더스트리얼로 설정한 것이에요. 인테리어는 언제나 소재와 콘셉트가 가장 중요합니다. 마감이 안 된 것 같은 노출 콘크리트, 스테인리스 스틸들은 모두 인테리어 소재예요. 천장은 건

●— 김도현 디자이너가 디자인한 실내 모습.

축물이 가지고 있는 노출 콘크리트를 그대로 드러내 건물이 가진 내력을 보여주고 싶었고, 벽체와 바닥은 무채색의 그레이톤으로 맞추고 거기에 로열블루 색상과 스테인리스 스틸의 실버 색상으로 시크한 느낌을 주었어요.

저기, 사이드 공간 보이시죠? 잘못하면 죽은 공간이 될 수 있는 지점인데 전신 거울을 제작해 공간이 확장되는 듯한 느낌과 요즘 중요한 인스타그래머블인스타그램에 올릴 만한한 사진을 찍을 수 있는 포토존의 역할도 겸할 수 있게 했어요.

가구와 오브제에도 콘셉트가 존재합니다. 세 개의 층마다 독자적인 느낌을 주고 싶었는데요. 상부층은 이탈리아 브랜드의 투명 플라스틱 소재 의자들을 배치했고, 하부층은 북유럽 브랜드 가구들을 놓아 안락한 느낌을 주었습니다. 그리고 컬러 필름을 삽입한 유리 스툴을 제작해서 곳곳에 배치했어요. 전면의 큰 창에서 햇빛이 들어오면 컬러필름이 삽입된 유리 스툴이 훌륭한 프리즘 역할을 하여 여러 가지 빛의 색을 만들어 주지요. 공간에 빛을 더한 것입니다."

"고가의 브랜드들로 보이는데, 굳이 저런 가구들을 선택한 이유가 있나요?"

"맞습니다. 고가의 브랜드들이에요, 일반적으로 가정에서는 만나보기 힘들죠. 그렇기 때문에 색다른 느낌을 줍니다. 좋은 디자인에 앉아보고, 멋진 테이블에서 음료를 마시고, 훌륭한 오브제들을 감상하는 특별한 경험을 선사하는 거죠.

이처럼 쇼룸 같은 공간을 만들었더니 단순히 커피와 디저트를 먹고 마시는 상업공간에서 체험하는 갤러리 같은 문화공간으로 업그레이드할 수 있었고 실제로 촬영 대관도 많았다고 해요. 카페 공간이 건물 전체를 홍보해 주는 효과도 본 것이죠."

도현 디자이너의 말에 이어, 옆에서 하선이 거들었다.

"이 빌딩을 준공하고, 카페가 개업한 후 실제로 의자나 테이블에 대해 언급하는 리뷰들이 많았습니다. 소문이 나니 여기서 커피 한 잔 하기 위해 일부러 찾아오는 손님들도 계속해서 늘어났고요. 기억해야 할 건, 좋은 디자인은 곧 매출 상승으로 이어진다는 점입니다. 저는 이 명제는 참이라고 생각해요."

매출 상승! 황 과장의 눈이 반짝였다.

"디자인에는 힘이 있고, 힘의 형태는 다양합니다. 그중에는 사람들을 '공간으로 끌어들이는 힘'도 있어요. 모든 상품이 그렇지만 특히 부동산은 사람이 모이는 곳일수록 그 가치가 커집니다."

하선의 말을 들으며 황은 머릿속으로 되뇌었다.

'디자인의 힘! 사업 성공의 또 다른 키 포인트.'

COLUMN

어디에서나 찾을 수 있는 디자인의 힘

선임 디자이너 김도현

요즘 잘 팔리는 것들에는 공통점이 있다. 바로 디자인이다. 오늘날 소비 시장 전반에 걸쳐 그 위력이 점점 더해지고 있는 디자인의 중요성에 관해 잠시 이야기해 보고자 한다.

사람들은 더 이상 애써 발품을 팔아 물건을 사지 않아도 되며, 굳이 영화관에 가서 문화생활을 즐길 필요도 없다. 이커머스e-commerce 시장과 OTTOver The Top 서비스가 더욱더 확대되고 있기 때문이다. 점점 '덩치'를 키우고 있는 두 시장에서 '한 어깨'하는 녀석들이 있으니, 영국의 이커머스 업체 '미스터 포터'와 우리가 너무나 잘 아는 OTT 서비스 업체 '넷플릭스'가 그것이다.

남성 의류를 판매하는 미스터 포터는 세계적으로 큰 센세이션을 불러일으켰다. 사업성이나 트렌드를 잘 따라가는 것도 이유지만, 특별한 고객 경험을 선사하는 디자인이 한 몫한다는 평이다. 로고 디자인, 패키지 디자인을 통해 자신의 돈으로 물건을 구입한 컨슈머들에게마저도 마치 선물을 받은 듯한 느낌을 준다. 명품 의류를 편집해서 파는 사이트는 미스터 포터만이 아니지만, 미스터 포터 특유의 디자인이 같은 상품을 사더라도 같지 않은 느낌을 주는 것이다.

넷플릭스의 그 유명한 로고는 어떠한가. 넷플릭스 이용자라면 가장 먼저 떠오르는 것은 '두둥'이라는 사운드와 함께 뜨는 모션 디자인motion design일 것이다. 검은 바탕에 빨간색으로 알파벳 'N'자가 그려지는 모션 디자인도 그냥 만들어진 것은 아니다. 처음에는 흰 바탕이었으나 넷플릭스 회원들이 콘텐츠를 시청할 때 대부분 실내조명이 어두운 상태라는 점을 감안하여, 집중력이 깨지지 않도록 검은 바탕의 디자인으로 변경한 것이다. 넷플릭스는 190여 개국 이상에서 서비스하고 있는데 나라마다 어떤 디바이스를 많이 쓰는지 현재 트렌드가 어떤지 등 현지 사정을 고려해 포스터나 폰트 등도 조정하고 있다.

이처럼 사용자 편리성에 중점을 둔 UXUser Experience, 사용자 경험 디자인과 UIUser Interface, 사용자 환경 디자인이 오늘날 소비 시장에서 차지하는 비중은 상상 이상이다. 이러한 디자인을 만들어낸 디자인팀이 없었다면 넷플릭스의 명성은 지금과 크게 달라졌을 수도, 그리고 그에 따라 (넷플릭스의 영향력이 줄어들었다면) 현대인들의 삶도 조금 지루해졌을지 모르겠다.

전자제품 시장에서도 산업 디자인은 아주 큰 역할을 하고 있다. 미국의 애플사社는 디자인의 힘과 중요성을 여실히 보여준 기업이다. 아이팟과 아이폰, 나아가 애플의 성공은 비단 스티브 잡스라는 위대한 인물 때문만은 아니다. 스티브 잡스의 파트너이자 위대한 디자이너, 조나단 아이브Jonathan Paul Ive 또한 오늘날의 애플을 있게 했다. 조나단 아이브는 아이폰의 초기 디자이너이다. 그는 무엇을 더할 지보다 무엇을 덜어낼지에 대해 생각했고, 불필요한 장식을 제거하고 버튼 몇 개만으로 직관적이고 심플한 디자인을 완성하였다. (이는 디터 람스의 "모자란 것이 낫다Less but better" 디자인 철학을 이어받은 것으로 디터 람스도 독일의 가전제품 회사 '브라운BRAUN'을 전설로 만들었다.)

그의 디자인은 애플 제품의 패키지에도 담겨 있어 소위 말하는 '언박싱'을 할 때에도 즐거움을 준다. 조나단의 디자인이 없었다면 현재 전자기기 시장에서 애플의 위치는 달라졌을 수도 있다.

실제로 조나단 아이브가 직접적인 디자인 설계에서 빠진 아이폰 6부터는 대중들의 혹평이 많았다. 지금도 그렇지만, 기능적인 요소보다도 디자인에 끌려 애플 제품을 구매하는 소비자들이 많았기 때문이다.

개인적인 견해로 조나단 아이브가 디자인에 계속 관여했다면 삼성이 고전하지 않았을까 하는 생각이다.

그만큼 디자인에는 힘이 있다.

무서운 한마디, “건축주가 아니라 사업가가 되셔야 합니다”

03

도현 디자이너가 일정상 먼저 자리에서 일어선 후에도, 두 사람의 미팅은 계속되었다. 하선이 말했다.

“북콘서트 때 제가 말씀드렸을 거예요. 투자자가 아니라 사업가가 되어야 한다고요. 이건 정체성의 문제입니다. 말이 쉽지, 사실은 사고의 틀을 완전히 바꿔야 하는 거죠. 공간 기획 때도 마찬가지입니다. 가장 중요한 건 건축주가 아닌 사업가로서 사고하는 것이에요.”

감은 잡히는데 정확하게 알고 싶은 황 과장.

“건축주로서의 사고와 사업가로서의 사고는 무엇이 다른 건가요…?”

“기획 단계에 한정해 보면, 단순합니다. ‘어떤 건물을 지을지’ 고민하는 것은 전자, '어떻게 하면 끌리는 공간을 만들지' 고민하는 것은 후자입니다. 건축물을 소유하고 있는 사람의 시각이 아니라, 상품을 개발하는 사람의 시각으로 접근해야 합니다.

첫 만남부터 누누이 강조해왔지만, 내가 가진 물건을 파는 것과 내가 만든 물건, 심지어 세상에 하나뿐이어서 탐내는 사람들이 많은 물건을 파는 것은 차원이 다릅니다. 작은 공간이라도 어떻게 기획하고 운영하느냐에 따라 수익성에 큰 영향을 미칩니다."

잘 팔리는 상품의 비밀 : 만드는 사람의 사고방식이 다르다

"부동산 사업을 하려는 사람들이 쉽게 간과하는 것이 있어요. 바로 이 업종의 본질 중 하나에 관한 것이죠."

하선의 말에 황 과장이 의아한 듯 물었다.

"건물을 짓고 공간을 기획하면 부동산 개발업, 공간을 대여하면 부동산 임대업 아닌가요?"

하선은 고개를 저었다.

"개발이든 임대든 사용자에게 공간을 제공하는 것인데, 이건 본질적으로 서비스업이기도 합니다. 서비스업에서 살아남기 위해 중요한 것은 바로 '진화'입니다. 건물이라는 제품은 만들어 놓으면 바꾸기가 힘들어요. 여기까진 제조 단계죠. 서비스는 이처럼 고정된 제품에 소프트웨어 패치를 넣는 것과 같습니다. 트렌드에 따라 변화하는 패치가 장착되면, 건물의 구조는 바뀌지 않아도 공간의 구성과 활용은 계속 시대 흐름에 따라 진화할 수 있습니다. 계속 업그레이드되는 공간 기획이 가능해지는 거죠. 요즘처럼 소비 트렌드가 빠르게 바뀌는 시대에는 이게 매우 중요합니다. 부동산이라는 부동의 고정재화에 유연성이라는 부가가치를 더하는 겁니다. 이런 것이 사업가로서 우리가 매력적인 상품을 개발하는 방법이 되어야 합니다.

다시 강조하는데, 지어놓으면 사용자들이 찾아올 것이란 안이한 생각을 벗어던져야 해요. 천편일률적인 건물은 이제 시장에서 외면당합니다. 시대가 바뀌었어요. 좋은 땅에 잘 지으면 되지 않느냐고 반문하는 사람도 있을 겁니다. 하지만 그런 투자는 돈만 있으면 할 수 있죠. 우리에게 중요한 건 자본의 열세를 극복하는 것이고, 그러기 위해서는 끝내주는 상품 기획이 무엇보다도 중요합니다."

두 사람이 앉아서 이야기 나누는 카페 야외 테라스를 바람이 훑고 지나갔다. 얼어 죽어도 아이스 아메리카노라고, 어느덧 차가워진 공기에도 여전히 얼음을 씹고 있던 황의 관자놀이로 전율이 일었다.

황이 조사했던 서울 2호선 역세권 요지라 할 ○○동의 경우, 어느 지상 6층 규모 빌딩은 완공 후 2년간 공실률이 70%에 달했다. 임대문의 현수막이 없어진 지 얼마 안 되었다. 사용자 입장에서 공간 구조를 기획하지 못해서일 것이다. 지역의 특색을 철저하게 분석하고, 그곳에 맞는 공간을 만들어야 하는 것은 물론이고 트렌드와 디자인에 관한 사고까지 갖추어야 한다. 쉽지 않은 일이지만, 단지 시장 변수에 휘둘리는 것이 아니라 자신의 역량에 달린 일이라 충분히 도전할 만하다 여겨졌다.

"공부하고 고민할 게 정말 많습니다. 부동산 사업이라고 해서 단순히 땅 찾고 건축하는 것만 생각했는데 말이죠."

황 과장의 말에 하선이 미소를 지어 보였다.

"어렵지 않습니다. 우선 자기 점검부터 시작해야 합니다. 지금 내가 어떤 포지션에서, 어떤 관점을 가지고 있는지 객관적으로 파악해야 해요. 그래야 무엇을 바꾸어야 할지 알 수 있죠.

그다음에는 관점을 바꾸는 것에만 집중해 보세요. 사업가로서 정체성을 마음에 새기고 그런 방식으로 사고하는 습관을 들이면, 트렌드도 디자인도 그리고 상품 기획 시 파악해야 할 다양한 변수들도 차근차근 눈에 들어오기 시작할 겁니다. 여행을 가면 맛집부터 찾던 시각이, 자연스럽게 잘되는 공간 콘텐츠를 파악하고 분석하는 시각으로 바뀔 겁니다. 길을 걷더라도 건물이 먼저 눈에 들어올 것이고, 신축 건물이나 유휴공간을 보면 '나라면…'이라고 상상의 기획을 해보는 습관이 생길 겁니다.

건축주, 건물주는 누구나 될 수 있지만 사업가는 아무나 될 수 없어요. 사업가로의 정체성 변신을 시작하는 것이야말로, 앞으로 인생을 대전환시킬 큰 한 걸음이 될 것입니다."

기획의 첫 번째 무기 : 소비 트렌드

04

'카톡!'

새벽의 카톡이 황 과장의 단잠을 깨웠다. 매일 새벽 6시경, 대장이 공유해 주는 신문기사다. 주제와 내용은 대중없으나 대체로 그 자신이 흥미롭게 본 경제면 기사를 보내오곤 했다. 그중에서도 오늘의 기사는 황의 눈길을 잡아끄는 것이었으니 국내 공유 오피스 업체가 상장을 준비하고 있다는 것이었다.

"공유 오피스 IPO 봇물… 스파크플러스도 상장 추진"

마침 전날 저녁, 하선과 '공유 경제' 트렌드에 관해 이야기를 나눴던 터다.

"사람들의 소비 트렌드가 변화하고 있어요, 부동산도 예외는 아닙니다. 공간 사용자들의 소비 트렌드를 파악하고 그걸 부동산 상품에 접목해야 해요. 잘 알려진 공유 숙박에어비앤비, 공유 오피스위워크 외에도 공유 주방, 공동주택 임대, 코리빙co-living 등 공간 공유 비즈니스가 대세가 되어가는 추세입니다. 공유 경제는 이미 부동산 비즈니스의 새로운 기회가 되고 있어요."

기사를 읽으며 황은 어제 하선의 말을 떠올렸다. 사업적 판단을 하기 위해서는 시장의 변화에도 민감하게 반응해야 한다. 부동산 개발 사업가는 상품을 고안하는 사람이니만큼, 가장 먼저 파악해야 할 것은 바로 상품 소비의 트렌드일 것이다.

황은 머릿속에서 시간을 되돌려 어제의 대화를 복기하기 시작했다.

재산 가치에서 사용 가치로, 소유에서 공유로

"황 과장님은 공유 경제를 경험해 보셨나요?"

하선이 묻자, 황이 선뜻 대답했다.

"미국에서 우버를 경험한 적이 있어요, 비슷한 업체인 리프트에 관한 이야기도 많이 들었고요. 에어비앤비도 여러 번 이용해 봤구요."

"우리 세대만 해도 어떤 물건이 필요하면 우선 '구매'가 선행되는 것이 당연하게 느껴지죠. 혹은 그 물건을 가진 지인을 물색해 '대여'하기도 했습니다. 하지만 요즘 젊은 세대는 어떤지 아세요? 일단 그 상품을 셰어하는 업체가 있는지부터 찾는다고 해요. 예를 들어 면접 복장이 필요하면 '공유 옷장'을 칩니다. 우리 때는 부모님의 차를 빌려 운전 연습을 했지만, 요즘은 차량 공유 서비스를 이용하는 경우도 많아요. 이유가 뭘까요?"

"음, 비용이 저렴해서? 아니면 써 보고 산다? 혹은 미니멀 라이프가 유행이니, 한두 번 쓰기 위한 물건은 비축하지 않는다는 개념일지도 모르겠습니다. 원하는 기간 동안 대여하면 소유하지 않고도 사용할 수 있을 테니까요. 여하튼, 소비에 대한 인식이 많이 달라지긴 했네요. 저만 해도 남의 것을 빌려 사용하는 건 찜찜하게 느껴졌는데…. 어떻게 보면 더 합리적인 사고방식인 것 같습니다."

함께 길을 거닐며 이런 대화를 나누게 된 것은, 누비던 골목 구석구석에서 발견한 '공유 주방' 간판 때문이었다. "저런 곳들이 과연 장사가 될까요?"라는 황 과장의 물음에 하선이 공유 트렌드에 관한 이야기를 시작한 것이었다.

하선이 말을 이었다.

"제품 생산자는 소비자들보다 한 발 앞서 트렌드를 캐치하고, 그들의 욕구에 맞는 제품을 제안해야 하죠. 부동산 상품 기획에서도 소비 트렌드는 정말 중요한 부분이에요. 실제로 공유 경제는 최근 몇 년간 부동산 사업에 큰 영향을 미쳤습니다. 모두가 잘 아는 대형 코워킹 스페이스들은 물론이고, 젊은 소상공인들이 독특한 콘셉트로 공간을 구성한 공유 부엌, 파티룸, 공유 카페 등 공유 공간 대여 사업이 큰 인기를 끌었죠.

그런가 하면, 상업용 부동산 시장에서 공유 오피스의 존재감은 이제 무시 못할 수준이에요. 오피스 시장에서 공유 오피스 업체들이 큰 손으로 떠오른 지 한참이죠. 우리나라에서는 2022년까지 공유 오피스 시장이 7,700억 원으로 커지리라 보고 있어요출처 : KT경제경영연구소. 우리보다 공유 경제 비즈니스가 먼저 시작된 미국의 경우 오피스 시장에서 공유 오피스의 비중이 현재 2%에서 2030년이면 13%까지 오르리라 전망된다 합니다."

황은 얼마 전 지인을 만나기 위해 들렀던 위워크공유 오피스 업체 라운지를 떠올렸다. 그가 말했다.

"안 그래도 얼마 전에 지인과 미팅이 있었는데, 자기 회사가 위워크 입주사이니 근처 위워크 지점에서 만나자고 하더군요. 공유 오피스라니,

코로나 때문에 걱정하면서 갔는데 냉난방 공조 시스템이 잘 되어 있어서인가, 다른 회사 사무실보다 쾌적하고 위생적으로 느껴지던데요."

"말씀 잘하셨어요. 코로나 때문에 공유 공간 사업들이 어려움에 처할 것이란 전망이 많았는데, 실제는 정반대입니다. 팬데믹으로 인해 불확실성이 커지면서 단기 임대가 가능하고 유연하게 운용할 수 있는 공유 공간들이 오히려 성업하고 있어요. 여기에 더해 원격 근무를 위한 인프라를 갖추었거나, 꼭 중심부로 모이지 않아도 되는 거점분산 오피스를 보유한 업체들은 더욱 선호된다고 합니다."

듣고 보니 수긍이 가는 이야기였다. 그렇지만 그런 공유 오피스 업체들은 우리 같은 소규모 개발 사업가들과는 비교가 안 되는 대기업들이 아닌가. 그저 트렌드를 파악하는 것 이상의 의미를 가질 수 있을지 의문스러웠다. 이런 생각을 조용히 마음에만 품고 있을 그가 아니다. 하선이 말을 마치자마자 황 과장이 물었다.

"그런데 작가님, 소형 빌딩과 공유 공간 서비스가 과연 매치가 될까요? 한층을 통으로 쓴다고 해도 겨우 20~30평에 불과한데, 제가 경험한 공유 오피스들은 스케일이 압도적이었던 것 같아서요."

"이 동네 골목 구석구석에 크지 않은 규모의 공유 주방들을 보셨잖아요?"

아차, 잠시 대화의 계기를 잊고 있었다.

하선이 웃으며 말했다.

"소비 트렌드를 파악하는 건, 대세에 올라타자는 의미도 있지만 아이디어를 쌓아 올릴 주춧돌이 되기 때문이에요. 예를 들어볼까요. 주거시설에서 주목받는 공유 경제 트렌드로는 코리빙이 있습니다. 방은 각자, 거실과 주방은 공유하는 시스템이죠. 여기에 코워킹을 융합한다면 어떨까요?

잠시 라이프 트렌드에 대해 생각해봅시다. 예전에는 일과 삶의 균형을 맞추는 워라밸이 키워드였어요. 지금은 워라블이 떠올랐습니다. 요즘 젊은이들은 일과 삶을 블렌딩, 즉 섞는다는 거예요. 이런 워라블 트렌드에 맞춰서 코워킹과 코리빙이 가능한 올인원 공간을 제안하는 겁니다.

실제로 이런 아이디어를 실현하고 있는 곳도 있습니다. 일명 '창업자의 아파트'로 불리는 중국의 '유플러스'라는 업체는 건물 내에서 코리빙, 코네트워킹, 코워킹 공간을 제공해요. 중국의 8개 도시에서 21개 지점이 성업 중이고, 코로나가 아니었다면 올해 우리나라에도 진출할 계획이었다고 합니다."

"중요한 건 아이디어란 말이군요."

"기획력은 종종 규모의 경제를 뛰어넘죠. 공유 경제는 트렌드에 민감한 청년들을 대상으로 하는 만큼, 아이디어로 자본적 열세를 극복하기 더 좋아요."

규모와 자본의 한계를 극복하는 트렌드 기획

"막연히 공유 경제가 대세라는 말은 누구나 할 수 있어요. 우린 그런 소비 트렌드를 통해 실무 아이디어들을 차곡차곡 쌓아 나가야 합니다. 규모와 자본이란 유형의 한계선을 뛰어넘는 솔루션은 항상 무형의 가치에 있다는 걸 잊지 마세요. 즉, 소비자보다 빠르게 소비자의 욕구를 읽고 그걸 제시해야 해요. 그럼 선택할 수밖에 없습니다. 공유 경제의 경우 고정비를 줄이는 것이 주요한 욕구 중 하나이니, 그와 관련된 다양한 서비스를 제공하는 것도 방법이겠죠.

실제로 공유 주방들 중에는 공간 대여 시 배달 라이더를 연결해 주는 서비스를 제공하는 곳들이 있습니다. 카페나 음식점 창업을 고민하는 사람들을 위해 미리 가게 운영을 경험할 수 있게 하는 공유 창업 공간도 있어요. 스타트업이 주로 입주한 오피스의 경우 정기적으로 네트워킹 서비스를 제공하죠. 해외에는 창의적인 발상이 필요한 1인 사업가나 예술 종사자들을 위해 이국적인 인테리어와 마치 휴양지 같은 시설, 명상 프로그램 등을 제공하는 공유 오피스가 있기도 해요."

"작가님, 제가 방금 생각한 건데, 고객의 욕구를 먼저 읽고 제시한다는 건 우리 고객이라 할 매수 희망자에게도 적용할 수 있을 것 같습니다. 부동산 오너 입장에서는 수요를 개발해서 공실률을 줄이는 것이 중요할 테니까요. 지역과 입지에 딱 맞는 트렌디한 기획을 제안하면, 눈 밝은 투자자는 반드시 흥미를 보일 겁니다."

황 과장의 말에, 하선이 분주히 옮기던 발걸음을 멈추고 말했다.

"그게 바로 경쟁력이죠. 오피스 시설, 주거시설, 다 레드오션이라 해도 거기에 기획력을 덧입히면 우리만의 퍼플오션을 만들 수 있어요. 치열한 시장에서 발상의 전환이 가져다주는 경쟁력은 상상 이상입니다. 자랑 같지만, 제가 만든 건물들이 완공도 전에 좋은 값에 매각되는 건 바로 이런 점 때문이에요. 사고 싶은 건물, 어떻게 운용되고 얼마나 많은 수요가 있을지 상상이 되는 물건을 만들어 놓으니 특색 없는 흔한 건물과는 비교가 안 됩니다. 조금 비싸더라도 이걸 사고 싶게 만드는 거죠. 저희 빌딩 매매가를 들으면 근처에서 오래 영업했다는 공인중개사 분들도 놀라곤 해요."

| MORE LESSONS |

공유 공간 비즈니스에 관심을 가져야 하는 이유

부동산 시장의 세계적 흐름에 중요한 맥락을 짚어보자. 지금 주목해야 할 것은 재산 가치에서 사용 가치로, 소유에서 공유로 트렌드가 전환되고 있다는 것이다. 나 혼자만 사용하는 공간에서 함께 나누어 사용하는 공간으로 부동산 공간에 대한 인식이 변화되고 있다. 그 결과 대표적으로 공유 오피스, 공유 숙박 사업이 인기를 끌고 있다. 국내에서는 공유 오피스 업체인 스파크플러스가 상장을 준비 중이며, 해외에서는 대표적인 공유 숙박 업체 에어비앤비가 기업 공개를 앞두고 있다. 빈방과 빈 공간을 이용한 공간 공유에 대한 아이디어 역시 시장에서 하나둘 고개를 들고 있는 상황이다. 혹자에게는 이해되지 않는 흐름일 수 있으나 이 또한 시대적 흐름이다. 소비자들이 공유 공간을 찾는다면, 생산자는 그런 공간을 어떻게 만들고 어떤 콘텐츠로 채워 넣을지 고민하여 적합한 기획을 해야 할 것이다.

'카톡!'

황 과장이 이렇게 어제의 대화를 다시 떠올리고 있을 때, 다시 대장으로부터 한 통의 카톡이 더 도착했다. 관련된 또 다른 기사였다.

"5년 후 당신의 사무실은? 토종들이 주도하는 공유 오피스 2.0….

공유 오피스들이 도심 교통 요지에 대규모로 자리를 잡으면서
상업용 부동산 시장의 중요한 임차인으로 부상했다.
공유 오피스가 입주한 건물의 자산가치가 상승하면서,
거꾸로 건물주들이 공유 오피스를 찾는 시대가 됐다."

2020년 9월 13일, 조선일보

'어디 실제로 탐색해볼 만한 공유 공간 서비스 없나? 견학 신청이라도 해볼까?' 하는 생각에 황은 인터넷 검색을 시작했다. 새벽 어스름을 뚫고 그렇게 또 새로운 하루가 시작되고 있었다.

기획의 두 번째 무기 : 융합 콘텐츠

05

기획의 청사진이 그려질 때까지, 선불리 계약을 진행할 때가 아니라는 하선의 말에 황 과장은 마음이 조급해지고 있었다. 머뭇거리는 사이에 저 좋은 땅을 누가 먼저 차지하면 어떻게 하지, 라는 생각이 머릿속을 가득 채웠다.

토요일 오전 10시. 하선의 사무실 근처 카페에서 그를 만나자마자 황 과장이 간곡한 어투로 물었다.

"일단 계약부터 하고 기획하면 안 될까요, 작가님?"

하선이 달래듯 말했다.

"재료부터 덜컥 사서 뭐 만들지 생각하겠다는 경우가 어딨나요? 최소한 밑그림 정도는 있어야죠."

하선의 말에 황의 목소리가 움츠러들었다.

"나름대로 치열하게 생각한다 했는데, '막상 저 땅에 무엇을?'이라고 생각하니 감이 잘 안 잡혀요. 제가 원래 상상력이 되게 좋은 편인데도 말이죠."

"이해합니다. 콘텐츠 기획이란 무에서 유를 만들어내는 거죠. 당연히 막막하게 느껴질 수밖에 없어요. 생각과 상상을 뻗어나가려면 기반이 필요한 법입니다. 오늘은 부동산 기획의 사고를 기초부터 쌓아 올리고 확장하는 데 필요한 노하우에 관해 이야기해 봅시다."

하선은 가방에서 펜과 노트를 꺼내더니 세 개의 네모를 그리고 그 안에 다음과 같이 적었다.

주거용	비주거용	리모델링

"개인이 부동산 사업을 할 수 있는 모델은 이렇게 세 가지가 있어요. 주거용 부동산 공급업, 비주거용 부동산 공급업, 그리고 기존 건축물의 가치를 변화시키는 리모델링입니다. 이 세 가지 모델을 가지고 어떤 공간을 만들고 싶은가? 바로 이 질문에서부터 시작해야 합니다."

하선은 네모 하단에 가로로 줄을 긋더니 그 아래에 '지역 특색'이라고었다. 그가 말을 이었다.

"이 세 가지는 기획의 초석이 됩니다. 어떤 초석을 선택할 것이냐는 지역 특색을 분석해야 알 수 있어요. 지역의 특징에 따라서 주거용, 비주거용 부동산의 기획 방향이 달라지니까요."

황 과장이 고개를 끄덕이며 말했다.

"주거 지역에 비주거 부동산을 공급할 수 없고, 비주거 지역에 주거용 부동산을 공급할 수 없으니까요. 혼재되어 있는 지역은 그곳에 맞게 기획을 하면 될 테고요. 비주거의 경우, 지역에 맞는 업종들도 어느 정도 윤곽이 나오겠네요."

재료에 아이템과 콘셉트를 더하라

하선이 말했다.

"콘텐츠 기획을 어렵게 생각할 필요가 없어요. 자, 그럼 다음 단계. 사람들이 많이 찾고, 본인도 자주 다니는 곳은 어떤 곳인가요?"

"일단 떠오르는 건 카페인데요. 집 근처에 2층 건물을 카페로 개조한 곳이 있는데 주궁, 주말 할 것 없이 사람들로 붐비더라고요."

황의 말을 들은 하선은 '비주거용' 네모 위에 수직으로 줄 두 개를 긋더니 그 사이에 '카페'라고 썼다. 그리고 말했다.

"업종은 기획의 기둥이 됩니다. 카페 콘텐츠를 한 번 보죠. 카페는 가장 많이 접하게 되는, 그리고 흔한 공간 콘텐츠예요. 그렇다면 개인 카페가 성공할 확률은 얼마나 될까요? 쉽지 않습니다. 진입장벽이 낮다 보니 너무 많이 창업하고, 또 많이 폐업하죠. 그냥 카페로는 안 되는 겁니다. 기존의 카페 콘텐츠를 발전시켜야 해요."

황이 입술을 삐죽였다.

"누가 모르나요, 그게 어려운 거죠."

하선이 빙그레 웃더니 말했다.

"어린이들 책을 보면 발명의 4요소니 8요소니 하는 것들이 나와요. 창의적인 결과물을 만들어내는 가장 기본적인 방법이 뭔지 아십니까? 바로 더하기입니다. 좀 더 고상하게 말하면 융합이죠."

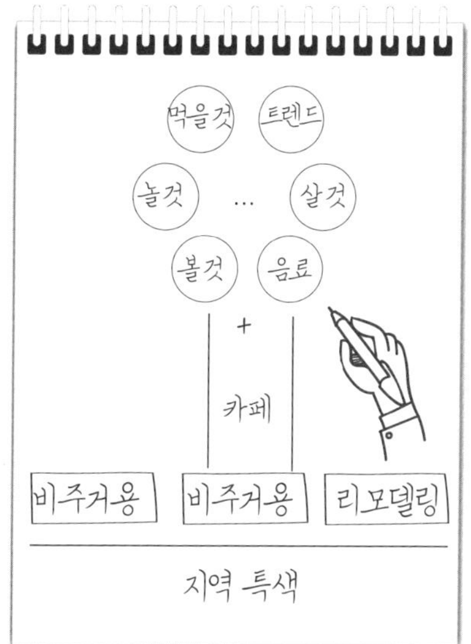

하선은 '카페' 위에 '+'를 적고 나란히 여러 개의 동그라미를 그리더니 말을 이었다.

"융합은 서로 다른 종류의 것을 함께 녹여내는 겁니다. 강점을 모아서 하나의 형태로 만드는 거죠. 카페라는 재료에 무엇을 섞으면 시너지가 날까요?

우선 판매하는 메뉴 콘텐츠부터 봅시다. 요즘 인기를 끌고 있는 건 카페와 제과의 융합입니다. 빵과 커피, 디저트와 커피의 조합은 뭐, 너무나 흔해요. 그렇다면 흔하지 않은 것과 조합한다면 어떨까요? 시그니처 메뉴가 있어서 그것을 더할 수 있다면?

다음, 콘셉트에 관해 생각해볼까요? 잘되는 카페 콘텐츠들을 보면 저마다 독특한 콘셉트를 가지고 있습니다. 예를 들어 도심 지역에서는 요즘 기존 공간을 재해석한 뉴트로 콘셉트의 카페들이 인기를 끌고 있어요. 레트로가 장년층의 향수를 자극했다면, 뉴트로는 옛 감수성을 신기하면서도 힙한 것으로 여기는 젊은 세대들의 유행입니다. 뉴트로 콘셉트의 카페들은 정신없이 빠른 디지털 세상을 넘어, 시간이 느리게 가는 아날로그 시대로 시간 여행을 온 기분을 느끼게 해 줍니다.

제가 한번 상상의 나래를 펼쳐볼게요. 뉴트로 바람을 타고 다시 등장한 것이 사진 어플의 필카, 일명 필름 카메라 모드입니다. 핸드폰 카메라가 1억 800만 화소인 시대를 사는 젊은이들이 마치 1980년대에 찍은 듯한 흐릿한 사진에 열광해요. 자, 그렇다면 뉴트로 콘셉트의 카페에서 진짜 필름 카메라로 사진을 찍고, 심지어 현상하는 경험도 할 수 있다면 어떨까요? 영화 <8월의 크리스마스>에 나온 것 같은 사진관 콘셉트

카페에서 직접 사진을 찍고, 암실에서 직접 현상을 해보는 건 재미있는 경험이 될지도 모릅니다.

이외에도 <응답하라> 시리즈에 나올 법한 80년대 친구네 집 거실 같은 카페, 부모님의 젊은 시절 사진 속 복고 스타일로 옷이나 머리를 하고 사진 찍고 수다 떨 수 있는 카페 같은 것도 가능하겠죠."

"카페라는 기본 재료를 바탕으로 메뉴, 인테리어, 공간 구성, 공간 구조에 여러 아이템들을 대입해 보고 최고의 효과를 낼 융합 재료를 찾으라는 말씀이군요. 전에 상권과 입지에 관해 배우면서 핫플레이스에 가면 보라고 하셨던 요소들과 겹치네요."

하선이 크게 고개를 끄덕였다.

"그 요소들에 다양한 트렌드들을 더하고 섞어보는 사고 실험이 바로 제 노하우예요. 쇼핑, 패션, 놀이, 생활, 여행, 문화 등 이런저런 트렌드와 아이템들을 결합시키는 상상을 해봅니다.

이때 중요한 것이 있습니다. 첫째, 나만 사용할 공간이 아니므로 사용자 중심의 공간을 상상해야 합니다. 내 취향이 아니라 최종 소비자들 취향에 맞는 공간이어야 해요. 둘째, 콘텐츠는 카피되기 쉽습니다. 그러므로 선두성이 있어야 합니다. 트렌디하면서도 흔하지 않은 콘텐츠를 개발해야 해요."

| MORE LESSONS |

부동산 공간도 소비 상품이다

콘텐츠는 부동산이 가지는 고유성을 강화시켜주는 핵심적 요소이다. 부동산은 소비하는 공간으로 만들어야 한다. '공간은 소비하는 곳'이라는 대전제를 가지고 콘텐츠를 만들고, 거기에 공간을 더해야 한다.

도심을 지나 비도심 지역으로 나가면 지역의 특색과 건축물의 스토리를 이용하여 새로운 공간으로 해석한 카페가 많이 있다. 죽어있던 공간을 재창조한 곳들이 많은데 핵심은 콘텐츠 간의 융합과 기획력에 있다. 새로운 콘텐츠는 상상력에서 시작된다는 것을 명심하기 바란다. 출발점은 '나라면 이곳에 이런 걸 만들겠어'라는 생각이다.

트렌디한 융합으로 선두성을 확보하라

황 과장이 물었다.

"비주거용, 그러니까 상업용 공간은 핫플레이스들의 요소별로 더하기 사고를 해보면 된다 이거네요. 그럼 주거용 공간은 어떻게 기획해야 할까요? 주거시설은 좀 다를 것 같은데요."

"사업지에 맞는 주거 형태가 가장 중요하죠. 1~2인 가구를 중심으로 할 것인지, 신혼부부를 중심으로 할 것인지, 3인 이상 가구를 중심으로 할 것인지에 따라서 공간 구성이 기획 단계부터 달라질 테니까요. 예를 들어 가전, 가구 등 필요한 구성의 위치만 해도 그렇죠."

하선은 잠시 망설이는가 싶더니, 말을 이었다.

"요즘 제가 가장 많이 고민하고 있는 것이 언택트 시대에 맞는 공간이에요. 또 1인 사업자들이 필요한 공간에 대해서도 고민하고 있고요. 사무용 공간 + 주거용 공간의 융합이 시대에 필요한 공간이 아닐까 싶어서, 그런 기획을 위한 공부에 집중하고 있습니다."

그날 이후 황은 부동산 공부를 시작한 이후에는 잘 보지 않던 신문 생활면, 라이프스타일과 유행 아이템, 트렌드와 관련된 기사들을 다시 찾아 읽기 시작했다. 역시 해법은 공부, 길은 끊임없는 자기 경영에 있는 거라 생각하면서.

COLUMN

황금알을 낳는 거위는 어디서 데려오는가

효연 & 하선

통념을 깨는 예술 작품이 있다. 마르셀 뒤샹의 <샘>이라는 작품으로, '세상에서 가장 유명한 하고 가장 비싼 변기'로도 유명하다. 앙리 로베르 마르셀 뒤샹Henri Robert Marcel Duchamp은 발상의 전환을 통해 현대 미술계를 발칵 뒤집어 놓았다. 틀을 깬 그의 작품들은 출품 당시엔 미쳤다는 취급을 받았다. 그랬던 <샘>의 가격은 현재 얼마일까? 놀라지 마시라. 2004년 미술품경매 낙찰가격은 36억 원! 1964년 처음 거래된 이후 가격은 계속 상승하였다. 만약 지금 거래된다면 얼마일지 알 수 없다.

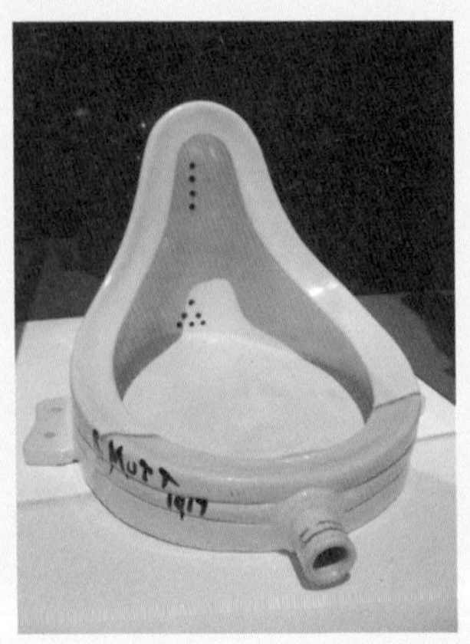

마르셀 뒤샹, 샘 (출처 : commons.wikimedia.org)

이처럼 미술사를 살펴보면 당시에는 인정을 받지 못했지만 시간이 흐른 후 가치를 인정받는 예술가들이 많다. 사회적 통념을 넘어섰기에 선구자가 되었고, 그렇기에 작품이 높은 몸값을 받으며 두고두고 회자되는 것이다.

부동산 기획도 통념을 넘어서야 한다. 이런 말이 아직 와 닿지 않을 테지만 필자는 이것이 무엇보다 중요한 기획 요소라 생각하기에 이 지면을 빌려 짧게나마 이야기해 보고자 한다.

설계가 잘 나오는 토지는 누구나 설계, 기획할 수 있다. 반대로 설계가 안 되는 토지도 있다. 통상적으로 어떤 토지의 가치가 더 높을까? 가격은 가치와 연관되므로 가격이 높은 것이 가치도 높다 생각할 수 있을 것이다. 그런데 가끔 설계가 안 나옴에도 토지 가격이 높은 것이 있다. 이것은 어떻게 받아들여야 할까?

설계를 토지에 맞게 할 것인가? 설계가 잘 나오는 토지만을 고집할 것인가? 기획력은 설계를 잘할 수 있도록 건축사에게 얼마나 정확한 콘텐츠를 전달하느냐에 달려 있다. 대부분 이 점을 단 한 번도 고민하지 않는다. '빨간 벽돌집'은 낡은 건물을 상징하는 것으로, 정말 중요한 것은 부속 토지의 가치를 판단하는 일이다. 숨어 있는 공간을 활용할 수 있는 기획을 해야 한다. 건축사가 기획한 대로 하는 것도 좋지만, 의견을 끊임없이 교환하며 때로는 주장을 관철시킬 필요도 있다. 앞서 이야기한 <샘>처럼, 현재로서는 말이 안 되는 이야기라도 머릿속에서 구체화하여 그것을 전달해야 한다. 부동산에 사용적 가치를 부여해야 한다는 미션을 잊지 말자. 다른 사람들의 사용 기준에 맞춰 기획을 고민해야 하는 것이다.

필자가 현재 진행 중인 역삼동 프로젝트도 처음 기획을 했을 때 포기하려고 했었다. 사용할 수 있는 면적에 비해 토지 가격이 높았기 때문이다. 대안은 하나이다. 기획 설계를 보강하고, 토지 가격을 낮추는 수밖에 없다. 이 점에 주목하여 일반적인 코어 구성을 피하려 했다. 내부 코어를 외부 코어로 변경하였고, 각 층고1개 층의 높이를 조정하였다. 이런 생각은 갑자기 나오는 것이 아니다. 이 프로젝트를 성공시키기 위하여 보통의 기획 단계보다 훨씬 더 치열하게 고민하고, 더 많은 아이디어들을 적용시킨 결과였다.

다시 <샘>에 관한 이야기로 돌아가보자. 아무 변기나 사서 뒤샹이 한 것처럼 글자를 쓰고 전시하면 값비싼 예술품이 될까? 뒤샹의 작품에서 중요한 것은 생활 속에 흔히 볼 수 있는 물건에 가치를 부여한 데 있다. 기존의 생각과 틀을 깨버린 것이다. 즉, 중요한 것은 변기가 아니라 가치 부여이다. 선구적인 생각과 고민과 결과물을 만들기까지 수많은 시행착오를 거쳤다는 것은 더 말할 필요가 없다.

이 점을 상기했으면 한다. 부동산 개발 사업가들 또한 일상에서 만들어 놓은 프레임에서 빠져 나와야 한다. 예술가들처럼 작가의 혼과 열정, 모든 삶이 들어가 있어야 기획안이 완성된다. 누구나 할 수 있다. 실행해 보지도 않고 어떻게 해야 할지 모르겠다며 포기해 버리지 말자.

'변호사처럼 생각하고, 대기업처럼 경영하라.'

남들과 다른 스케일로, 사고를 확장했으면 한다. 황금알을 낳는 거위는 어딘가에 따로 있는 것이 아니라 자신 안에 있는 것이다.

자본과 금융, 빌라 한 채 값으로 건물주 되는 비결

PART 5

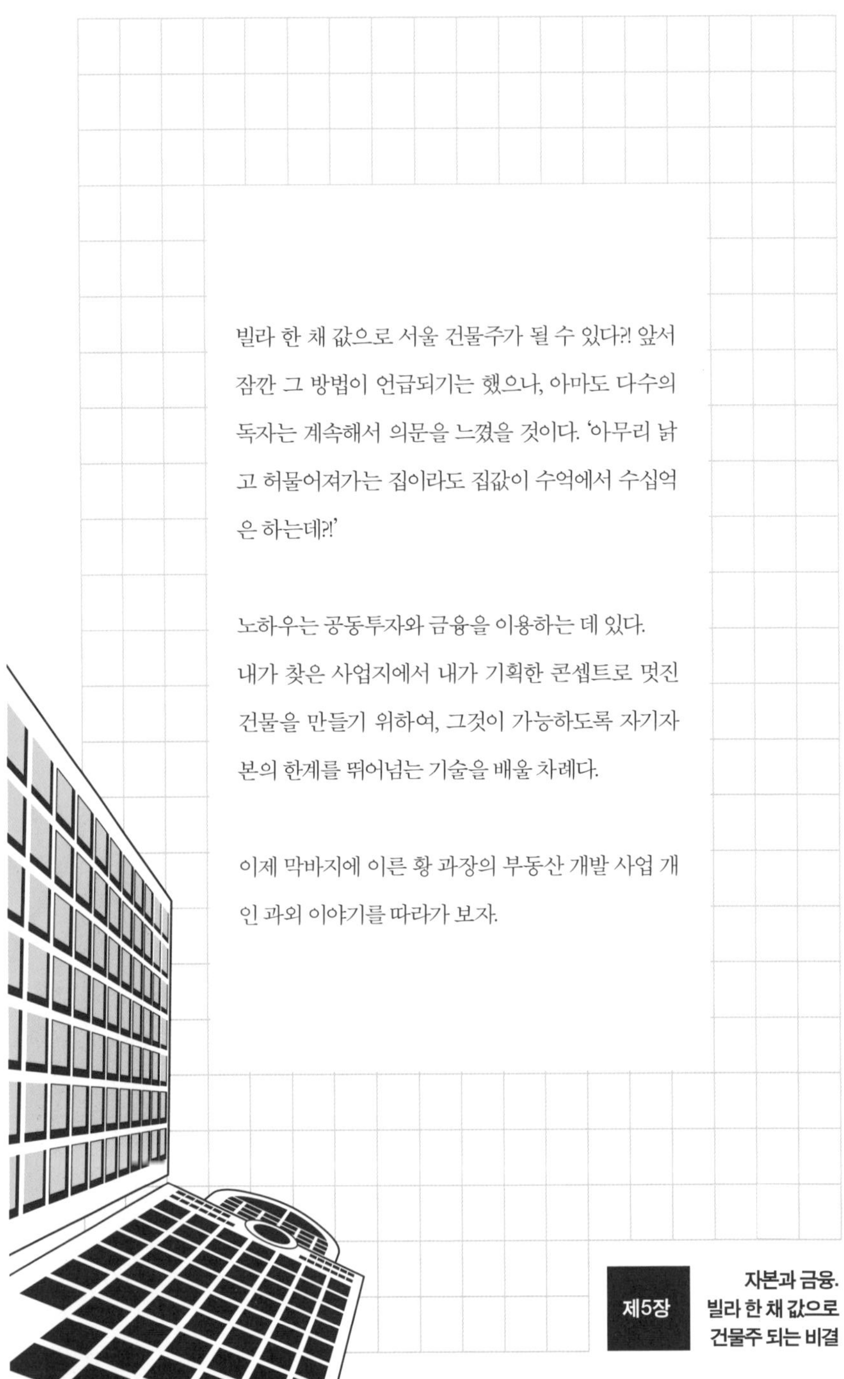

빌라 한 채 값으로 서울 건물주가 될 수 있다?! 앞서 잠깐 그 방법이 언급되기는 했으나, 아마도 다수의 독자는 계속해서 의문을 느꼈을 것이다. '아무리 낡고 허물어져가는 집이라도 집값이 수억에서 수십억은 하는데?!'

노하우는 공동투자와 금융을 이용하는 데 있다. 내가 찾은 사업지에서 내가 기획한 콘셉트로 멋진 건물을 만들기 위하여, 그것이 가능하도록 자기자본의 한계를 뛰어넘는 기술을 배울 차례다.

이제 막바지에 이른 황 과장의 부동산 개발 사업 개인 과외 이야기를 따라가 보자.

제5장

자본과 금융. 빌라 한 채 값으로 건물주 되는 비결

어떻게 빌라 한 채 값으로 서울 건물주 되느냐 물으신다면

01

일요일 아침, 황 과장은 습관처럼 스마트폰을 켜 포털 사이트의 뉴스 코너를 훑었다. 경제지니 종합 일간지니 할 것 없이 천정부지로 치솟는 집값과 전세 품귀 현상에 대한 기사들이 메인을 장식하고 있었다. 특히 불과 1~2년 사이 수억 원대 시세가 오른 서울과 수도권 아파트 관련 기사의 댓글난은 상대적 박탈감을 토로하는 이들의 탄식과 허탈감으로 가득하다.

그렇게 한 동안 부동산 기사를 읽던 황 과장은 생각에 잠겼다.

'서울의 아파트 중윗값이 9억 원을 이미 넘었다. 우리가 흙수저다 동수저다 하는데, 9억이면 결코 '서민적'인 숫자가 아니지. 진작 내 아파트 마련에 성공하지 못한 사람들 입장에서는, 어쩌면 넘볼 수 없는 대상이 되어버린 거야. 그런 상황에서 빌라 한 채 값으로도 서울에 건물을 소유할 수 있다는 사실이 또 다른 희망이 될 수 있지 않을까?'

그 날 오후 하선을 만난 황 과장이 말했다.

"작가님, 저희가 맨 처음 만났던 북콘서트 기억하시죠? 강연 부제가 '빌라 한 채 값으로 서울 건물주 되는 법'이었잖아요. 그땐 '그냥 광고 카피겠지, 과장하는 거 아닐까'라고 생각했었는데, 공부하면서 사업을 준비하다 보니 그 안에 담긴 진정성과 다양한 의미들이 이해가 됩니다."

하선이 장난스럽게 되물었다.

"새삼스럽게요?"

그러나 황의 말투는 여전히 진지하다.

"서민과 부동산 사업, 두 가지 단어만 놓고 보면 별 관련이 없어 보여요. '큰돈 들어가는 부동산 사업을 어떻게 해? 아파트도 못 사는 형편에?'라는 생각부터 드니까요. 그런데 사실은 그리 멀리 있지 않다는 거죠. 서민도 돈 버는 부동산 사업이 가능하다는 걸 함축적으로 보여주는 문구라는 게 이제 와 닿습니다."

황의 엄숙하기까지 한 표정에, 하선도 자세를 고쳐 앉으며 말했다.

"빌라 한 채 값으로 서울에 건물을 소유할 수 있는지에 대한 질문을 정말 많이 받아요. 지역에 따라 가격 편차가 존재하지만, 문장 그대로만 놓고 보자면 대답은 '가능하다'입니다. 또 하나 많이 받는 질문이, 평범한 소득만으로도 부동산 사업이 가능하냐는 것입니다. 이 또한 대답은 '가능하다'예요. 자, 그런데 평범한 소득과 평범한 수준의 자산, 즉 빌라 한 채 정도면 얼마일까, 연봉이 얼마나 되어야 부동산 투자나 사업이 가능할까를 가늠하기에 앞서 먼저 해야 할 일이 있습니다. 뭘까요?"

자기 점검과 공부가 우선이다

황 과장은 빙그레 미소를 지었다. 이제까지 부동산 사업가로서 거듭나기 위한 훈련을 허투루 받지 않은 터다.

"소득보다 중요한 것! 목적의식과 실행력, 집중력 아닐까요?"

"딩동댕! 연봉이 얼마인데 사업할 수 있느냐, 자본이 얼마 있는데 어디에 투자가 가능하냐 등을 고민하기에 앞서 본인 점검부터 해야 합니다. 얼마를 보유하며 얼마나 벌고 있느냐의 문제가 아니라, 얼마나 모을 수 있고 활용할 수 있느냐가 관건입니다. 또 사업의 성패에 있어서 어디에 투자하느냐만큼 중요한 것은, 얼마나 확신을 가지고 실행할 수 있느냐입니다."

지금까지 황 과장은 종잣돈을 모으고 부동산과 경제를 공부하면서 무서운 집중력으로 부동산 사업을 준비해왔다. 앞으로도 소비는 줄이고 공부는 더하여 미래를 준비하고, 다른 한편으로는 사업에 대한 지식을 쌓아 나가는 것이 그의 계획이었다. '선택과 집중은 성과라는 결과로 드러나리라.' 황은 생각했다.

하선이 말을 이었다.

"본인에 대한 점검이 끝나면 부동산 사업 과정에 대한 전반적인 이해가 필요해요. 두 가지 관점에서 사업 구상을 해야 하는데, 사업자 구성과 금융 구조가 그것입니다. 사업 진행과정 및 자금 흐름을 이해하지 못하면 사업을 실행할 수 없는 건 당연하고, 나아가 사업을 진행해서는 안 돼요. 이건 무엇보다도 중요한 부분입니다."

부동산 사업을 위해 이해해야 할 두 가지

빨간 벽돌집을 이용한 부동산 사업에는 두 가지 사업 모델이 있다. 하나는 멸실철거을 전제로 하는 신축사업이며, 다른 하나는 기존 빨간 벽돌집의 구조 보강 및 용도 변경을 전제로 하는 리모델링 사업이다. 두 사업 모두 금융을 활용한 방안을 전제로 하여 사업계획을 수립하여야 한다. 여기서는 저축은행 PF를 기준으로 금융 구조를 살펴보자.

"금융 구조를 공부해야 하는 건 수익률 때문인데요, 모든 사업이 동일하겠지만 금융 구조를 어떻게 활용하는 가에 따라 수익률이 크게 변합니다. 성공적인 사업을 위해서는 레버리지와 금융 구조에 대한 이해가 필수죠. 그리고 이 구조를 알아야 하는 또 다른 이유, 바로 금융 비용을 사업비에 포함시키기 위해서예요."

하선의 말에 황이 물었다.

"만약에 본인의 자본금만 활용해서 사업을 진행할 수 있는 경우라면,

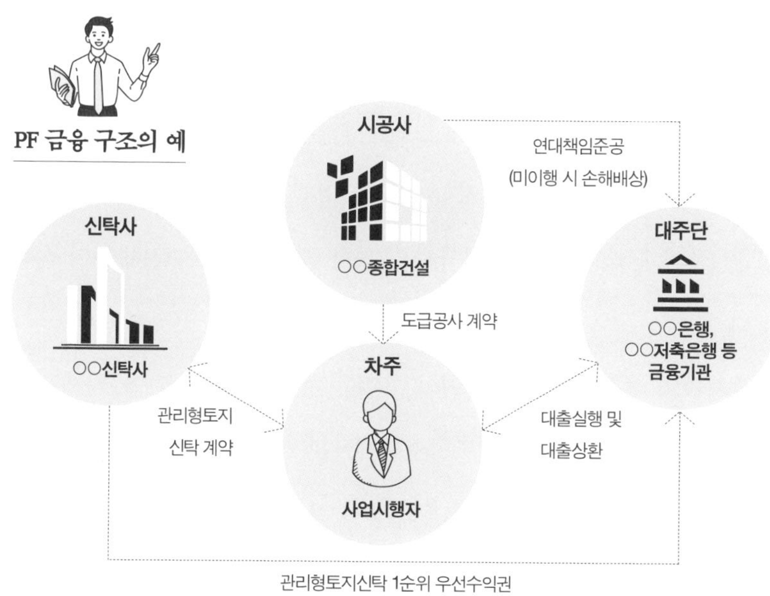

그래도 금융을 활용해야 할까요?"

"네, 그렇더라도 금융을 꼭 활용하는 게 좋습니다. 금융을 사용하면서 발생된 비용을 사업비에 포함시키면 종합소득세 또는 법인세 납부 시 유리하기 때문이에요."

황 과장이 고개를 끄덕이며 말했다.

"공동사업자도 같은 맥락이죠?"

"맞습니다. 빨간 벽돌집 사업을 위해서는 공동사업자에 대한 이해도 필요해요. 이건 사업이 완료되는 시점의 관점에서 접근하면 이해하기 쉽습니다."

"사업이 완료된 시점이란…?"

"매각이 된 시점이죠. 그렇게 보면 손익을 계산할 수 있어요. 만약 손해가 예상된다면 사업을 시작할 이유가 없겠죠? 수익이 예상되니 사업을 했을 텐데, 이때 발생된 이익에 따라서 종합소득세 누진세율이 적용됩니다.

현시점의 세율에 따르면, 1인이 사업을 하는 경우 대부분 '과세표준액×42%'의 종합소득세와, '종합소득세×10%'의 지방세를 납부해야 해요. 그런데 공동사업을 하면 출자해야 할 자본금 규모가 작아지죠. 즉, 1인이 사업을 하는 경우와 비교했을 때 2인이면 50%, 3인이면 약 33%,

4인이면 25%로 출자금이 줄어듭니다. 이익이 출자금 비율로 분배되므로 종합소득세율 또한 낮아집니다. 세금적인 부분을 놓고 보았을 때는 공동사업이 합리적이라고 생각합니다."

"하지만 장점만 존재하는 것은 아니죠? 공동사업이다 보니 위험성이 있을 텐데요."

황의 말에 하선이 고개를 끄덕였다.

"실은 매각 시점에 대한 합의를 이끌어내는 것이 가장 힘들어요. 대표사업자를 선정하는 것도 서로 의견이 대립할 수 있죠. 그렇지만 앞서 말한 것과 같은 장점들 덕분에, 이런 위험성을 회피할 수 있다면 공동사업으로 진행하는 것이 여러모로 유리합니다.

여기에 더해, 서울의 빌라 한 채 값으로 부동산 사업을 할 수 있는 출발점이 바로 공동사업이에요. 공동사업의 경우 세법상 각 개인이 출자함으로써 조합이 설립된 것으로 봅니다. 절차나 진행이 다소 까다로운 지역주택조합이나, 재건축·재개발 조합 등과 같은 면이 있으면서도 달라요. 사업의 주체가 어떤 관점과 목표를 가지고 같은 곳을 바라보며 함께할 수 있느냐에 사업의 승패가 달려 있죠."

하선이 덧붙였다.

"부동산 사업은 여러 관점에서 접근해야 해요. 절대 한 곳만을 보면 안 됩니다. 사고의 확장이 필요한 이유죠. 사업은 사업 시행 방식, 금융

| MORE LESSONS |

반드시 공동사업을 하라는 이야기가 아니다

공동사업을 해야만 한다고 말하는 것이 아니다. 공동사업은 세금면에서 강점이 있으나, 의사결정 시 갈등이 존재할 수 있다. 사업 방식은 본인이 스스로 선택하는 것이다. 이 선택으로 발생하는 모든 손익은 본인에게 귀속됨을 명심하면 된다. 어떠한 경우든 사업 주체는 본인임을 상기하여야 한다.

구조, 시공사 선정, 금융주관사와의 관계 등 복합적인 요소들이 하나가 되었을 때 순항할 수 있어요."

황 과장이 가볍게 한숨을 쉬며 말했다.

"아휴, 아무리 공부해도 아직 맞닥뜨리기 전이라 그런지 걱정됩니다."

"누구나 처음은 있어요. 저 또한 처음이라는 과정을 겪었고요. 이런 과정은 실제로 경험하다 보면 충분히 넘어설 수 있습니다. 지금 해야 할 일은 최대한 철저히 부동산 사업을 준비하는 것입니다. 그리고 여러 관점에서 사고해야 한다는 걸 항상 염두에 두시고요."

잃지 않는 것이 첫 번째 목표, 크게 버는 것은 두 번째 목표다

02

"부동산 사업이든 혹은 다른 사업이든, 사업에 임할 땐 무조건 보수적 판단이 기본입니다."

지방에서 열린 소규모 강연회에 초청받아 연단에 선 하선이 말했다. 황 과장은 오랜만에 하선의 강연도 듣고, 진행도 도울 겸 자리에 함께 한 참이었다. 너무 많이 들어서 황의 입장에서는 이제 외우다시피 하는 하선의 지론이 이어졌다.

"사업에서 가장 중요한 건 자본금 방어입니다. 자본금을 잃는 사업, 투자를 해서는 안 됩니다. 많은 분들이 투자나 사업을 시작할 때 장밋빛 청사진만 보고 시작해요. 세밀한 준비 과정 없이 시작하는 겁니다. 자,

그렇다면 어떤 준비가 필요할까요?"

"이것저것 공부하면 최소한 2~3년은 준비해야 하지 않을까요?"

하선의 질문에 맨 앞 줄에 앉아있던 참석자가 말했다.

"기간이 길다고 다 성공하는 것은 아닙니다. 제가 말씀드리는 준비 중 가장 중요한 것은 바로 '사고'예요. 부동산에 접근하는 사고를 확장해야 합니다. 성공만 바라보고 사업을 시작하면 진행 과정에서 예상하지 못한 장애물을 만나게 됩니다. 모든 장애물에 대한 준비를 할 수는 없지만, 최대한 예상하고 대응하는 것은 가능합니다. 사고를 확장하여 다방면을 바라봐야 하는 이유입니다."

사업성 판단의 핵심, 원가 분석

"이와 관련해서 궁금한 점 있으신가요?"

중간중간, 하선이 참석자들의 반응을 체크하며 물었다. 그러나 코로나 시국에 적은 인원만이 참석한 때문인지 서로 눈치만 볼뿐, 좀처럼 질문이 나오지 않았다.

'뭐가 궁금할지 알 것 같은데 아무도 질문을 안 하네….'

결국 강의장 뒤편에 있던 황 과장이 손을 들어 발언했다.

“사업을 시작하기 전에, 실무적인 부분에서는 어떤 준비가 필요한가요? 예를 들어서 ‘이 정도는 반드시 확인하고 사업에 돌입해야 한다’라는 게 있다면요?”

하선의 입가에 자동반사적인 미소가 떠올랐다. 센스 있는 질문이 제법 마음에 든 것이다.

“저 같은 경우엔 사업성 판단에 가장 많은 시간과 에너지를 쏟습니다. 사업을 시작하기 전의 사업성 판단이 최종 성패를 좌우한다 해도 과언이 아니거든요.”

다시 맨 앞 줄의 아까 그 참석자가 물었다.

“사업성 판단은 어떻게 합니까?”

“부동산 사업은 사업지를 찾으면 진행 과정의 70%는 이미 성공한 것입니다. 이 같은 사업지 계약을 하기 위해 선행되는 것이 바로 사업성 분석입니다. 다르게 표현하면 사업수지 분석이라고도 하는데요, 사업수지 분석은 원가와 매출에 대한 관점을 가지고 가야 합니다. 상품을 만들 때 가장 중요한 것이 원가입니다. <골목식당>이란 TV 프로그램 아시죠? 거기서 백종원 대표가 항상 강조하는 것이 있어요. 원가예요. 프로그램을 잘 보시면, 그분이 매출보다 원가를 강조한다는 걸 알 수 있습니다. 왜일까요? 원가를 낮추면 어떤 좋은 점이 있을까요?”

“싸게 팔 수 있고, 그럼 많이 팔린다?”

또 다른 참석자가 말했다. 덩달아 다른 이들의 눈빛에도 흥미가 차오르며, 강연 분위기는 점차 고조되고 있었다.

하선이 말했다.

"빙고! 원가가 낮으면 판매 가격을 낮출 수 있습니다. 부동산도 상품이라 말씀드렸죠? 상품 개발 시 원가 대비 매출에 대하여 판단할 수 있는 기준이 확립되어야 사업을 진행할 자세가 되었다고 할 수 있습니다.

부동산 원가는 크게 세 가지로 구성됩니다. 토지비 + 건축비 + 금융비가 그것입니다. 원가의 가장 큰 부분을 차지하는 부분이 토지비로, 사업지의 가치를 판단하는 기준이 됩니다. 토지비가 주변보다 지나치게 높다면, 토지의 가치가 과다하게 책정되어 있는 것은 아닌지 면밀히 확인해야 합니다."

"건축비나 금융 비용은요? 그것도 원가 비중에서 중요한 요소가 아닌가요?"

"좋은 질문입니다. 건축비와 금융비는 사업계획을 하는 시점에서 업계 평균 가격이 정해져 있습니다. 그에 비해 토지비는 정해져 있지 않죠. 그러니 토지비가 원가 부분에서 관건이 되는 겁니다. 부동산, 특히 토지비는 시장가격이 정해져 있지 않아 가장 판단하기 어려운 부분이기도 합니다. 같은 지역에 동일 조건이더라도 토지비는 제각기 시장에 나오거든요.

이유는 매도인이 받고 싶어 하는 가격이 다 다르기 때문입니다."

참석자 중 가만히 듣고 있던 은발 신사가 나직이 말했다.

"하지만 팔고 싶은 가격과 팔리는 가격은 다르죠."

하선이 고개를 끄덕이며 말을 이었다.

"맞습니다. 매도인이 받고 싶은 가격이라고 해서 그 가격에 거래가 되지는 않습니다. 매수인의 가격과 여러 가지 조건이 합치되어야 계약이 성립되죠. 자, 그렇다면 어떻게 사업을 준비해야 토지의 가격을 제대로 판단하고 계약할 수 있을까요? 저는 합리적이라고 생각되는 가격보다 낮은 가격으로 확보해야 한다 봅니다. 그만큼 사업지 가격이 사업성에 미치는 영향이 크다는 겁니다."

"만만치 않겠는데요."

아까의 그 신사 분이 웃음을 지으며 고개를 가로저었다. 하선 또한 따라 웃으며 말했다.

"네, 시장 가격을 어떻게 판단할 것인가는 저도 여전히 어려워하는 부분입니다. 제일 힘든 문제이기도 하고요. 하지만 두려워할 필요는 없습니다. 판단 기준을 확립하면 됩니다. 그렇게 해서 시장에서 거래되는 가격을 주도해야 해요. 제 경우엔 지난 경험과 향후 시장의 흐름에 대한 예측을 통해 판단 기준을 만들었습니다."

시장 가격을 판단하는 기준

"작가님의 가격 판단 기준이 궁금합니다!"

참석자들이 다시 어려워하는 기색이라, 황 과장이 다시 한번 센스를 발휘했다. 하선이 황의 말을 받았다.

"사업수지 분석을 근거로 한 타당성 분석 결과가 제 판단 기준입니다. 복잡하게 느껴지시죠? 차근차근 설명하겠습니다. 여기, 사업수지 분석은 원가 구성만 봅니다. 그런데 우리는 판매할 수 있는 가격, 시장에서 외면당하지 않는 가격에 대해 생각해야 해요. 이 판매가를 예측하는 것이 곧 예상 매각 가치 분석입니다.

이를 위해서는 임의로 가격을 설정할 수 있어요. 매각 가치의 숫자를 올리면 사업수지 상 높은 이익을 만들 수 있죠. 하지만 그것은 서류상으로 존재하는 숫자에 불과합니다. 정확히 분석한 매각 가치에 원가를 차감하면 세전 사업이익을 구할 수 있는데, 세전 사업이익이 타당한지 다시 검토해 보는 것이 바로 사업 타당성 분석입니다. 시장의 흐름에 맞게 적정한 매각액을 선정했는지를 판단하는 것입니다."

"거꾸로 분석해 보는 것이군요!"

어느 참석자의 감탄에 이어, 하선이 황 과장을 가리키며 말했다.

"저기 뒤편에 계시는 분은 저와 같이 부동산 개발 사업을 준비 중이

신데, 사업지 선정도 거의 마무리 단계입니다. 저기 계신 황 과장님과 사업을 준비하면서 가장 강조한 것이 바로 타당성 분석입니다. 대다수는 사업수지만을 분석해요. 우리는 한 단계 더 나아가야 합니다. 사업 타당성 분석을 통해 사업 전체를 검토하고 또 검토해야 합니다."

"매각액에 대한 분석은 어떻게 할 수 있나요?"

질문을 받은 하선이 칠판에 'NOI' 세 글자를 썼다.

"NOI Net Operating Income는 우리말로 순운영소득순임대소득이라고 합니다. NOI에 대한 자세한 내용은 80~86페이지를 참고하라. 주거용, 비주거용 부동산 시장에서 소득Income을 분석하는 공식입니다. 임대료, 주차비, 서비스 및 관리비 항목을 수입으로, 유지관리비·보험료·시설비·재산세 등 항목을 비용 항목으로 하여 수입 항목에서 비용 항목을 차감하여 산출합니다. 공식은 이렇습니다."

하선이 다시 칠판에 다음과 같이 적었다.

유효총소득Gross Revenue - 운영비용Operating Expenses = NOI

NOI - 금융비용 = BTCF(세전 현금흐름)

"이렇게 나온 NOI에 금융비용을 차감하면 BTCF Before - Tax Cash Flow, 세전 현금흐름가 나옵니다. BTCF에 (사업자 구분에 따라) 종합소득세율이나 법인세율을 적용하면 ATCFAfter-Tax Cash Flow, 세후 현금흐름를 구할 수 있습니다.

이 공식은 상업용 부동산 가치 평가에 활용되고 있어요. 캡 레이트Cap Rate, 자본 환원율, 자세한 내용은 84페이지를 참고하라를 이용한 방법론인데, 이를 적용한 것이죠. 다만 제 개인적인 생각으로는, 소형 수익형 부동산에 캡 레이트를 응용하는 건 좀 무리가 있다고 봐요. 그럼에도 불구하고 이 공식에 따라 점검해 보는 이유는 이것이 부동산 가치 판단의 기준이 될 수 있기 때문입니다.

투자 시 가장 중요하게 생각하는 부분이 내 투자금 대비 몇 퍼센트를 벌 수 있느냐, 즉 ROE자기자본대비이익률입니다. 부동산에서는 투자금 대비 수익률을 점검할 때 NOI를 활용합니다. 소형 부동산에서도 마찬가지로 가치를 판단하기 위한 참고자료로 활용할 수 있어요.

이처럼 각자만의 판단 자료, 근거 등을 만들어 나가는 것이 중요하다고 생각합니다."

하선의 이야기에 몇몇은 고개를 끄덕였고, 몇몇은 노트에 열심히 무언가를 끄적이고 있었다.

"제가 한 마디 덧붙이자면요," 황이 말했다. "이런 것들을 융합해서 보수적 판단 지표로 사용하는 게 중요하다고 생각됩니다. 작가님께서 말씀하시는 보수적 판단이 반드시 맞고, 절대적인 것은 아니에요. 시장 흐름이 상승 시기일 때는 그 흐름에 맞게 비교적 낙관적으로 판단할 수 있겠죠. 보수적 판단 기준을 강조하는 이유는 자본금을 방어하기 위해서입니다. 이 점을 명심하고 자기만의 기준을 적절하게 사용하면서 올바른 선택과 판단을 하는 것이 필요하겠죠. 시장의 흐름을 판단할 줄 아는 능력, 흐름에 맞는 합리적 방안을 찾는 능력을 갖추기 위해 저 역시 계속 갈고닦고 있습니다."

에퀴티가 대체 뭔가요?

03

이제 강의는 거의 막바지에 이르고 있었다. 마지막 20분은 질의응답에 사용하기로 되어 있었다. 황은 하선에게 시간이 거의 다 되었다는 수신호를 보냈다. 하선 역시 고개를 끄덕이며 준비한 강연을 마무리했다.

"중간중간 확인하긴 했지만, 다시 여쭙겠습니다. 질문 있으신가요?"

지금까지 조용히 듣고 있던 한 참석자가 손을 들고 물었다.

"자본금 3억 정도면 어디에 투자할 수 있을까요?"

아니나 다를까, 반드시 나오리라 생각한 예의 그 질문이다. 하선이 느긋한 말투로 되물었다.

"제가 이런 질문을 정말 많이 받습니다. '연봉이 얼마인데 사업할 수 있나요'라든지 '자본이 얼마 있는데 어디에 투자 가능할까요' 같은 질문을 하시는 분들에게는, 죄송하지만 다시 이렇게 묻곤 합니다. 자, 선생님께선 어떤 목표를 가지고 계신가요? 그리고 목표를 달성하기 위하여 어떻게 준비하고 계신가요?"

"건축을 해서 제 건물에서 월세 받는 게 목표입니다. 그런데 뭘 준비하냐고 물으신다면…."

질문자가 난감한 표정을 지으며 머리를 긁적였다. 하선은 미소를 지으며 말을 이어나갔다.

"괜찮습니다. 선생님뿐 아니라 대다수는 이 질문에 답변을 하지 못해요. 이유는 단 하나입니다. 단 한 번도 생각해 보지 않았기 때문이죠. 목표까지는 세우는데, 그 목표에 어떻게 접근할 것인가는 고민하시는 경우가 드물어요. 목표는 누구나 잡을 수 있습니다. 길을 가다가 신축되고 있는 곳을 바라보면서 '내 목표는 수익형 부동산을 소유하는 거야'라는 생각은 누구나 할 수 있습니다. 중요한 건 어떻게 그 목표를 달성하느냐이죠. 수익형 부동산을 소유하는 데는 두 가지 방법이 있어요. 황 과장님, 뭐죠?"

하선의 훅 치고 들어오는 질문에 황이 재빠른 대답으로 방어했다. 이제 함께한 지가 어느덧 반년, 함께 검토한 사업계획서만 한 박스다.

"하나는 기존 부동산을 인수하는 것이고, 또 다른 하나는 신축하는 것입니다."

"네, 그중 가장 많이 하는 것이 기존 부동산 인수라는 방법입니다. 그런데 이건 누구나 할 수 있는 선택이에요. 이미 만들어진 걸 사는 건 돈만 있으면 쉽죠. 우린 이런 투자가 아니라, 새로운 차원의 수익을 발생시키는 '사업'을 하자고 말씀드렸습니다. 그러기 위해 신축하는 방안을 선택했다면, 이 목표를 성취하기 위해서는 어떻게 준비하고 실행해야 할지 고민해야 합니다. 어떤 목표에 다다르기 위해서는 무엇이 필요할까요? 목표의식과 실행입니다. 그리고 집중해야 합니다. 이 부분이 자본금이 얼마이고 연봉이 얼마이냐보다 훨씬 중요합니다. 이걸 먼저 강조하고 이어서 궁금하신 부분에 대해 말씀드릴게요."

부동산 PF를 위해 알아야 할 에쿼티의 개념

"부동산을 '내 돈 내 산내 돈 주고 내가 산 물건'에 비유해 보겠습니다. 대부분의 경우 부동산은 내 돈자본금, Equity과 남의 돈금융대출, Debt으로 구입합니다.

잘 아시다시피 필요하다고 해서 그만큼 금융 대출을 받을 수 있는 건 아니에요. 정부는 부동산 가격 비중에서 남의 돈의 최고한도를 제한하는 금융정책LTV(부동산가격대비 대출금 비율), DTI(소득대비부채상환비율), DSR(총부채원리금상환비율), RTI(임대업이자상환비율)으로 부동산 금융 부분을 규제하고 있습니다. 이게 무슨 말인고 하니, 부동산 가격의 구성 비율은 정책에 의해서 결정된다는 겁니다.

가격 비율 중 내 돈에 해당하는 부분이 자본금, 즉 에퀴티Equity입니다. 아까 자본금이 3억이라고 하셨는데요. 이 에퀴티라는 개념을 이해해야 내 돈에 남의 돈을 더하는 금융조달에 관해 이해할 수 있습니다. 간단히 말하자면, 내가 가진 3억에 얼마의 공동사업자금을 더 모으고, 금융자금 조달을 통해 어느 정도 사업비를 만들 수 있을지 가늠하는 기초 개념이라는 겁니다. 내가 활용할 수 있는 총사업비가 얼마나 될지 알면 어디에 있는 얼마 정도의 물건을 찾아야 할지 감이 잡히겠죠?"

질문자는 고개를 끄덕였지만 여전히 아리송한 표정이었다. 황 과장이 하선의 마이크를 받아 대답을 이어나갔다.

"제가 최근에 공부하고 사업계획에 적용하면서 이해한 내용을 말씀드려 보겠습니다. 아까 에퀴티는 내 돈이라고 했습니다. 그럼 예상되는 총사업비 중 내 돈이 차지하는 비율은 뭘까요? 에퀴티 비율입니다.

예를 들어 '서울특별시 강남구 역삼동 ○○번지 근린생활 시설 프로젝트'의 경우 필요한 총사업비를 40억 원으로 산출했습니다. 이를 위한 사업비 중 내 돈이 10억, 30억은 금융기관에서 PF로 대출을 받았다면

10÷40=25%로 총사업비 기준 에쿼티 비율은 25%입니다.

금융기관에서 요구하는 에쿼티 비율은 총사업비 기준 최소 20% 이상이라고 하고, 하선 작가님은 30% 이상 확보하시는 것이 좋다고 주장하시는데요. 저는 에쿼티 비율이 높다고 해서 반드시 사업이 안정적이라고 판단할 수는 없다고 봅니다. 금융기관의 관점, 사업시행자의 관점 등 여러 가지 관점에서 봐야 한다고 생각합니다."

"맞아요, 각자의 판단 기준을 확립하고 다양한 시각에서 검토하는 것이 중요해요."

부동산은 금융이 차지하는 비중이 매우 크다. 금융을 어떻게 활용하는가에 따라 사업의 승패가 좌우된다 해도 과언이 아니다. 부동산 사업을 기획 시 가장 고민되는 부분이 금융조달 방법으로, 그만큼 금융이 사업에 미치는 영향이 크기 때문이다.

금융과 관련된 이야기가 이어졌다. 하선이 말했다.

"다시 강조하지만, 예상 사업수지와 그에 따르는 타당성 분석이 매우 중요합니다. 각각의 부동산 사업은 달리 말하면 부동산 개발 프로젝트라고 할 수 있어요. 부동산 개발 프로젝트를 가지고 금융을 조달하는 방식을 PF Project Financing, 프로젝트 파이낸싱라고 합니다. PF 시에는 현재 가치로 판단하는 것이 아니라 사업 완료 시점을 기준으로 부동산의 예상

가격을 판단하여 금융을 조달합니다. 이해가 잘 안 되시죠?"

"부동산 담보대출과는 다른 건가요?"

한 참석자가 물었다.

"부동산 담보대출은 현재 부동산의 가격을 평가하여, 기준에 맞게 대출을 해 주는 것입니다. PF는 미래에 신축된 부동산을 전제로 금융을 조달해 주는 거예요. 완전히 다르죠? 기존 담보대출보다 위험성이 높기 때문에 PF를 이용하면 금융조달 비용이 발생하고, 이자비용도 담보대출보다 높습니다.

부동산 사업의 강점은 사업계획안을 기초로 최소한의 에쿼티로 사업을 극대화시키는 데 있습니다. 즉, 사업성이 좋은 만큼 금융을 이용하기 수월합니다. 눈에 보이지 않는 위험성이 존재하지만 국내 부동산 PF시장 규모는 지속적으로 성장하고 있는 추세입니다. 달리 말하자면, 부동산 개발 사업이 계속 커지고 있다는 뜻이겠죠?"

"금융기관에서 PF를 받으려면 뭘 해야 하나요? 담보대출과 다르다면 필요한 서류도 다를 것 같은데요."

하선이 대답했다.

"말씀드렸듯이, 사업계획을 제시하고 돈을 빌리는 것이니 잘 쓰인 사업계획서가 필요하겠죠? 시간이 벌써 이렇게 되었네요, 오늘 강의는 시간상 이만 마치겠습니다. 궁금한 내용은 제 이메일로 문의 주세요."

드디어 때가 왔다, 사업계획서를 쓸 때가

04

며칠 후, 황 과장은 노트북 앞에 앉아 무언가 생각에 골몰해 있었다. 손가락은 한참을 미동도 없이 자판 위에 머물러 있었다. 하얀 화면에는 검은색 다섯 글자만이 덩그러니 떠있다. 그 글자란 다름 아닌 '사업계획서'.

지금까지도 수십 번 사업계획서를 써봤지만, 하선과 함께 사업성을 검토하기 위한 것이었지 누군가에게 보여 검증받기 위한 것은 아니었다. 그런 의미에서 지금 황의 코 앞에 닥친 과제는 차원이 달랐다. 함께할 투자자를 모으고, 금융기관의 레버리지를 활용하기 위하여 그들을 납득시킬 사업계획서를 써야 하는 것이었다. 마침내 적절한 사업지를 찾아 기획 설계까지 완료하고, 본격적으로 사업비를 고민해야 할 실무 단계에 이른 것이다! 그렇기에 "투자자와 금융기관에 제안할 사업계획서를 직접 한 번 써 보시죠. 일단 작성하시면 보완은 제가 도와드리겠습니다"란 하선의 말에 가슴이 방망이질하듯 뛰었던 그다.

그렇게 본격적으로 사업계획서를 쓰겠노라 자리를 잡고 앉은 지 삼십 분째. 황 과장은 급제를 꿈꾸며 과거시험에 응시했으나 너무 어려운 주제를 받고 머리가 멍해진 선비가 된 기분이었다. 지금까지 갈고닦은 실력을 아낌없이 선보이리라 포부를 안고 시험장에 앉았는데, 막상 주제에 관해 쓰려니 흰 것은 종이요 검은 것은 먹이로다 상태가 되어버린 것이다. 다만 이 경우엔, 급제를 하면 관료가 되는 것이 아니라 사업비를 대출받을 수 있다는 것이 좀 다르지만 말이다.

황 과장은 다시금 생각을 정리하며, 마음을 다잡았다.

'지금까지 공부하며 배우고 익힌 것을 이 한 문서에 녹여 내려야 해. 그렇게 해서 이것을 보는 사람으로 하여금, 그가 투자자라면 주머니 속 먼지까지 투자하고 싶다는 마음이 들도록 하고, 그가 금융사라면 '에쿼티도 필요 없다, 내가 다 빌려주마' 하고 탄복하게 만들어야지. 물론, 현실은 이렇지 않다는 것을 잘 알지만, 그만큼 통찰력 있고 분석력 깊고 정확성 높고 진실한 사업계획서를 작성하고 싶다!'

부동산 개발 사업계획서의 기본 틀

사업계획서란 창업, 자금조달, 신규 사업, 투자 유치, 신년 사업계획 등 사업을 추진함에 있어 내용을 정리하고 계획을 수립하는 문서이다. 내부적으로는 검토했던 사항을 총망라하여 의사결정 자료로 활용하고, 외부적으로는 투자자에게 자금조달을 위해서나 금융회사에게 대출 승인을 받기 위해 반드시 필요하다. 사업계획서를 어떻게 쓰느냐에 따라 검토한 사업이 꽃가마를 타느냐, 산과 들을 맨발로 타느냐 기로에 섰다 하겠다.

사업계획서에는 여러 양식이 있으며, 사업의 규모와 제안 대상자에 따라서도 일부 차이가 존재한다. 황 과장은 일단 공통적으로 해당하는 항목, 즉 빠져서는 안 되는 항목부터 작성하기로 했다. 269페이지부터 제시되는 실제 사업계획서 사례를 참고하라.

첫 번째 항목은 '사업개요'이다.

여기에는 이 사업 자체의 기본 정보를 기입한다. 본 프로젝트의 목적 및 방향성 등을 요약해서 표시할 수 있고, 사업명, 대지위치, 지역지구, 대지면적, 건축면적, 연면적, 건폐율, 용적률, 건축물용도, 규모높이·구조 등을 표로 구성한다.

사업 개요 항목의 예

구분	내용
사업명	○○동 (사업명)
사업지	○○시 ○○구 ○○동 ○○○-○○번지
시행사	○○ (○○○ 외 ○인)
시공사	○○종합건설
지역지구	○○지역, ○종○○지역
용도	근린생활시설 또는 주거시설
건축 규모	지하 ○층~지상 ○층
대지면적	○○○㎡ (○○평)
건축면적	○○○㎡ (○○평)
연면적	○○○㎡ (○○평)
건폐율 / 용적률	○○% / ○○%
주차대수	○대 (법정주차대수 ○대)
공사기간	20○○. ○.~20○○. ○. (○개월 예상)
조감도	*이미지

대지면적은 땅 그 자체의 전체면적을 말하고, 건축면적은 실제로 건축물을 세우게 되는 면적을 뜻한다.

건축면적은 지역 지구에 따라, 국가에서 정해 놓은 한도에 따라 다르다. 서울의 경우, 제1종 일반주거지역의 건폐율은 60%, 용적률은 150%이다. 제2종 일반주거지역의 건폐율은 60%, 용적률은 200%이며 제3종 일반주거지역의 건폐율은 50%, 용적률은 250%이다. 여기서 말하는 건폐율이란 대지면적땅 면적 대비 몇 %까지 지을 수 있는지를 뜻하며, 용적률은 각 층마다의 바닥면적을 합친 면적이 대지면적 대비 몇% 까지 지을 수 있는지를 뜻한다. 다시 말해, 황이 지금 진행하는 위 프로젝트의 경우, 대지면적 163㎡이고 건폐율이 52.6%이므로, 건축면적은 83.07㎡가 된다. 더불어 용적률이 198.06%이므로, 연면적층마다 바닥면적을 합친 면적이 322.84㎡가 되는 것이다. 프로젝트마다 적용되는 건폐율과 용적률은 건축 설계사무소에 의뢰하면 법적 한도 내에서 최적화된 비율로 설계해 준다.

여기에 더하여, 포털 사이트의 지도 서비스를 활용해 현장 사진 및 주변 사진, 지적도, 위성 사진 등을 첨부한다. 즉, '이런 자리에 이런 사업을 하려는데, 기본 정보는 이렇습니다'라는 내용을 작성하는 것이다.

두 번째 항목은 '사업환경 분석'이다.

입지에 관한 주변 환경을 거시적으로 작성한다. 즉, 인구 변화, 주변 건설 실적 현황, 산업별 종사자의 변화 등을 기입하고, 그 입지의 특징이나 상권, 사업지의 강·약점 등을 분석한다.

황은 여기에 예상되는 리스크는 담백하게 명기하고, 어떻게 리스크를 헷징할 것인지 계획까지 더하였다. 더불어 주변에 새로운 교통을 포함한 개발 계획이나 인근 명소 등도 찾아서 명기하였다. 전달하고자 하는 메시지를 정하고 그것에 맞는 구성을 하는 식이다.

세 번째 항목은 '건축계획'이다.

그래서 무엇을 어떻게 지으려고 하는가에 대한 내용이다. 기획 설계 시 받은 전체적인 조감도를 첨부하고, 각 층별로 전용면적이 어떻게 되고, 어떤 용도로 사용할 것인지 등의 내용이 담긴 층별 구성 계획 등을 작성 후 평면도를 첨부한다. 한마디로, 전반적인 건축계획 등을 망라하여 표기하는 것이다.

네 번째 항목은 '수지 분석 및 가치 추정'이다.

건물을 짓기 위해 투입되는 비용원가과 준공 후 매각 시 회수되는 금액매출을 비교하여 본 사업의 사업성 유무를 판단하는 항목이다.

매각금액을 산정하기 위해서는 크게 사업성 분석과 시장성 분석, 두 가지 항목을 주로 활용한다. 사업성 분석은 건물을 짓고 나서 운영할 때, NOI를 근거로 '이 건물이 얼마만큼의 가치를 가지리라 예상되므로 얼마에 매각할 수 있을 것'에 대해 분석하는 것이다. 시장성 분석은 인근의 유사 부동산 거래 사례를 비교하여 신축인 이 건물이 어느 정도의 가치를 가질 수 있을지 예상한 것이다.

사업성 분석이 내부적 요인에 대한 분석이라면, 시장성 분석은 외부적 요인에 대한 분석이라고 할 수 있겠다. 이 분석이 얼마나 논리 정연하고 설득력이 있는지에 따라 투자자나 금융회사의 반응이 달라진다. 황 과장의 입장에서는 '과거 급제를 하느냐 못하느냐'가 바로 이 항목에 달려 있다 해도 과언이 아니다.

끝으로, 상기 내용들을 요약하여 핵심만 다시 어필하는 서머리Summary를 항목에 추가할까 생각하던 황 과장의 머릿속에 하선의 말이 떠올랐다.

"대개는 끝에 넣지만, 저는 사업계획서 초반부에 서머리를 넣곤 해요. 길고 긴 사업계획서를 처음부터 꼼꼼히 읽는 사람은 드물거든요. 서머리를 이용해 초반부터 상대의 관심을 끌어 놓는 겁니다. 그 후에 이유 및 부연 설명을 하는 것이 상대방을 위한 배려이고, 보기 좋은 사업계획서의 형태라고 생각합니다."

실제 사업계획서의 예 (표지)

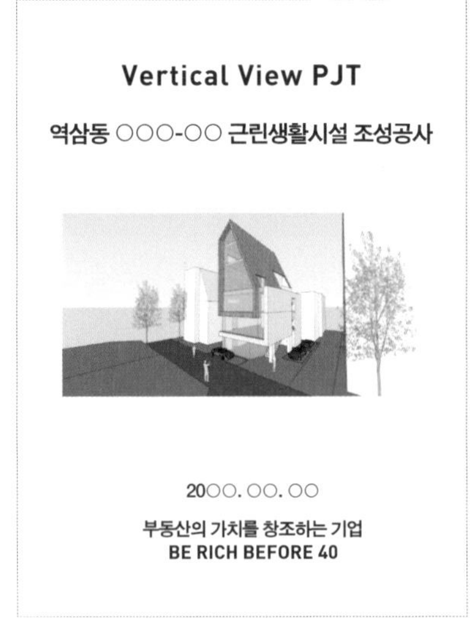

Vertical View PJT

역삼동 ○○○-○○ 근린생활시설 조성공사

20○○. ○○. ○○

부동산의 가치를 창조하는 기업
BE RICH BEFORE 40

●— 다음 페이지부터 실제 사업계획서의 구성 및 내용을 공개합니다.

실제 사업계획서의 예 (1페이지)

Vertical View PJT

A. 사업 개요

사업 자체의 기본 정보, 한 마디로 프로필이다.

1. 사업개요

구분	내용
사업명	역삼동 Vertical View PJT
사업지	서울특별시 강남구 역삼동 OOO-OO
시행사	BE RICH BEFORE 40
시공사	위너종합건설(주) 예정
지역지구	도시지역, 3종일반주거지역
용도	근린생활시설
건축 규모	지하 1층~지상 5층
대지면적	180.3㎡ (54.45평)
건축면적	90.93㎡ (27.5평)
연면적	375.31㎡ (113.53평)
건폐율 / 용적률	49.72% / 208.16%
주차대수	3대 (법정주차대수 2.8대)
공사기간	2020. 2.~2020. 11. (9개월 예상)
조감도	

실제 사업계획서의 예 (2페이지)

Vertical View PJT

2. 입지 여건

사업 환경분석이다. 교통과 주변 환경 등에 대한 객관적 자료, 개발 사업지를 중심으로 주위 환경과 어울릴 수 있는 예상 콘텐츠(ex. 주거 vs. 비주거), 신축 공사 여건 확인(ex. 민원 발생, 소음) 등의 내용이 포함된다.

① 교통 환경

- 강남역 더블 역세권(2호선 신분당선)
- 서초 IC, 강남대로, 테헤란로

→ 지하철 도보 이용 가능
→ 78개 이상의 버스 노선

② 생활 환경

- 강남역 상권, 신세계 백화점, 센트럴 시티
- 양재 코스트코, 세브란스 병원 등

→ 풍부한 상업·편의시설로 편리한 생활환경

③ 배후 수요

- 풍부한 유동인구 및 배후 수요 존재

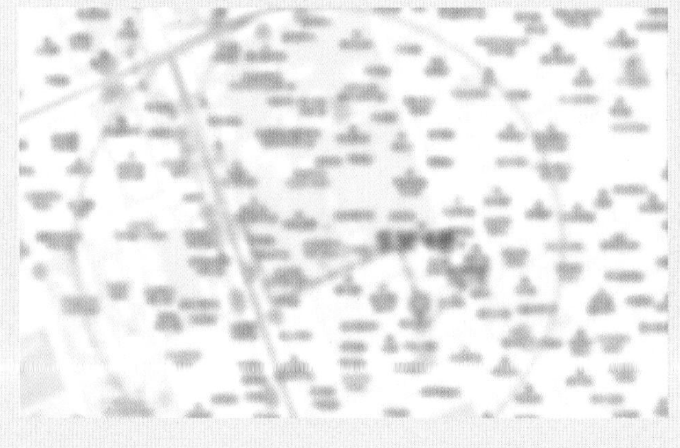

실제 사업계획서의 예 (3페이지)

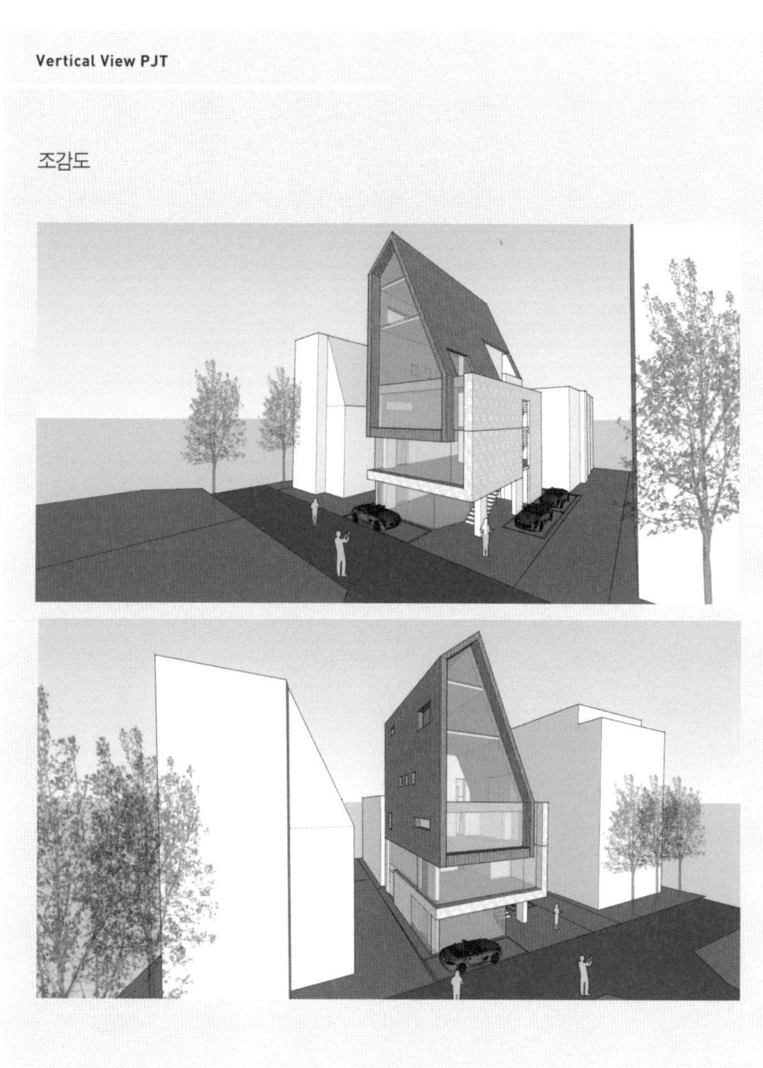

실제 사업계획서의 예 (4페이지)

Vertical View PJT

3. 공급 계획

구분		전용면적	공용면적	분양면적	전용율	비율
상업시설	근린시설	85.23평	28.3평	113.53평	75%	100%

4. 층별 MD 구성

구분		분양면적	층별 MD
상업시설	지상 5층	14.19평	소형 사무실 특화시설
	지상 4층	23.85평	
	지하 1층	21.62평	F&B(편의점 등)
합계		113.53평	

5. 사업 수지

(단위 : 천 원, VAT 제외)

구분	항목		금액	비율(%)	비고
수입	근린시설	지하 1층 ~ 지상 5층		100	113.53×○○,○○○,○○/평
소계				100	
지출	토지매입비				
	토지취득관제비용				
	직접공사비				
	간접공사비				설계, 감리비, 각종 인입비 등
	판매비				매각 수수료
	일반부대비용				신탁 수수료, 민원처리비 등
	제세공과금 등				보존등기비, 토지세 등
	금융비용				PF 수수료, 이자
소계				100	
매출이익					

사업비 예측(원가 분석)과 추정 매각가격에 따른 손익 분석

실제 사업계획서의 예 (5페이지)

Vertical View PJT

6. 사업 진행 일정

구분	일자	내용
진행 사항	2020. 01. 28	건축허가 접수
	2020. 02. 20	허가 완료
예정 사항	2020. 02. 21	착공
	2020. 08. 20	준공

7. 대출금 세부 사용 내역

(단위 : 천 원, VAT 제외)

구분		금액	비고
토지매입비	토지매입비		토지 매입 잔금
	취득세 등		
	소계		
건축비 등	공사비		직접공사비, 설계, 감리 등
	일반 부대비용		신탁 수수료, 시행사, 운영관리비 등
	부대비용		제세공과금(보존등기) 등
	판매비		매각 수수료
	소계		
금융이자, 수수료	대출이자		PF 이자비용
	PF 주관 수수료		금융주관 수수료
	소계		
합계			

실제 사업계획서의 예 (6페이지)

Vertical View PJT

B. EXIT 검토

예상 매각 가격에 대한 추정 근거

1. 2019 역삼동 중소형 빌딩 금액대별 거래분석

- 2019 역삼동 중소형 빌딩은 95건
- 금액대 구간별 50억 미만 28건, 50억 이상~100억 미만 25건,
  100억 이상~200억 미만 24건, 200억 이상 18건으로
  50억 미만~100억 미만 구간이 55.7%
- 95건 중 최근 3년 이내 신축된 중소형 빌딩은 9건으로 구축 비중이 높음
- 본 사업지의 강남구는 개인 및 법인 투자 선호지역으로 사옥 매입 및 투자수익 목적으로 변함없는 지역임

2. 강남구 소규모상가[1] 투자 수익률[2]

(단위 : %)

구분	강남대로	논현역	도산대로	서초	신사역	압구정	청담	테헤란로
2019. 1Q	2.11	1.75	1.08	2.01	1.7	1.62	1.88	1.75
2019. 2Q	2.14	1.48	1.63	1.72	1.97	1.9	2.07	1.88
2019. 3Q	2.38	1.82	1.84	2.11	2.21	2.15	1.94	1.68

(출처 : 한국감정원)

1) 건축물대장 상의 주용도가 상가(제1, 2종 근린생활시설, 판매시설, 운동시설, 위락시설)이고 건축연면적이 50% 이상이 임대되고 있으며 2층 이하이고 연면적 330제곱미터 이하인 일반 건축물

2) 투자수익률 : 당해 분기간 투하된 자본에 대한 전체 수익률로써 임대료 등 빌딩 운영에 따른 소득수익률과 부동산 가격 증감에 의한 자본수익률을 합산한 것

실제 사업계획서의 예 (7페이지)

Vertical View PJT

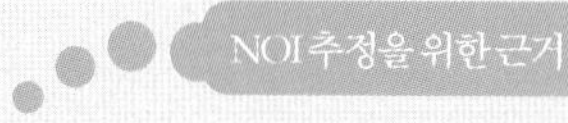

3. 준공 후 RENT ROLL

구분	면적		보증금	임대료	관리비
	제곱미터	평			
1층	71.48	21.62			
2층	88.42	26.75			
3층	89.65	27.12			
4층	78.84	23.85			
5층	46.92	14.19			
소계					

4. 운영 예측(Operating Forecast)

* 잠재 총 임대료, 공실 차감액, 소계, 유효총소득
운영비용, 보험, 유지보수, 재산세
총경비,
순운영소득,
예측 운영비용율 등

5. 종합의견

결론

- 2019년을 돌아보면 정부의 부동산 시장에 대한 규제강도가 높았고, 앞으로도 유지될 것으로 판단됨
- 2018년 대비 2019년 상업용 부동산의 거래량과 규모는 크게 줄지 않았으며 경기침체로 투자지역이 중요한 근거로 부각될 것이며, 핵심지역으로의 쏠림 현상이 이어질 것으로 판단됨
- 본 사업지의 목표 가격은 ○○억 원임

예상 사업수지 분석의 예 (서머리)

사업명	서울 역삼동 Vertical view PJT		조건 :			(단위:천원)
부지대표지번	서울특별시 강남구 [illegible]		용도지구	도시지역/3종일반주거지역	용적률	209 %
매입면적(토지)	180.00 ㎡	54.45 평	토지평단가	[illegible]	건폐율	49.72 %
기부면적(도로등)	㎡	0.00 평	분양가	[illegible]	건축면적	90.03 ㎡
유휴면적(토지)	㎡	0.00 평	건축비	[illegible]	PF 금액	[illegible]
사업면적(토지)	180.00 ㎡	54.45 평	계약금비율	37%	PF 율 (토지비)	111% %
전체연면적(건물)	375.31 ㎡	113.53 평	중도금무이자비율	%	PF 수수료	1.0%
지상연면적(건물)	375.31 ㎡	113.53 평	중도금무이자 이자율	%	PF 이자율	6.5%

구분			금액	산출 내역	비고	비율
매출	상가	상가 지상 5	[illegible]	14.2 평 × [illegible] 천원		12.5%
		상가 지상 4	[illegible]	23.9 평 × [illegible] 천원		21.0%
		상가 지상 3	[illegible]	27.1 평 × [illegible] 천원		23.9%
		상가 지상 2	[illegible]	26.8 평 × [illegible] 천원		
		상가 지상 1	[illegible]	21.6 평 × [illegible] 천원		19.0%
		상가 소계	[illegible]	114 평	평당가격 : [illegible]	100.0%
	부가세	부가세 차익	- [illegible]	아파트 1 상가 - [illegible]	약식 : VAT 약 7% 추정	-7.00%
		부가세 소계	- [illegible]			-7.00%
	매출합계		[illegible]	부가세 별도		100.0%
비용	토지비	토지매입비	[illegible]	54.5 평 × [illegible] 천원		65.1%
		제세공과금(취,등록세)	[illegible]	[illegible] × 5.8%	-	2.3%
		등기대행료(법무사)	[illegible]	[illegible] × 0.07%		0.0%
		지주작업비(중개수수료)	[illegible]	[illegible] × 0.9%		0.6%
		소계	[illegible]			68.0%
	건축비	직접공사비	[illegible]	114 평 × [illegible] 천원	지하,지상,근생 공사평균	17.2%
		간접공사비 – 각종 인입비	[illegible]	114 평 × [illegible] 천원	난방,전기통신 등	0.8%
		간접공사비 – 상하수도 부담금	[illegible]	1 세대 [illegible] 천원	지자체 문의요	0.1%
		간접공사비 – 철거비/토목공사비	[illegible]	114 평 × [illegible] 천원	철거, 토목, 부대토목 포함	1.4%
		간접공사비 – 건축허가조건이행공사비	-	진입로,단지외공사,주변도로개설,공원조성 등 인허가조건부		0.0%
		설계감리 인허가비 – 설계비	[illegible]	114 평 × [illegible] 천원		0.7%
		설계감리 인허가비 – 감리비	[illegible]	114 평 × [illegible] 천원		0.2%
		설계감리 인허가비 – 기타용역비(1식)	[illegible]	인허가 (인허세동) / 지구단위 / 측량 / 감정평가 등	법무,세금	0.1%
		소계	[illegible]			20.6%
	판매비	매각 수수료	[illegible]	[illegible] × 0.9% +		1.1%
		소계	[illegible]			1.1%
	부대비	일반부대비용 – 관리신탁수수료	[illegible]	[illegible] × 1.0%	관리신탁	0.7%
		일반부대비용 – 민원처리비(인허가,민원)	[illegible]	[illegible] × 0.2%		0.3%
		일반부대비용 – 시행사 일반관리비	[illegible]	[illegible] 원 × 12 개월		2.3%
		일반부대비용 – 소계	[illegible]			3.3%
		제세공과금 – 보존등기비	[illegible]	[illegible] × 3.16%		0.7%
		제세공과금 – 주택채권 매입	[illegible]	[illegible] × 80% × [illegible] 천원 × 3.4%	약식	0.0%
		제세공과금 – 종합 토지세	[illegible]	× 100.0% × 0.5% × 1.0 년		0.1%
		제세공과금 – 도시 계획세	[illegible]	[illegible] × 100.0% × 0.2% × 1.0 년		0.0%
		제세공과금 – 지방교육세	[illegible]	[illegible] × 20%		0.0%
		제세공과금 – 농어촌특별세	- [illegible]	50만원+1천만원을 초과 하는 금액의 100분의 15		0.0%
		제세공과금 – 기타 예비비(기반,개발부담)	[illegible]	[illegible] × 3.0%		0.7%
		제세공과금 – 소계	[illegible]		총계	1.5%
	금융비	PF수수료(2금융권 : 130%)	[illegible]	[illegible] × 1.0%	지하면/지상면 0.0%	0.7%
		PF이자(2금융권 : 130%)	[illegible]	[illegible] × 6.5% × 1.00 년	간접비/직접비 21.5%	4.7%
		소계	[illegible]		실부지/전체비 100.0%	5.4%
	공사비 총계		[illegible]			
	지출합계		[illegible]		수익금/투자금 115%	100.0%
세전이익			[illegible]	수익율 [illegible]	계약금및중도금 [illegible] 필요사업비	

법인세 등	[illegible]	세전수익
세후이익	[illegible]	수익율 [illegible]

실제 사업계획서의 예 (허가도면)

역삼동 ○○○-○○ 근린생활시설 신축공사
(허가도면)

건축사의 기획 설계를 반영한 확정 도면을 별첨한다.
3D 설계 이미지(조감도), 설계 개요, 층별 면적, 지적도, 위치도, 배치도, 층별평면도, 지붕 평면도 등이 포함된다.

20○○. ○○. ○○

구미리 건축사 사무소

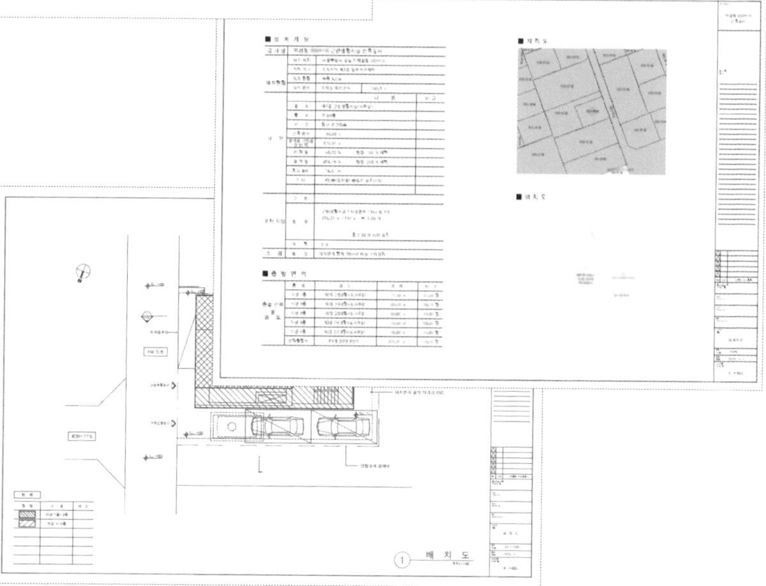

금융과 자본, 승부의 포인트

05

사업이든 스포츠든 심지어 삶이든, 승부를 봐야 하는 순간이 있다. 영화 <타짜>의 선수들처럼 한 판을 위해 전 재산과 오른팔을 걸진 않더라도, 힘을 짜내 모든 역량을 순간적으로 집중시켜야 하는 때가 있는 것이다. 그 순간을 내 편으로 만들면 한 고개를 넘어서 한숨 돌리며 다음 고개를 생각할 수 있으나, 그 반대의 경우에는 다시 처음부터 혹은 그 처음보다 더 아래에서 새로 시작해야 한다. 사업계획서가 반드시 이겨야 하는 경기라면, 그중에 스퀴즈 번트라도 해서 득점해야 하는 순간! 그 타이밍은 사업 수지 분석을 통한 타당성 검토, 가치 추정에 비유할 수 있다.

입지 분석과 환경 분석이 잘되고 도면이 제 아무리 코카콜라 병처럼 이쁘게 빠진다 한들, 수지가 맞지 않으면 사업을 진행할 수가 없다. 사업이기 때문이다. 수지 분석과 가치 추정에 쓰이는 대표적 두 가지 방법인 수익성 분석과 사업성 분석을 다시금 강조하고 꼼꼼히 따져 보는 이유이다.

사업계획서를 쓰고 또 고쳐 쓰며 황은 지금이 바로 '승부를 볼 시점'이라고 생각했다. 얼마나 분석을 잘 해내느냐에 따라 이기느냐 지느냐 운명이 갈릴 것이었다. '첫 번째 승부처는 수익성 분석, 두 번째 승부처는 시장성 분석이다!'

수익성 분석

수익성 분석은 NOI를 근거로 하여, 1년 운영시 수익이 얼마나 발생하는지를 토대로, 건물의 가치를 추정하는 방식이다. NOI를 다시 꼼꼼히 살펴보자. 앞서도 언급했듯, NOI는 순운영소득Net Operating Income이다. 1년 기준으로 각자의 상황에 따라 변동성이 큰 이자부문과 세금부문을 제외한 순수한 운영소득이다.

순운영소득이란 대상 부동산에서 발생하는 유효총소득임대수입, 기타 수입

수익성 분석 : 순운영소득을 구하라!

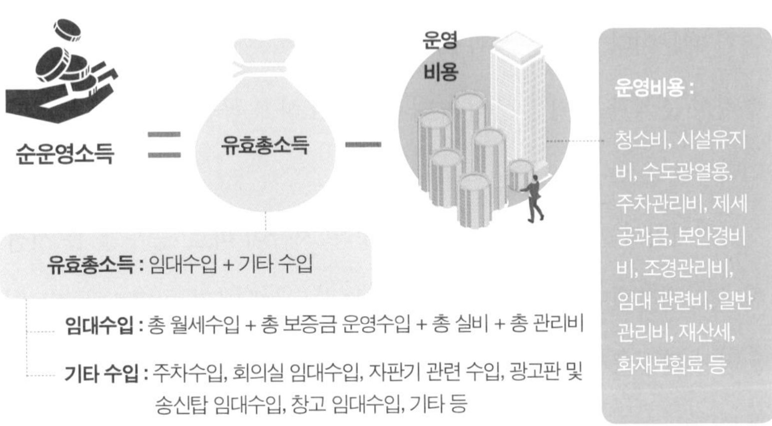
순운영소득
=
유효총소득
−
운영
비용
운영비용 :
청소비, 시설유지비, 수도광열용, 주차관리비, 제세공과금, 보안경비비, 조경관리비, 임대 관련비, 일반관리비, 재산세, 화재보험료 등
유효총소득 : 임대수입 + 기타 수입
임대수입 : 총 월세수입 + 총 보증금 운영수입 + 총 실비 + 총 관리비
기타 수입 : 주차수입, 회의실 임대수입, 자판기 관련 수입, 광고판 및 송신탑 임대수입, 창고 임대수입, 기타 등

에서 제반 경비를 공제한 순소득을 가리킨다.

유효총소득이란 임대수입과 기타 수입을 합한 것이다. 운영비용은 청소비용, 시설유지비용, 수도광열비용, 주차관리비용, 제세공과금, 보안경비비용, 조경관리비용, 임대 관련 비용, 일반관리비용 등으로 구성된다. 정리하면 유효총소득에서 운영비용을 뺀 것이 순운영소득이다.

순운영소득 = 유효총소득 - 운영비용 = (임대수입 + 기타 수입) - 운영비용

사업계획서는 말 그대로 계획서이므로 이 항목들의 수입과 비용을

구체적으로 하나하나 따질 수는 없겠으나, 이런 항목이 있다는 것을 숙지하고 있어야 추정의 정확도를 높일 수 있다.

분류	산식	항목
❶		잠재 총 임대료Potential Gross Rent
❷	-	공실차감액Vacancy Allowance
❸	+	기타 수입Other Income(관리비)
❹	=	유효총소득Effective Gross Income
❺		운영비용Operating Expenses
	+	관리수수료Management Fee
	+	급여Salary Expenses
	+	수도, 광열비Utilities
	+	보험Insurance
	+	기타용품Supplies
	+	광고비용Advertising
	+	유지보수Maintenance & Repairs
	+	재산세Property Taxes+ 종합부동산세
❻	=	총경비Total Expenses
❹-❻=❼		유효총소득 - 총경비 =순운영소득
❼		순운영소득NOI, Net Operating Income

월세수입과 관리비의 경우 도면에 표기된 면적을 기준으로, 인근 시세가 어떻게 되는지 파악하여 구할 수 있다. 이 소득에서 예상 공실률을 감안하고 예상 운영비용을 차감하면 NOI의 적중도가 높아진다.

지금 사업계획서를 쓰고 있는 프로젝트의 NOI는 1.8억 원 정도. 황은 이 건물의 가치는 1.8억 원÷자본환원율 3%, 즉 60억 원의 가치가 있는 건물이라고 분석했다. 이때 적용할 자본환원율은 기준금리 혹은 대체투자 상품 수익률 등을 고려하여 책정하고, 그 논거가 있어야 한다.

'약간 보수적으로 봐서 3%로 잡았지만, 요즘 같은 저금리 기조라면 자본환원율을 2%로 할 수도 있겠는데. 그럼 2억 원÷2%=100억 원의 가치로 추정할 수도 있겠어. 그렇지만, 보수적으로 안전하게 자본환원율을 3%로 적용하자.' (주의! 적정 자본환원율은 지역과 거시적 시장 환경 등에 따라 다를 수 있음을 주의하자.)

시장성 분석

시장성 분석은 인근의 유사한 건물의 최근 매매가를 분석하여, 본 건물이 신축되었을 시의 시장가치를 추정하는 방식이다.

사업지 인근의 비교적 최근 거래 사례를 중심으로 위치, 용도, 규모, 노후도, 주변 환경 등이 가장 유사한 후보군을 2~3개 뽑아 연면적㎡ 당 거래 금액을 산출한다. 그리고 각자 산출된 금액의 평균 또는 가중치를 별도 부여하여 적정 연면적 당 금액을 찾아내는 것이다. 이것을 해당 사업지의 연면적에 곱해주면, 그것이 곧 적정가치가 된다.

황 과장이 조사한 바에 따르면, 목표로 하는 사업지 근처에는 최근 54억 원에 매각된 건물 A와 75억 5천만 원에 매각된 건물 B가 있었다. A의 연면적은 358.25㎡이고, B의 연면적은 548.18㎡이다. 계산해 보니 A의 연면적 당 가격은 15,073,273원이고, B의 연면적 당 가격은 13,772,848원이 다. 이 두 건물의 컨디션을 해당 사업지와 비교해 보니 접근성이나 관리 상태, 건물규모, 설비 수준 등을 고려했을 때 특별히

우위와 열위가 없었다. 황은 둘의 평균값을 산정하여 검토 중인 사업지에 적용하였다. 그러자 연면적 당 14,423,060원이 산출되었다. 해당 사업지의 연면적은 484.15㎡이므로 약 69억 8천만 원이 시장성 분석에 의거한 적정 가치로 판단되었다.

승부의 포인트 : 가치 분석

이제 수익성 분석과 시장성 분석에서 산출된 금액에 근거하여 적절한 가격을 파악할 차례다. 만약 인근에 내가 월세를 받으려는 용도와 비슷한 구조가 없다면, 즉 나는 상가로 분양을 원하는데 주변에는 주거지가 많아 적정 상가 수입 산출 근거가 약하다면, 상대적으로 수익성 분석의 정확성은 떨어질 것이다. 또, 인근에서 이뤄진 부동산 거래가 오래되었거나 아예 없다면, 시장성 분석에서 산출된 금액의 정확성이 다소 약화될 것이다. 따라서 이런 부분을 고려하여, 산출된 적정 가치에 가중치를 반영함으로써 최종 추정가치를 산출한다.

황 과장이 혼잣말로 중얼거렸다.

"자, 결론적으로 추정가치가 얼마인지 보자!"

황은 수익성 분석과 시장성 분석으로 도출된 숫자 간에도 특별한 우위 열위 상황이 없다고 보고, 두 값에 각각 50% 가중치를 부여했다.

$$(60억 \times 0.5) + (69.8억 \times 0.5) = 64.9억$$

최종 64.9억 원이 이 사업지의 추정가치로 파악되었다. 이곳이 바로 황 과장이 처음으로 하선과 함께하게 될 첫 사업지가 될 터였다.

| MORE LESSONS |

예비 타당성 분석은 가능한 보수적으로 접근하라

예비 타당성 분석을 할 때는 가능한 보수적인 관점으로 접근하길 권유한다. 수치를 조금씩만 조절해도 그 결괏값이 현저히 차이 난다. 공동사업자 또는 투자자를 모집하기 위해서, 금융사를 설득하기 위해서 터무니없는 숫자가 기입되어 있고, 엉터리 사업계획서가 난무하는 세상이다. 높은 위험성, 높은 수익(High Risk, High Return)이 상식적으로 통하는 세상이지만, 우리는 거의 없는 위험성, 높은 수익(Almost No Risk, High Return)을 추구해야 한다. 부동산 개발은 충분히 그것이 가능한 사업이다. 단, 스스로가 옥석을 가려낼 수 있는 눈을 가지기 위해 계속 공부하고 노력해야 한다. 노력한다고 모두가 성공하는 것은 아니지만, 성공한 자 중 노력하지 않은 자는 없다는 것은 진리이기 때문이다.

금융기관과의 미팅을 위해 준비해야 할 것

06

미리 사업계획서를 메일로 보내고, 하선과 만난 자리. 황 과장의 사업계획서는 하선이 기대한 이상이었다. 드디어 다른 투자자들, 그리고 금융기관에게 보일 차례가 다가오고 있었다.

황 과장이 상기된 표정으로 말을 꺼냈다.

"저도 미팅에는 도가 텄다고 생각했는데, 제 사업 PF를 위해서 은행을 찾아간다고 생각하니 마음이 떨립니다."

"부동산 PF 시장이 지속적으로 성장하면서 PF를 취급하는 금융기관이 다양화되었어요. 금융기관별 심사 기준도 각기 다릅니다. 오늘은 이 부분을 설명드릴게요. 우선 금융기관이 심사하는 관점으로 생각해볼까요?"

황이 물었다.

"기관별로 심사 기준은 어떤가요?"

"부동산 PF 금융을 취급하는 기관별로 심사 기준은 동일해요. 문제는 프로젝트를 바라보는 심사역들의 관점이에요 그에 따라 결과가 다르게 나타납니다. 심사의 결론은 사업성에 따라 나옵니다. 사업자가 작성한 사업계획서를 검토하는데, 가장 많이 보는 것은 사업지가 가지는 지역적 특성과 PF 자금의 상환 방법입니다."

제1금융권 시설 자금의 예

<table>
<tr><th colspan="2">예상 수입</th><td colspan="2">40억 원</td></tr>
<tr><th colspan="2">비용 항목</th><th colspan="2">대출금</th></tr>
<tr><td>토지비</td><td>17억 5천만 원</td><td rowspan="4">17억 원</td><td rowspan="4">(토지감정가격 + 금융기관 기준 공사비의 80%)</td></tr>
<tr><td>공사비</td><td>11억 5천만 원</td></tr>
<tr><td>판매관리비 등</td><td>2억 원</td></tr>
<tr><td>지출 합계</td><td>31억 원</td></tr>
<tr><td>자기자본금(에쿼티)</td><td>12억 원(준공시점 2억)</td><td colspan="2">자기자본비율 최소 40% 이상</td></tr>
</table>

● 주의! 준공시점의 자금부족에 대한 대비를 해야 한다.

사업계획서는 금융기관 심사역의 관점에서 작성하라

"저는 사업계획서를 단 하나의 관점으로 작성합니다. 바로 금융기관 심사역의 관점에서요. 심사역들이 생각하는 공통된 기준은 단 하나, 바로 상환입니다. 심사역들의 머릿속을 들여다보면 아마 이럴 거예요. '사업계획은 잘 알겠고, 지역도 알겠고, 그럼 사업이 완료되는 시점에서 PF 대출금 상환은 어떻게 할 건데?' 이 관점을 알아야 납득시킬 수가 있습니다.

PF 금융을 이용하는 목적은 명확합니다. 예상 총사업비에쿼티 포함를 100% 확보하고 진행하는 거죠. 이 관점은 사업시행자의 관점입니다. 우

제2금융권 PF 자금의 예

<table>
<tr><th colspan="2">예상 수입</th><td colspan="2">40억 원</td></tr>
<tr><th colspan="2">비용 항목</th><th colspan="2">대출금</th></tr>
<tr><td>토지비</td><td>17억 5천만 원</td><td rowspan="4">24억 8천만 원</td><td rowspan="4">(총 지출 예상 비용의 80%)</td></tr>
<tr><td>공사비</td><td>11억 5천만 원</td></tr>
<tr><td>판매관리비 등</td><td>2억 원</td></tr>
<tr><td>지출 합계</td><td>31억 원</td></tr>
<tr><th>자기자본금(에쿼티)</th><td>6억 2천만 원</td><td colspan="2">자기자본비율 최소 20% 이상</td></tr>
</table>

● 주의! 준공 시점의 PF자금 부동산 담보대출 전환 비율이 통상적으로 낮다.

리가 가져야 할 관점은 심사역의 관점이에요. 100% 사업비를 확보하기 위하여 금융권 심사역을 어떻게 납득시킬 수 있을지 고민해야 합니다."

"안심하고 돈을 빌려줄 수 있는 사업임을 보여줘야 한다는 거군요!"

"맞아요. 어떤 금융기관이든 리스크가 없다고, 다시 말해 대출금 상환에 문제가 없으리라 판단해야 심사 통과를 시킵니다. 사업 타당성이 심사역 기준에서 합리적으로 이해되어야 해요."

황 과장은 하선의 이야기를 듣고 잠시 생각에 빠지더니, 이내 머릿속이 정리된 듯 말했다.

"사업지의 완공 시점 가치value가 시장에서 가격price으로 환원되어야 하는 거네요. 사업계획서를 통해 제시한 '시장에서 팔릴 수 있는 가격'이 합리적으로 납득되고, 최소 얼마 정도에 팔릴 것이니 안심할 만하다 싶어야 심사를 통과할 수 있는 거군요. 그래서 사업성 판단을 보수적으로 해야 한다 거듭 강조하셨던 거였고요."

"물론 시행자 입장에서는 높은 가격을 써내고 싶을 거예요. 하지만 부동산 시장에서는 사업시행자가 제시한 가격이 100% 반영되는 시점을 예상할 수 없죠. 그러니 보수적으로 접근해야 한다는 것입니다. 이 지점만 해소할 수 있다면 심사역을 안심시킬 수 있어요."

소형 수익형 부동산 개발의 성공 여부는 지역에 대한 풍부한 이해와 그곳에 적합한 콘텐츠를 어떻게 융합시키는가에 있다. 금융기관 심사역이 심사에 참고하는 자료는 감정평가기관의 사업성 평가보고서이다.

감정평가사는 금융기관의 의뢰를 받고 현장을 방문한다. 방문 시 반드시 사업주체를 만나서 사업에 관련된 스토리를 듣는다. 감정평가사도 미리 사업지에 대한 사전 조사를 하며, 사업지를 중심으로 매매된 사례, 임대 내역, 기준, 담보 평가된 전례 등을 확인한 후 현장을 방문한다. 현장 방문 시에 중점으로 보는 것은 매각할 수 있는 가격이다. 감정평가사마다 개인적인 판단기준이 다를 수 있으나 접근하는 큰 틀은 같다. 그러므로 그 큰 틀 안에서 준비해야 한다.

하선이 말했다.

"금융기관 그리고 담당자들과 어떻게 호흡하느냐에 따라서 판단이 달라질 수 있음을 인지해야 해요. 금융기관은 보수적인 집단입니다. 모든 기준을 보수적으로 놓고 판단해야 하는 근거 중 하나가 바로 이 점이에요."

'담당자들과의 호흡이라…!'

이제부터 황 과장은 본격적으로 금융조달을 위해 발로 뛰어야 한다. 이제껏 만져보지 못한 큰돈을 조달하기 위해 여러 사람들을 만나고, 그들에게 자신의 복안을 효과적으로 전달해야 할 것이다. 이 생각을 하자 가슴이 뛰는 한편으로 잘할 수 있을지 걱정과 불안도 엄습해왔다. 그 표정을 읽은 하선이 위로하듯 황 과장에게 말했다.

"부동산 사업은 한 과정을 넘기면 그만큼 성장해요. 어느 사업이든지 선행되는 과정을 어떻게 준비하느냐에 따라 흐름이 달라질 수 있죠. 지금까지 철저하게 잘 준비해 오셨으니 앞으로도 순항할 것이라 확신합니다."

| MORE LESSONS |

발품을 팔면 금융 사업비를 줄일 수 있다

금융기관이 사업지를 보는 관점은 동일하다. 지역, 감정평가가격 등 종합적으로 판단하는 근거는 동일하다는 것이다. 다만 금융기관의 성향은 각각 다르다. 쌍둥이를 떠올려 보자. 외모는 같거나 비슷할지 모르지만 내재되어 있는 생각, 성품, 행동 등은 각각 다른 성향을 가지고 살아간다. 금융기관도 마찬가지이다. 금융기관의 역할은 동일하다.

추구하는 방향성과 심사 기준은 다른 것이다. 동일한 사업지에 대한 PF 심사를 각기 다른 금융기관에서 진행한다고 가정하자. 제출하는 서류는 비슷하지만, 어느 곳은 심사가 통과되고 어느 곳은 심사가 부결된다. 두 곳 다 통과될 경우에도 취급 조건이 다르다. 금융기관에 지불하는 수수료, 신탁사 수수료, PF 대출금리 등에서 차이가 나는 것이다. 각 금융기관에서 제시하는 조건이 다르기 때문에 금융기관별 취급 조건을 알아야 한다. 이를 위해서는 금융기관에 직접 노크할 수밖에 없다. 이것이 인적 인프라가 중요한 이유로써, 금융기관에서 다른 금융기관을 소개해 주기도 한다.

금융기관별 취급 조건을 성격으로 정의하고, 금융기관의 성격을 미리 알고 대응해야 유리하다. 일례로, 금리 0.1%는 숫자적으로 작게 보일지 모르나, 금액으로 환산하면 결코 적은 금액이 아니다.

더불어 금융기관과의 진솔한 미팅을 통하여 인적 인프라를 만들고, 여러 곳의 금융기관을 접촉하며 각 기관마다의 기준을 찾는 것이 중요하다.

에필로그

어느덧 해가 지고 어둠이 깔려오기 시작하는 시간, 황 과장은 오늘도 신사동의 그 자리에 서 있다. 이게 몇 번째 방문인지 헤아릴 수도 없다. 처음 매물로 나왔던 시점부터, 지주와의 협상, 여러 관계자와의 미팅이 지속되는 동안에도 황은 평일 주말 낮 밤 할 것 없이 몇 번이고 이곳을 찾았다. 유동인구 파악, 공사 여건 확인부터 시작하여 적합한 콘텐츠를 찾기 위해 주변을 걷고 또 걸었다. 사람과의 만남이 그러하듯, 부동산도 서로 간에 인연이 닿아야 함을 황은 믿고 있던 터였다. 결과는 그 누구도 알 수 없지만, 그 소중한 인연을 맺기 위해 본인이 할 수 있는 노력과 정성을 쏟는 과정에 최선을 다하였다.

그 마음이 통했던 것일까? 오늘 낮, 마침내 지주가 중개사를 통해 계약 의사를 밝혀왔다. 황 과장은 현장 앞에 서서 본인이 작성했던, 이미 손때가 많이 묻은 사업계획서를 다시금 확인하며, 본인의 결정에 다시 한 번 자신감을 더하였다. 사업계획서를 사전 검토한 금융사와 신탁사로부터 받은 긍정적 피드백이 그의 확신에 한 몫한 것은 물론이다. 그간의 시간이 머릿속을 스쳐 지나가자 황은 먹먹한 기분마저 들었다. 계약을 체결한다는 것은 끝이 아니라 새로운 시작임을 그는 잘 알고 있다.

가보지 않은 길에 대한 두려움이야 없겠느냐만은 든든한 우군들과 함께라면 잘 해낼 수밖에 없다고 주먹을 불끈 지어본다. 내년 이맘때쯤이면 이 자리에 완성되어 있을 첫 번째 프로젝트를 상상하는 황 과장의 얼굴에 그 어느 때보다 밝은 미소가 번진다.

황 과장이 실제로 진행 중인 사업계획서 (표지)

Urban Forest PJT

강남구 신사동 근린생활 시설 프로젝트

20○○. ○○. ○○

함께 성장하는 부동산 유치원

* 본 보고서는 부동산 관련 정보 지원을 위하여 작성된 것으로 본 목적 이외에는 다른 용도로 사용될 수 없습니다.

* 본 본고서에는 일정한 가정이 포함되어 있으며, 향후 경제 상황의 변화 등 계량화되지 못한 위험요인이 존재하므로 의사결정시 이러한 위험요인을 고려하여야 합니다.

●— 다음 페이지부터 저자가 실제 진행 중인 사업계획서 내용을 공개합니다.

Urban Forest PJT

INDEX

SUMMARY

A. 사업개요 및 입지 여건

B. 투자 위험도 헷지 방안

C. 금융 참여 조건

D. 금융기관 PF 심사 예상 조건

E. 종합 검토

√ 면책조항

- 본 자료는 소유주에 의해 제공된 정보를 바탕으로 작성되었으며, 당사는 별도로 그 정보의 진위를 검증하지 않았습니다. 또한 본 자료는 정보 전달이라는 목적 및 소유주의 적절한 판단을 조력하기 위해서만 제공하는 것입니다.
- 당사는 본 자료상의 정보의 정확성이나 완전성에 대하여 어떠한 진술이나 보장도 하지 않으며, 그 미비에 따른 책임을 부담하지 않습니다. 또한 예기치 못한 경제적인 사건의 발생 등의 불확실성으로 인해 실제의 결과는 추정치와는 다르게 나타날 수 있습니다. 따라서 본 자료의 추정치가 반드시 실현된다는 보장은 없음을 밝혀둡니다.
- 본 자료는 본사의 대외비 방식에 준하여 소유주에게 제공되는 것으로, 본 자료의 내용을 타인에게 유포하지 않는 것에 동의함을 전제로 제공됩니다.

√ SUMMARY

1. 본 사업지는 서울특별시 강남구 신사동 OOO-OO번지에 위치한 사업이며, A안)공동사업 및 근린생활시설을 건축 분양하는 것을 전제로 사업 타당성 분석을 하였습니다.
2. 본 사업지는 토지원가 및 공사비 적정성을 검토하였으며, 적정 분양가격을 검토하였습니다.
3. 건축 설계사를 통하여 검토 결과 해당 부지의 법정 건폐율은 60%, 법정 용적률은 200%로 본 사업 타당성 보고서는 해당 용적률과 건폐율을 적용하였습니다.

-1-

A. 사업개요 및 입지 여건

구분	내용	
사업주	부동산 신축판매 공동사업	
PM	(예정) 부동산 유치원	
PJT 개요	사업명	신사동 근린생활시설 프로젝트
	위치	서울특별시 강남구 신사동 OOO-OO
	면적	대지 214.3㎡(64.83p), 연면적 565㎡(170.91py)
	용도	지하 1층~지상 5층 근린생활시설
위치도	● 3호선 압구정역 O번 출구, 신사역 O번 출구 ● #가로수길 상권 인근 ● 사업지 위치 : 본 건은 서울시 강남구 신사동 소재 '신사역 O번출구', '압구정역(3호선)' 사이에 위치하는 사업지임. 주위는 단독 및 다가구, 근린생활시설 등이 위치하는 상업 지대이며, 인근까지 차량 진출입이 가능하고 도산대로를 통하여 서울 시내 주요지역 등으로 이동이 가능한 점을 감안할 때 제반 입지 여건이 무난한 수준으로 판단됨 * 포털 사이트의 지도 이미지에 위치를 표시하여 삽입한다.	
사업 예정지	* 지적도 이미지에 위치를 표시하여 삽입한다.	
3D 이미지	* 가상 설계 사이트에서 도출된 이미지 삽입한다.	
용도 및 면적	* 건축사를 통해 받은 설계 검토 자료를 삽입한다.	

■ 설 계 검 토

대지 위치 : 신사동 (도시지역, 제2종 일반주거지역)

대지면적		214.3m2	64.83py	
5층	근생	60.00m2	18.15py	주차대수 4.22대 : 4대 이상 적용
4층	근생	95.00m2	28.74py	
3층	근생	95.00m2	28.74py	
2층	근생	95.00m2	28.74py	
1층	근생	80.00m2	24.20py	
지하1층	근생	140.00m2	42.35py	
기준용적율	(200.00%)	428.60m2	129.65py	조경면적 대지면적 합계 200~1000m2 : 5% 이상 설치 >> 10.72㎡ 이상 설치 3.24 py
적용연면적	(198.32%)	425.00m2	128.56py	
전체연면적(지하포함)		565.00m2	170.91py	
기준건폐율	(60.00%)	128.58m2	38.90py	
적용건폐율	(44.33%)	95.00m2	28.74py	

기획 평면도	* 기획 설계한 층별 평면도를 삽입한다.

-2-

B. 투자 위험도 헷지 방안 본 사업 관련 투자 위험 요인은 크게 두 단계로 검토함

<table>
<tr><th colspan="2">구분</th><th>관리방안</th></tr>
<tr><td rowspan="2">기획 단계</td><td>인·허가 단계</td><td>관련 법규 및 강남구청 주무부서 협의 후 인·허가 진행 예정</td></tr>
<tr><td>시공 단계</td><td>종합건설회사의 시공으로써 발생될 수 있는 문제점(공사품질, 시공관리 소홀 등)을 차단하기 위해 별도의 전문공사 관리업체(CM)를 선정 / 신탁사 관리신탁 및 대리사무 계약</td></tr>
<tr><td>매각 단계</td><td>EXIT</td><td>준공 이후, 매각시점의 비교사례 및 NOI에 근거하여 적정 매각가격 산정 [운영수익 + 매각차익]</td></tr>
</table>

C. 금융 참여 조건

<table>
<tr><th>구분</th><th colspan="5">내용</th></tr>
<tr><td rowspan="2">금융기관
투자조건</td><td>구분</td><td>금액(원)</td><td>인출순서</td><td>상환/담보</td><td>만기</td></tr>
<tr><td>Tr. A( )</td><td></td><td>1순위(한도)</td><td>1순위</td><td>매수자 인수조건 예정</td></tr>
<tr><td>인출방식</td><td colspan="5">· 최초 인출일 : 사업부지 잔금지급 시
· 최초 인출일 이후 : 기성자금 및 운영자금</td></tr>
</table>

매각 예상 금액	○○억
필요 자금	자본 준비금 ○○억 / 20% ○○억[1] 대출 예정 [PF/±7%]
자금 용도	토지비 + 공사비 전액 [80%]

※ 금융조건은 1안) 1금융권 담보조건 및 건축자금(사업자) 대출 + ○○ 금융

2안) 저축은행 등 PF 조건 [자기자본 총사업비 20% + 80%]

→ 금융조달 방식에 따라 금융비용이 달라짐

※ 사업방식 / 공동사업 : 토지소유자는 부동산 개발 법인과 협약, 공동사업개발 [공동사업주체]

토지소유[개인] + 가칭 법인

1) 대출예정금액이며 변동될 수 있음

D. 금융기관 PF 심사 예상 조건

■ 채권 보전 리스크

<table>
<tr><td>인·허가 리스크</td><td>건축 관련 법규 검토 결과 건축 인·허가에 대한 리스크는 낮음</td></tr>
<tr><td>시행사 리스크</td><td>관리형토지신탁으로 사업 진행하여 시행사 디폴트 리스크 차단</td></tr>
<tr><td>시공사 리스크</td><td>▲ 연대보증인(시공사) 위너종합건설㈜
<table>
<tr><th>구분</th><th>총자산</th><th>총부채</th><th>총자본</th><th>매출액</th><th>영업
이익</th><th>순이익</th><th>부채
비율</th><th>유동
비율</th><th>이자보상
비율</th></tr>
<tr><td>2019</td><td></td><td></td><td></td><td></td><td></td><td></td><td></td><td></td><td></td></tr>
<tr><td>2018</td><td></td><td></td><td></td><td></td><td></td><td></td><td></td><td></td><td></td></tr>
</table>
연대보증인(시공사) 위너종합건설㈜는 2018.04 설립되어 건설업을 운영 중인 법인으로 2019년도 재무제표 기준 매출액 약 ○○○백만 원, 영업이익 ○○백만 원, 당기순이익 ○○백만원을 실현하여 재무현황이 다소 열위한 편이나, 과거 공동주택 신축 업력 감안할 때 책임준공이 가능할 것으로 판단됨</td></tr>
<tr><td>준공 리스크</td><td>공사기간은 약 8개월로 자기자금(20%) 및 대출금(80%)으로 총사업비 100% 확보 조건으로 심사. 기성고에 따른 자금집행 조건 감안할 때 준공 리스크는 낮을 것으로 판단됨</td></tr>
<tr><td>분양 리스크</td><td>● 본 건은 준공 후 매각(임대 후 전체 매각) 또는 타금융기관 대환에 의한 상환 예정으로 상기 예상, 임대수익 감안 시 준공 후 채권 회수가 가능할 것으로 판단됨
(감정평가법인 수익접근법에 의한 준공 후 예상가치 약 ○,○○○百 원 수준)
● 본 건은 서울시 강남구 신사동 소재 가로수길 인근에 위치하는 사업지로 주위는 단독 및 다가구, 근린생활시설 등이 위치하는 상업지대이며, 인근까지 차량 진출입이 가능하고 도산대로를 통하여 서울 시내 주요지역 등으로 이동이 가능한 점을 감안할 때 제반 입지 여건이 무난한 수준으로 판단됨</td></tr>
<tr><td>법률, 규정
관련 리스크</td><td>● PF 자기자금 투입 요건(20%) : 충족 (Equity ○백만 원 / 22.8%)
● 타 규정관련 리스크사항 없음</td></tr>
</table>

※ 저축은행 PF 기준

원리금 상환 리스크	● 준공 후 타금융기관 리파이낸싱 가능 ● 매매 및 공매에 의한 환가 시에도 원금 회수 가능

-4-

■ 사업 세부 현황

1. 건축개요 및 추진 일정

사업명	강남구 신사동 ○○○-○○ 근린생활시설 신축공사		
위치	서울특별시 강남구 신사동 ○○○-○○번지		
지역지구	도시지역, 제2종 일반주거지역		
대지면적	214.3㎡ (64.83평)	용도	근린생활시설
건축면적	95㎡ (28.74평)	연면적	565㎡ (170.91평)
용적률	198.32% (법정 200% 이하)	건폐율	44.33% (법정 60% 이하)
사업규모	지하 1층~지상 5층 근린생활시설 / 주차대수 : 4대		
공사기간	2021. 04~2022. 01 (실착공일로부터 9개월)		
시행사	공동사업	시공사	위너종합건설(주)

※ 사업예정일정

- 2021년 2월 토지 매매계약 체결예정
- 2021년 4월 토지대금 완납 및 소유권 이전 예정
- 2021년 4월 건축허가 완료
- 2021년 4월 착공(예정)
- 2022년 1월 준공 완료(예정)
- 임차인 ○세대 명도 관련 이슈 체크 / 임대3법 계약갱신권

2. 사업성 분석

1) 수입 분석 : 분양가 적정성 검토

(단위 : 천 원, VAT 제외)

구 분	층	전용면적		최초분양가[차주 제시]	적정분양가 하한가 [사업성 검토]
		㎡	평		
근생시설	B1	140	42.35		
	5F	60	18.15		
합 계		322.84	97.66		

▲ 평당 임대료 비교 ※ 관리비 월 약 ○,○○○ × 12 = ○,○○○ 미포함

(단위: 천 원)

층별	면적		용도	보증금	임대료 단가 (원/㎡)		연간 실질임대료 수입
	㎡	평					
B1	140	42.35	2종 근린 생활시설				
합 계							

-5-

Urban Forest PJT

2) 지출 분석

(단위 : 천 원, VAT 제외)

항목		금액	비고
토지비	토지매입비		평 × 평단가
	취득세 등		취득세 + 수수료(중개 등)
건축비	공사비		토목공사 포함
	설계비		
	감리비		
부대비	시행사 관리비		○○,○○○×12
	보존등기비		공사비 기준×3.16
	CM 용역비		○,○○○×8 (기성실사보고서)
	세금 등		인허가 비용
	예비비		민원비 포함
기타 사업비	신탁 수수료		○○관리신탁 기준
	PF 대출 이자비용		○,○○○,○○○×○%×12
	PF 대출 수수료		○,○○○,○○○×○%
지출 합계			
비율		100%	
비고	Equity : ○,○○○,○○○		

▶ 착공 시점부터 기성 공사 기간에 따라 지출비용에 영향 / 금융 조건에 따라 사업비 전체에 영향

-6-

3) 검토 의견

- 2019년 신사동 중·소형 빌딩 금액대별 거래 분석

√ 2019~2020년 신사동 중· 소형빌딩은 46건

√ 가장 많이 거래된 구간은 50억 이상~100억 미만으로 21건, 거래비중은 46%

√ 46건 중 최근 3년이내 신축된 중·소형 빌딩은 2건으로 구축 비중이 높음

√ 본 사업지의 강남구는 개인 및 법인 투자 선호지역으로 사옥매입 및 투자수익 목적으로 변함없는 지역임

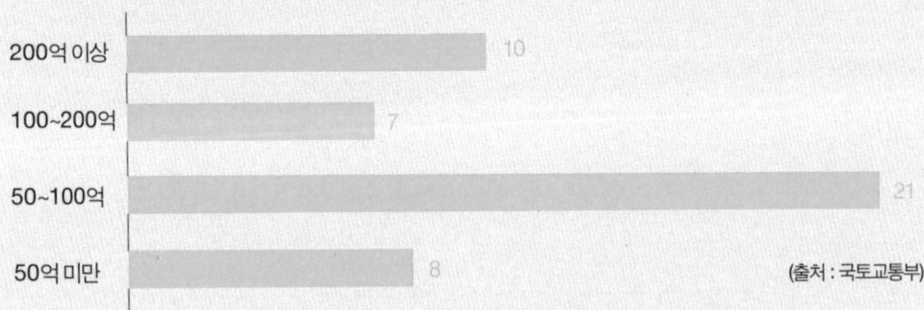

(출처 : 국토교통부)

E. 종합의견

- 2019~2020년을 돌아보면 정부의 부동산시장에 대한 규제강도가 높았고, 앞으로도 유지될 것으로 판단됨
- 2018년 대비 2019년 상업용 부동산의 거래량과 규모는 크게 줄지 않았으며, 경기침체로 투자지역이 중요한 근거로 부각될 것이며, 핵심지역으로의 쏠림 현상이 이어질 것으로 판단됨
- 본 사업지 목표 가격은 OO억 임

*참고자료로 인근 근린생활시설의 기존 매매가가 표시된 지도를 삽입한다.

-7-

감사의 말

지난 2년의 시간 동안 숨 가쁘게 달려왔다. 2019년 5월 ≪부동산 유치원≫ 출간, 동년 7월 약수 큐브 PJT 준공, 동년 10월 역삼, 신사 PJT 사업지 계약. 그리고 동년 12월부터 시작된 코로나 파동과 각종 정책 변화로 인해 그 어떤 때보다 치열하게 살아왔다. 하지만 나의 영원한 파트너 효연, 그가 있었기에 이 모든 일을 해낼 수 있었다. 2020년 7월 ≪마흔 전에 부동산 부자가 될 수 있는 5가지 방법≫을 읽고 북콘서트를 찾아온 '황성태'. 무한 긍정 에너지로 똘똘 뭉친 그가 '하선'에게 엄청난 자극과 평온함을 주었다. 경제의 흐름을 읽을 수 있는 탁월한 감각, 부동산 개발사업에 필수 요건인 사업 타당성 검토를 하는 능력 그리고 글쓰는 재주까지, 이 모든 것이 융합되어 이 책을 셋이 공동집필하게 되고, 출판을 앞둔 이 시점에서 일상의 소소함이 새삼 감사하다. 시공사 위너종합건설의 김동인 대표님과 홍준표 이사님, 모든 프로젝트를 함께 하고 있는 구미리건축사무소 류정민 건축사님, 그리고 선임 디자이너 김도현 이사, 이 모든 분들에게 감사한 마음을 전하고 싶다. ●하선

| 도움주신 분 | 구미리건축사사무소 **류정민** 건축사

활동사항 2017년~현재 : 역량있는 건축사, 2019년~현재 : 서울시 공공건축가, 2019년~현재 : 서울시 마을건축가 **설계공모** 2017년 : 남대문시장 진입광장 및 지하보도 활용방안 설계공모(당선), 노원마을 미디어센터(우수작) **주요 설계경력** 2003년 서울중앙우체국청사 신축설계, 2005년 진주종합경기장 신축설계, 2007년 앙골라 국립 경기장, 인터콘티넨탈 호텔 신축설계(해외) , 2009년 수지문화복지타운 신축설계, 2009년 수지구보건소 신축설계, 2014년 삼성SDS 상암데이터센터 신축공사 현장설계팀장, 2019년 ICT 로봇 벤처 리빙랩 인테리어설계, 2019년 중림 키움센터 설계(리모델링), 2019년 신당5동 키움센터 설계

APPENDIX 1

건축사와 시공사, 어떻게 찾고 선정해야 할까

필자효연는 건축사도, 시공사 대표도 아니다. 지극히 건축주 입장에서 본 주제에 대해 서술하기 전에 꼭 당부하고 싶은 대목이 있다. 바로 '건축물을 만드는 모든 과정에 있어 모든 책임은 건축주에게 있으며, 건축주가 되기 위해 준비한 시간과 과정만큼 퀄리티 있는 건축물이 탄생할 것'이란 점이다.

세상에 공짜는 없다는 것은 누구나 아는 진리다. 그런데 대부분의 사람들은 이 점을 망각한 채 '무조건 싸게'를 원한다. "평당 얼마에 건축이 가능한가요?", "다른 곳은 평당 얼마에 건축했다는데 가능한가요?"라고 묻는 분이 정말 많다. 그러나 무조건을 외치다가는 무조건적으로 (곤욕을) 당할 수 있다.

물론 타 업체보다 저렴한 모든 업체를 부정적인 시각으로 바라볼 필요는 없지만, 왜 저렴한지를 알 수 있어야 양심적인 진주 같은 업체를 알아볼 것이 아닌가! 건축주가 최소한의 기초지식은 가지고 있어야 올바른 기획, 올바른 시공과 견적, 최종적으로 올바른 준공 과정에까지 다다를 수 있다.

그렇다면 최소한의 기초지식이란 무엇일까? 여기서 모든 과정과 공정을 서술할 수는 없으나 토지 및 기타 기획 과정은 픽스되었다는 전제하에 건축사 선정 부분부터 알아보자.

건축사 선정

건축사 선정은 어떻게 해야 하며, 어떤 건축사가 나에게 좋은 건축사일까? 필자는 합당한 금액을 지불하고도, 건축사와의 소통 등이 부족하여 건축주의 의도와는 다른 건축물이 탄생하는 것을 종종 봐왔다. 왜 그럴까? 병원을 떠올려 보자. 같은 내과 전문의라 해도 진찰방식과 진단내용은 상이하다. 그래서 사람들은 각 장기의 임상경험이 풍부하고, 전문지식이 많은 의사를 수소문해서 찾아가곤 한다. 건축도 마찬가지다. 건축주가 의도하는 건축물과 관련하여 다수의 경험이 있는 건축사를 찾아라! 원하는 건축물의 형태와 용도를 정했다면, 그에 관한 경험이 풍부한 건축사를 찾는 것이 첫 번째이다. 아무리 유명한 건축사라 할지라도, 내가 원하는 형태와 용도에 관한 경험이 전무한 건축사라면 제외하는 것이 맞다. 내 건축물을 마루타 삼을 수는 없는 것 아닌가!

두 번째, 건축주의 의도와 요구사항을 언제든지 어필할 수 있는, 지극히 업무적인 관계의 건축사를 찾아라! 계속 이야기하겠지만, 건축주와 건축사는 서로의 의도에 관해 치열하게 소통하는 관계이다. 그러다 보면 반드시 부딪히는 상황이 발생한다. 이때 친구의 친구, 지인의 지인 등 인간관계가 전제된 관계보다는 그런 것이 없는 편이, 즉 어디까지나 업무적인 관계를 유지하는 편이 더 많은 장점을 가진다.

셋째, 건축사 본인의 작품세계로 이끌려고 하는 건축사는 피하라! 말 그대로이다. 건축주가 원하는 형태와 용도로 경험이 많은 건축사라도, 저마다 선호하는 디자인과 형태가 있다. 건축사에게는 작품이 될 수도 있기에 어느 정도 이해는 하지만, 작가주의적 태도가 많이 보인다면 배제해야 한다. 건축주와 건축사의 공동 작품이 되어야지, 건축사만의 작품이 되어선 안 된다.

넷째, 소통이 원활하며 건축 과정에 열정이 있는 건축사를 찾아라! 건축사의 일은 설계에서 끝나는 것이 아니다. 건축물이 완성준공되는 과정에서 처음부터 끝까지 건축주의 편에 서서 소통해야 하는 사람이다. 건축사 사무실이 현장에서 멀지 않은 거리에 있다면 더할 나위 없겠다. 훌륭한 설계도서가 있다 해도 그 의도대로 시공이 이루어지지 않는다면 말짱 도루묵이다. 그러므로 건축사가 현장에 나오는 횟수를 문의하자. 설계도서에 따른 공정이 잘 이루어지는지, 부실시공을 방지할 수 있는지 확인 가능한 건축사를 찾아야 한다. 건축주의 편에 선 건축사 및 감리가 반드시 필요하다.

설계비용의 적정선

설계비용의 대부분은 인건비로 구성된다. 원재료비의 항목 없이, 건축사 및 건축사 사무소 직원의 노동의 대가인 인건비로 형성되는 결과물이다. 그래서 건축물의 형태에 따라 다르지만, 대체로 건축비의 5~10% 내외라면 적정한 비용이라 생각할 수 있다.

설계의 과정 : 기획 설계에서 사용 승인까지

건축 설계 허가 → 철거 및 시공 → 사용 승인 부분에 대해 알아보자.

많은 이가 '가설계'라는 용어를 사용하지만 사실 그 같은 용어는 존재하지 않는다. '가계약금'이라는 법률용어가 없는 것과 같다. '가설계'보다는 '기획 설계'라는 용어를 사용하는 것이 좋다.

설계의 기본 순서는 기획 설계 → 계획 설계 → 기본 설계 → 실시 설계로 대부분 이루어진다.

❶ 기획 설계 : 건축주의 의도를 건축사에게 전달하면, 건축사는 지적도, 도시계획도 등 기초자료를 토대로 하여 가장 기본적인 사항들을 결정하고 의논한다.

❷ 계획 설계 : 기획 설계업무를 기반(참작)으로, 건축사와 건축주의 합의점을 찾고, 설계 목표를 정하며, 시공도면의 작성에 필요한 주요한 사항을 명확히 결정하는 단계이다.

❸ 기본 설계 : 계획 설계도면에 대한 다각적인 검토가 이루어지며, 설계자의 구상을 좀 더 구체화된 설계도서가 나오는 단계이다. 구조부재들의 위치와 치수를 명확히 결정하고 표현한다.

❹ 실시 설계 : 건축을 하기 위한 모든 요소가 종합되는 단계로써 공사범위, 질, 양, 치수, 위치, 색상 등을 결정하여 작성된 세부 설계도서가 나온다.

건축 설계 및 허가 단계에서 건축사와의 소통은 아주 중요하다. 시공 단계에서 다시 이야기하겠지만, 설계도면의 완성도가 높을수록 과다한 추가 견적 및 기타 분쟁 등 시공사와의 리스크가 줄어든다.

한 가지 명심할 사항이 있다. 건축사는 예지력을 가진 초능력자가 아니란 점이다. 건축주가 원하는 건축물의 방향과 형태, 의도 등을 횟수 제한 없이 전달해야 한다. 건축주가 건축물의 방향과 의도를 건축사에게 전달하려면 무엇이 필요하겠는가?

우선 건축사를 만나기 전 최소한의 건축법과 용어 등은 숙지해야 한다. 또, 내가 원하는 건축물의 형태와 디자인들을 미리 스크랩하여 기획 설계 시 건축사와 소통해야 하겠다. 건축사는 건축사의 측면에서만 주장하고, 건축주는 건축주의 측면에서만 주장하다 보면 갈등이 생길 수 있다. 그런 상황에서 가장 합리적이면서, 또 건축법 테두리 안에서 건축주가 원하는 의도의 설계가 나오려면, 최소한의 건축법과 건축주가 원하는 건축물의 형태와 디자인, 마감재의 종류 등을 미리 확인하는 것이 필수라 하겠다. 위 사항이 선행된 후, 건축사와의 첫 만남이 이루진다면 시간 절약도 절약이거니와 비용 절감의 효과도 분명히 있을 것이다.

이후로는 건축도면을 이해하기 위한 능력을 키워나가야 한다. 설계도서에는 건축주의 의도가 들어가 있다. 그러므로 시공사를 만나기 전, 건축주는 설계도서에 관해 최소한의 이해를 하고 건설사를 만나야 한다.

앞으로 이야기하겠지만, 건축주는 건축사와 감리자를 시공사와의 견제관계로 만들어 나가야 한다. 건축주가 얼마나 건축도면을 이해하느냐에 따라 그 같은 견제관계를 좀 더 확실히 할 수 있다.

여기서 잠깐, 시공사 선택에 대한 이야기를 하기 전에 위에 언급한 견제에 대해서 잠시 이야기해 보자. 건축사와 감리자를 시공사와 왜 견제관계로 만들어야 할까?

간혹 시공사들과 미팅하다 보면 건축 설계를 무료로 해 준다는 시공사, 실력 좋은 건축사를 소개해 준다는 시공사 등을 보게 된다. 결론부터 말하자면, 그 경우 시공비에 적정선 이상의 건축 설계비가 포함될 확률이 높으며, 결론적으로 건축주만 힘들어지는 꼴이 된다. 이유는 다음과 같다. 시공 과정에서 건축사와 감리는 공사 진행이 원활히 되는지 점검하며 시공사와 소통·협력한다. 이들은 건축주를 대신해 시공사에 발주하는데, 만약 이들이 시공사 쪽 편의를 생각한다면 품질면이나 비용면에서 건축주의 손해는 당연하거니와 마음고생까지 덤으로 얻게 될 것이다. 그러므로 건축사와 감리자, 시공사 간 견제관계가 형성되어야 건축주가 의도한 건축물에 한 발 더 가까이 다가설 수 있겠다.

시공 견적 받는 법

보통은 기본 설계 시점부터 건설사와 미팅을 시작한다. 그렇다면 시공사 선택과 견적은 어떻게 받아야 하는 걸까?

견적의 완성도를 높이기 위한 여러 요소 가운데 가장 기본적인 부분부터 보자. 많은 초보 건축주가 시공 견적 시 평당 건축비라는 말도 안 되는 숫자 투기도박에 빠지곤 한다. 사실 필자는 평당 건축비라는 용어 자체를 거북하게 느낀다. 물론 이해가 안 가는 바는 아니지만, 적어도 이 책을 접한 이후부터는 평당 건축비와 관련한 숫자 놀음에 빠지지 않기를 바란다.

독자 여러분에게 와 닿을 만한 예를 들어보겠다. A씨는 D사의 H모델 새 자동차를 구입하기 위해 자동차 전시장을 찾았다.

A씨 : H모델을 구입하는 데 얼마면 가능한가요?

D사 : 예, 고객님. 3천만 원이면 충분합니다.

A씨 : 그래요? 계약합시다!

몇 주 뒤 A씨는 H모델의 자동차를 인도받고는 깜짝 놀랐다! 이유는 옵션이 거의 없는 무옵션, 일명 깡통차였기 때문이다. D사의 H모델은 맞지만, A씨가 생각한 자동차는 아니었던 것이다. 왜 옵션이 없냐고 묻자, 다음과 같은 답변이 돌아왔다.

D사 : 어떤 옵션이요? 따로 말씀이 없으셔서…. 받으신 차가 3천만 원 한도 내에서의 H모델 자동차입니다.

그렇다, 자동차 계약 전 3천만 원에 해당하는 H모델의 명확한 사양Specification에 대해서 구매자와 판매자 모두 소통하지 않았다. 판매자의 입장에서는 지극히 판매의 목적만 있는데 굳이 소통할 필요가 없지 않겠는가? 이미 계약했고, 자동차 대금도 완불한 상황이다. 어떻게 하겠는가? 타고 다닐 수밖에. 그나마 자동차라서 다행이다. 위와 똑같은 상황이 시공사와의 사이에서 벌어졌다고 생각해 보라. 생각만 해도 끔찍하지 않은가!

실상 평당 견적이란, 2018년 6월 27일 시행된 건설산업기본법이 개정되기 전건축주가 직접 시공하지 못하게 됨 무면허 및 면허대여 업체들이 소규모 건축을 시공하며 생겨난 것이다. 이것을 기본적인 단위로 하여 계약하면 시공 시 추가 견적 등으로 인해 반드시 법적 문제가 발생한다.

앞서도 이야기했지만 설계도서의 완성도가 높을수록, 즉 건축주가 얼마나 많은 준비를 했느냐에 따라 좋은 견적을 받을 수 있다. 준비 상태가 미흡하다면 그만큼 시공사와의 분쟁 리스크가 커짐을 명심하자.

견적 의뢰 시에는 실시설계도서에 따른 명확한 수량물량산출서를 토대로 해야 한다. 소규모 건축에 수량산출서가 왜 필요하냐고 생각할지도 모르겠다. 경험이 많은 건축주라면 나름대로 견적에 대한 기준이 있겠지만, 초보 건축주는 그러한 기준이 없다. 그런 까닭에 수량산출서는 반드시 필요하다. 또한 경험이 풍부한 건축주라 할지라도, 경험과 명확한 데이터는 분명 다르다. 시공사마다 견적이 상이하므로, 무엇 때문에 차이가 나는지 수량산출서를 통해 파악해야 한다.

그럼 수량산출서란 무엇인가? 말 그대로 수량을 산출하는 문서이다. 실시 설계도면을 통해 각 공정별 투입되는 자재철근, 레미콘, 기타 마감재 등의 수량을 명확하게 체크한 서류이다. 수량산출서는 건축사 사무소에서 적산 사무소에 외주 의뢰를 하기도 하고, 건축주가 직접 적산 사무소에 의뢰하기도 한다. 초보 건축주라면, 건축사 사무소와 설계 계약을 할 때 수량산출서까지 포함하여 계약하는 편이 좋겠다.

정리해 보자. 같은 면적의 건물이라도 건축주의 의도, 형태 및 디자인 등 시공 난이도에 따라 시공비는 천차만별이다. 그러므로 실시설계도서에 따른 명확한 수량산출서를 기준으로, 각 시공사의 견적을 의뢰하여 비교견적을 받아봐야 한다. 이 같은 수량산출서 및 공사견적서는 기성금 산정 및 시공 중 설계변경 또는 기타 추가 시공에 따른 비용산정의 참고 자료로 활용할 수 있다.

시공사 선정 시 유의사항

시공사와 관련해 가장 문제가 될 수 있는 것은 우발 채무로 인한 공사 중지이다. 이런 위험을 방지하기 위해서는 우선 회사의 규모 및 창립년도를 확인하는 것이 중요하다. 즉, 과거 이력을 봐야 한다. 소규모 건축업계는 시공사의 진입장벽이 매우 낮다. 그러므로 과거 시공한 실적과 시공사의 기술자 보유 현황을 확인해야 한다. 과거 시공한 건축물을 직접 확인하고, 해당 건축물의 건축주를 직접 만나보는 것 또한 추천하는 바이다. 아무리 뛰어난 시공사 및 전문가라 할지라도 사람이 하는 일이기에 하자는 발생하기 마련이다. 시공 중 상황, 시공 후 하자보수에 따른 과정에서 있었던 일들과 관련하여 다른 건축주의 의견을 참고하는 것 또한 시공사 선정에 큰 도움이 된다. 물론, 그 건축주의 지극히 개인적인 감정이 들어 있는 부분은 감안하고 들어야 하겠다.

건축사 사무소 선정에서도 언급했지만, 시공사 대표와 현장에서 직접 진두지휘해 줄 현장 대리인소장과의 소통이 굉장히 중요하다. 완벽한 시방서와 완벽한 시공견적서가 있다 해도, 변수는 반드시 생긴다! 변수 가운데서도 가장 힘든 것은, 피할 수 없고 명확한 방안도 없는 '민원'이라는 문제이다. 민원에 대처하기 위하여 시공상의 소통은 당연히 필요하며, 이는 건축주와 시공사의 수익성에 직결되므로 긴밀히 상호 협조 및 협력하여 합리적으로 풀어 나아가야 한다. 그래서 시공사와의 소통이 굉장히 중요하다. 기본적인 소통에도 어려움이 있는 시공사라면, 아무리 좋은 조건이라도 배제제외하는 것이 옳다.

● **효연**

APPENDIX 2

빨간 벽돌집 취득, 세금이 관건이다

어떤 거래를 하든 세금 문제가 중요하다. 세금 문제를 전혀 고려하지 않은 채 용감하게 계약서를 쓰기도 하는데, 그러면 나중에 생각지도 않았던 세금이 엄청나게 많이 나오는 경우가 숱하게 있다. 특히 주택을 취득할 때 붙는 취득세는 2020년 8월 12일 이후부터 최고세율이 기존 4%에서 12%로 개정되므로 유의해야 한다. 개인이 주택을 유상거래로 취득하는 경우 개정된 취득세율유상거래에 관해 알아보자.

개인 주택 유상거래 시 취득세율 인상

본래 주택을 유상거래로 취득하는 경우 취득세율은 1~3%가 적용되었다. 취득가액에 따라 6억 원 이하의 경우 1%, 6억 초과~9억 원 이하까지는 2%, 9억 원 초과의 경우 3%가 적용되었으나, 2020년 1월 1일부터 2%의 세율을 1.01~2.99%로 적용하게 됐다. 이는 문턱효과를 없애기 위한 것으로, 예를 들어 7.5억 원이면 2%가 적용된다. 또한 2020년 1월 1일부터 4주택 이상의 경우 4%의 취득세율이 적용되었다.

그런데 2020년 8월 12일 이후 취득하는 주택분부터 취득세가 중과된다. 중과세율은 다주택자의 경우 4% 또는 8%로 매우 높아졌다. 다만, 2020년 7월 10일 이전에 주택에 대한 매매계약을 체결하고 계약금을 지급한 사실이 증빙서류부동산 실거래 신고자료, 금융거래내역, 분양계약서에 의하여 확인되는 경우에는 공포일 이후에 주택을 취득한다 할지라도 종전 규정을 적용하므로, 취득세가 중과되지 않는다.

개정된 취득세율 적용 방법

구체적으로 취득세 중과세율이 어떻게 적용되는지 보자. 조정대상지역 내의 주택 취득으로써 1세대 2주택에 해당하는 경우 8%가 적용되고, 1세대 3주택 이상에 해당하는 경우에는 12%가 적용된다조정지역 1세대 1주택은 중과 제외. 비조정대상지역 내의 주택 취득으로써 1세대 3주택에 해당하는 경우 8%, 1세대 4주택 이상에 해당하는 경우 12%가 적용된다비조정지역 1세대 2주택은 중과 제외. 여기서 기존 주택은 소재지를 따지지 않는다. 다만, 조정대상지역으로 지정되기 전 매매계약을 체결한 경우, 계약금을 지급한 사실이 증빙서류로 확인되면 조정대상지역으로 지정되기 전에 취득한 것으로 보고 취득세율을 적용한다.

유상 취득세율 적용 시 중과 제외 주택(지방세법 시행령 제28조의2)

위의 취득세 중과세율에도 불구하고 법소정 주택의 경우에는 무조건 1~3%의 일반세율을 적용한다. 법소정 주택이란 공시가격 1억 원 이하의 주택, 등록문화재 주택, 노인복지 주택, 가정어린이집, 주택 시공자가 취득하는 주택, 저당권 실행 등으로 취득하는 주택, 농어촌 주택, 사원용 주택 등이다.

유상 취득세율 적용 시 1세대의 범위(지방세법 시행령 제28조의3)

취득세 중과세율을 적용할 때 1세대란, 취득일 현재 주민등록표에 함께 기재되어 있는 가족을 말한다. 가족의 범위는 거주자 및 그 배우자의 직계존비속그 배우자를 포함 및 형제자매가 포함된다. 구체적으로 배우자와 미혼인 30세 미만의 자녀는 세대를 분리하여 거주하더라도 1세대로 간주한다. 미혼인 30세 미만인 자녀의 소득이 중위소득의 40% 이상2020년 기준으로 702,877원 이상으로써 분가한 경우에는 부모와 구분하여 별도세대로 판단한다. 미성년자만18세 이하인 경우 소득요건이 충족하더라도 부모의 세대원에 포함된다. 자녀가 65세 이상의 직계존속배우자의 직계존속을 포함을 동거봉양하기 위하여 세대를 합친 경우 65세 이상 직계존속과 자녀의 세대를 각각의 독립된 세대로 간주한다.

유상 취득세율 적용 시 주택 수 산정 방법(지방세법 시행령 제28조의4)

주택 수 산정 시 동일세대에 해당하는 자와 공동으로 소유한 주택은 1주택으로 본다. 동일세대에 해당하지 않는 자와 공동으로 소유한 주택은 각각 1주택 소유로 본다. 상속 개시일로부터 5년 이내의 상속주택은 주택 수에서 제외하며, 공동상속주택은 다음 순서에 의한 주된 상속인의 소유주택으로 판단한다. <상속지분의 가장 큰 자 → 당해 주택에 거주한 자 → 최연장자>

2020년 8월 12일 이후 취득한 주택분양권 및 조합원입주권은 주택 수에 포함된다주택분양권 및 조합원입주권 자체는 취득세 과세대상은 아님. 오피스텔 분양권은 주택 수에서 제외되나, 2020년 8월 12일 이후에 취득한 주거용주택분 재산세 과세되는 오피스텔은 포함된다참고로 주거용 오피스텔을 취득한 경우에도 건축물에 대한 취득세율 4%가 적용됨. 지방자치단체 및 세무서에 임대사업자로 등록한 주택도 주택 수에 포함된다. 주택 수에서 제외되는 법소정 주택은 중과제외주택, 주택건설업자의 미분양주택, 5년 미경과 상속주택 등과 시가표준 1억 원 이하 오피스텔이 있다.

유상 취득세율과 일시적 2주택(지방세법 시행령 제28조의5)

조정대상지역 내의 주택 취득으로써 1세대 2주택에 해당하는 경우 8%의 중과세율이 적용되지만, 이 규정에도 불구하고 일시적 2주택 기간 내에 종전 주택을 처분하는 경우 일반세율1~3%의 세율이 적용된다. 일시적 2주택 기간이란 3년단, 종전주택과 신규주택이 모두 조정대상지역에 있는 경우에는 1년을 말한다. 만약 일시적 2주택 기간이 지나도록 종전 주택을 처분하지 않고 계속 보유하는 경우 중과세율8%, 가산세 포함과 일반세율1~3%의 차액을 추징하게 된다.

중과대상 주택 무상취득(지방세법 시행령 제28조의6)

본래 무상취득증여의 경우 시가표준액에 3.5%의 취득세율이 적용되었다. 그런데 2020년 8월 12일 이후 증여분부터는 중과대상 주택에 해당하면 12%의 세율이 적용된다. 중과대상주택이란, 조정대상지역 내 소재하는 주택이면서 증여 당시 기준시가주택공시가격가 3억 원 이상인 주택을 말한다. 다만, 1세대 1주택자가 소유한 주택을 배우자 또는 직계존비속이 무상으로 취득하는 경우 중과대상에서 제외된다증여자가 1세대 1주택자이기만 하면 수증자의 주택 수는 따지지 않음.

취득세와 그 부가세를 포함한 세율

위에서 언급한 취득세 일반세율 1~3%에서 지방교육세취득세의 10%와 농어촌특별세0.2%를 합하면 1.3%~3.5%의 세율이 된다. 중과세율 8%에서 지방교육세0.4%와 농어촌특별세0.6%를 합하면 9%의 세율이 된다. 중과세율 12%에서 지방교육세0.4%와 농어촌특별세1%를 합하면 13.4%의 세율이 된다.

취득세 중과를 피하려면 어떻게 해야 할까?

우선 자신이 취득하려는 주택이 중과대상인지 판단하고, 중과대상에 해당한다면 기존 주택을 양도, 증여, 멸실 등의 방법으로 없앤 후에 신규 주택을 취득하여야 한다증여의 경우에는 기준시가 3억 이상이고 조정대상지역이면 12%로 중과될 수 있음을 주의할 것. 다만, 조정대상지역 내의 주택을 취득함으로써 1세대 2주택자가 되는 경우 일시적 2주택 기간3년, 단 기존 주택도 조정대상지역이면 1년 내에 기존 주택을 처분한다면 중과를 피할 수도 있다.

● **이충국 세무사**

성균관대학교 법학과 졸업, (전) 주식회사 나울 과장, 세무그룹한별 소속세무사, 글로벌게임허브센터 컨설팅스페이스 컨설턴트 (현) 반석세무회계 대표 , 청년세무사위원회 기획이사, 삼성세무서 나눔세무사, 서울시 마을세무사, 중소벤처기업부 비즈니스 지원단 자문위원, 서울지방세무사회 조세제도연구위원회 위원

APPENDIX 3

이 정도는 알아야… 부동산 용어 목록

부동산 개발 사업을 이해하기 위해 최소한으로 알아둬야 할 관련 용어들을 선별해 보았다. 지금부터 소개하는 용어 목록을 참고하여 직접 찾아보고 공부하기를 권유한다.

금융용어

순현재가치법(NPV) Net Present Value 순현재가치란 투자로 발생하는 현금흐름의 총 유입액 현재가치에서 총 유출액 현재가치를 차감한 것으로, 이러한 순현재가치를 이용해 투자안을 평가하는 방법이다. 투자안의 순현재가치가가 0보다 클 때 투자가치가 있는 것으로 판단한다.

내부수익률(IRR) Internal Rate of Return 어떤 투자계획에서 발생하는 비용과 편익의 흐름이 있을 때, 해당 투자계획의 현재가치를 '0'으로 만들어주는 할인율.

담보인정비율(LTV) Loan To Value Ratio 은행에서 주택을 담보로 빌릴 수 있는 대출한도.

총부채상환비율(DTI) Debt To Income 금융부채 상환능력을 소득으로 따져서 대출한도를 정하는 계산비율. 대출상환액이 소득의 일정 비율을 넘지 않도록 제한하기 위해 실시한다.

임대업 이자상환비율(RTI) Rent To Interest 부동산임대업 대출 희망자의 연간 임대소득을 연간 이자비용으로 나눈 비율. 부동산 임대업자의 상환 능력을 심사하기 위해 실시한다.

등기용어

자세한 내용은 <대법원 인터넷 등기소> 자료센터→ 등기용어해설에서 확인할 수 있다. ▶바로 이동

가등기 권리의 설정, 이전, 변경, 소멸의 청구권을 보전하려고 할 때 또는 그 청구권이 시기부,

조건부이거나 장래에 있어서 확정할 것인 때에 본등기의 순위보전을 위해 하는 예비등기.

가압류 법원이 채권자를 위하여 장래에 강제집행을 할 목적으로 채무자의 재산을 임시로 확보하는 가압류에 대한 등기.

가처분 금전채권 이외의 청구권에 대한 집행을 보전하기 위하여 또는 다투어지고 있는 권리관계에 대해 임시적인 지위를 정하기 위해 법원이 행하는 일시적인 명령에 대한 등기.

경매개시결정 경매신청이 적법하다고 인정하여 경매절차의 개시를 선고하는 법원의 결정.

계약해제 유효하게 성립하여 있는 계약관계를 당사자 일방의 의사표시에 의하여 청산관계로 전환시켜 당사자 사이에 처음부터 계약이 존재하지 않았던 것과 같은 상태로 만드는 것.

공동소유 하나의 물건을 2인 이상이 공동으로 소유하는 상태.

공동저당 동일한 채권을 담보하기 위하여 여러 개의 부동산 위에 설정된 특수한 저당권.

공정증서 사법상 법률행위 기타 사권에 관한 사실에 관하여 공증인이 일정한 방식에 따라 작성하는 증서. 소송에 있어서 강력한 증거력을 갖는다.

구분건물 1동의 건물을 구분하여 각 부분을 별개의 부동산으로 소유하는 형태를 건물의 구분소유라 하고, 구분된 건물부분을 구분건물이라 한다.

국민주택채권 국민주택사업에 필요한 자금을 조달하기 위해 국민주택기금의 부담으로 정부가 발행하는 채권.

근저당권 계속적인 거래관계(예 : 당좌대월계약)로부터 발생하는 불특정 다수의 채권을 장래의 결산기에 일정한 한도액까지 담보하기 위하여 설정하는 저당권.

담보물건 채권담보를 위하여 물건이 가지는 교환가치의 지배를 목적으로 하는 물권이며 민법상 유치권, 질권, 저당권의 3가지가 있다.

대지권 전유부분과 일체성을 가지는 대지사용권. 등기하지 않으면 제3자에게 대항하지 못한다.

등기관의 심사권 등기관에게는 실질적 심사권한은 없고, 오직 신청서 및 그 첨부서류와 등기부에 의하여 등기요건에 합당하는 여부를 심사할 형식적 심사권한만을 가진다.

등기원인증서 등기할 권리변동의 원인인 법률행위 또는 법률사실의 성립을 증명하는 서면을 일컫는 것으로써 예를 들면 매매계약서, 저당권설정계약서 등이 이에 해당하는 서면이다.

등기필증 등기소에서 교부하는 등기완료의 증명서.

매매예약 장차 본계약인 매매계약을 체결할 것을 약속하는 계약.

멸실 물건의 경제적인 효용을 전부 상실할 정도로 파괴된 상태.

물권 특정한 물건을 직접 배타적으로 지배하는 것을 내용으로 하는 권리.

보전처분 가압류나 가처분 등과 관계된 보전소송의 결과 신청인의 신청을 받아들인 보전명령을 통해 보전집행된 때에 하는 등기.

보존등기 미등기 부동산에 관하여 소유자의 신청에 의해 처음으로 행해지는 소유권 등기.

상속 사람의 사망에 의한 재산 및 신분상의 지위의 포괄적인 승계.

상속재산 상속에 의하여 개개의 상속인이 계승하는 재산을 포괄적으로 부르는 말.

소유권 어떤 물건을 자기가 사용하는 것은 물론, 그것을 임대하든지, 매각, 처분 등 자기의 자유 의사대로 할 수 있는 것을 내용으로 하는 권리. 물권의 가장 기본적이고 대표적인 것.

소유권보존 아직 소유권의 등기가 되지 아니한 특정 부동산에 최초로 하는 등기.

소유권이전 법률행위나 법률의 규정 등 다양한 원인(매매, 상속 등)에 의하여 소유권을 이전하는 등기.

수용 공익사업을 위하여 보상을 전제로 개인의 특정한 재산권을 강제적으로 취득하는 것.

수익자 일정한 법률요건을 갖춤으로써 직접 그에 따른 이익을 받는 자.

수탁자 위탁을 받은 자. 신탁법에서는 신탁재산을 관리·처분하는 당사자를 말한다.

신탁 위탁자가 특정 재산의 처분권을 수탁자에게 의뢰하고 수탁자는 위탁자의 이익을 위하여 그 재산권을 관리 및 처분하는 법률관계.

신탁등기 수탁자를 등기권리자로 하고, 위탁자를 등기의무자로 한다.

신탁원부 부동산등기법 제 123조의 규정에 의하여 신청서에 첨부한 서면. 신탁원부는 이를 등기부의 일부로 보고 그 기재는 이를 등기로 본다.

압류 국세 등의 체납으로 인해 체납자의 부동산을 체납처분하려는 압류에 대한 등기.

용익물권 타인의 토지 또는 건물을 일정한 목적을 위하여 사용·수익할 수 있는 물권으로써 민법상의 용익물권의 지상권·지역권·전세권의 세 가지가 있다.

임의경매개시결정 저당권과 같은 담보권 실행을 위해 법원이 경매개시 결정을 한 때에 촉탁으로 하는 등기.

임차권등기명령 임대차 종료 후 보증금을 반환받지 못한 임차인에게 단독으로 임차권등기를 할 수 있도록 한 제도.

전세권 전세금을 지급하고 타인의 부동산을 그 용도에 좇아 사용·수익하는 용익물권.

증여 당사자의 일방(즉 증여자)이 무상으로 재산을 상대방(수증자)에게 준다는 의사를 표시하고 상대방이 이를 승낙함으로써 성립하는 계약(민법 제554조).

지상권 타인의 토지에 건물 기타 공작물이나 수목을 소유하기 위하여 그 토지를 사용하는 물권.

지역권 지역권이란 일정한 목적을 위하여 타인의 토지를 자기토지의 편익에 이용하는 물권.

채권 '돈을 지급하라'든가 '건물을 인도하라'고 하는 것과 같이 특정인(채권자)이 다른 특정인(채무자)에게 일정한 행위(급부)를 청구할 수 있는 권리.

체납처분 국세징수법에 따른 행정상의 강제징수절차 중 재산의 압류·환가처분 및 배분.

해제 유효하게 성립한 계약을 소급적으로 소멸시키는 일방적인 의사표시.

해지 계속적 채권관계를 장래에 향하여 소멸시키는 것.